久等了，韋伯先生！

孫中興____著

獻詞

僅將此書獻給
沃爾夫岡・施路赫特教授
聊表感謝於萬一

雖然沒當成您的學生
終究還是從您歷來的著作中
以及最近一次會議的各種場合談話中
解答了我卅年來「學思韋伯路」上的種種疑惑

「我們不妨在韋伯立場上多逗留一會兒。」

——施路赫特（1986：2）

目次

代序

我三、四十年來一場未止息的「韋伯大夢」

從1993年出版《愛‧秩序‧進步：社會學之父：孔德》以來，我陸續寫了各兩本有關涂爾幹和馬克思／恩格斯的小書，終於按當初的想法，要寫到我的「理論初戀」——韋伯〔或者，套個學生間流行的說法，畢竟我還是有著難以控制的「韋伯控」（Weber complex）〕。

我在大四（1979年秋季開始）葉啟政老師的社會學理論課上「初識」韋伯的理論，當下「一見鍾情」。那時候喜歡的是他的純理論，或者其實只是他清楚的（適合考試背誦的）幾種分類：社會行動、理性、支配或宰制。那時候能入門的途徑就是老師指定的阿隆（Raymond Aron）的《社會學思想的主流》（*Main Currents in Sociological Thought*, 1968）以及柯塞（Lewis A. Coser）的《社會學思想的大師》（*Masters of Sociological Thought*，1977年第二版）兩本書中的相關章節。當時只有柯塞的書有原文翻印本，阿隆的書是我好不容易才託友人從美國買回來兩冊平裝本。當時的英文程度閱讀起來十分吃力，理解上更是困難。雖然如此，還是立志遠大地買了虹橋書店翻印的葛斯（Hans H. Gerth）

和米爾斯（C. Wright Mills）編譯的《韋伯文選》（*From Max Weber*），但是沒讀多少就知難而退；儘管如此，還是憧憬著有朝一日能買到《經濟與社會》（*Economy and Society*）的英譯本來好好攻讀一番。「雖不能至，然心嚮往之」就是我當時心情的寫照。不過，這真是我的「韋伯理論霧裡學」的時期。

　　1981年到美國哥倫比亞大學念書，馬上就先到學校書店買了一套用盒子裝好的平裝本《經濟與社會》回家「供奉」在書架上。當時為了上課繁重的閱讀材料而忙得焦頭爛額，想讀的書連打開盒子的時間都沒有。

　　那時候我覺得哥大社會學的理論課不合我意，剛好因緣際會認識了幾位在紐約的社會研究新學院（New School for Social Research）念社會學的友人（其中一位就是相交至今的群學出版社總編劉鈐佑兄），和他們聊天的結果，發現他們的理論課很有意思，就盡量去他們學校聽課。哥大的課都在白天，新學院的課則多在晚上，所以我常常兩邊跑（後來課業日益繁重就只好作罷）。當時海德堡大學的施路赫特（Wolfgang Schluchter）教授剛好在他們學校客座，我去聽過他講帕森斯（Talcott Parsons）的一堂課，很欣賞他從出版脈絡來研究社會學理論。我到美國之前也拿到海德堡大學社會學系的入學許可，但是權衡輕重的結果，還是選擇了美國。剛到美國念書挫折多，甚至覺得到美國念社會學是個錯誤的決定，所以就和施路赫特教授約時間討論轉往海德堡念社會學的可能性。他非常詳盡地問了我在美國的狀況，並且詢問了我到德國求學的動機，最後強調：除非是為了研究韋伯，否則就大局著想，我在美國學到的社會學內容會比較廣比較豐富。

我想我雖然「愛」韋伯，但是絕對沒有要「專愛」韋伯，而且英文念了大半輩子到美國念書都累得像條狗，我的德文程度更不如我的英文，就這樣去了德國，恐怕更看不到完成博士學位的一天。後來就安安分分地待在美國，可是我的「韋伯夢」仍然蠢蠢欲動。

1982年暑假，我終於可以從繁重的課業壓力中喘息幾個月，當時想著是否可以「一兼二顧」，又讀書求知，又翻譯賺錢，就打聽到哥大一些學長和當時專門從事翻譯西方經典的「新橋譯叢」有點關係。於是毛遂自薦翻譯韋伯的《經濟與社會》，學長們很客氣地以「翻譯者必須是博士學科考試通過的人才能勝任」為由回絕了我。

1985年在經過修課以及三門學科考試的「驚濤駭浪」都「逢凶化吉」之後，深深感到那幾年修課都在「應付寫報告」，沒能好好靜下心來扎扎實實念些書，所以又繼續做起我的「韋伯大夢」。

當時友人杜念中主編《知識份子》，要辦一期「儒家倫理與經濟發展」的專題。為此他已經邀約各學門在美專家撰稿，社會學部分尚缺人選，於是就向我邀稿。我花了半年多時間，像考學科考一般認真地閱讀了相關二手文獻，發現文獻中對於韋伯《基督新教倫理與資本主義精神》一書的了解差異甚大。於是回歸到一個最原初的問題──「韋伯到底是怎麼說的？」我從原典英譯本逐字逐句看去，找出韋伯的主要論旨，再對照德文原典，發現了幾個版本和譯本所造成的問題。然後我再以用同樣的方法去看英譯本《中國的宗教：儒教與道教》，最後寫成了一篇〈從新教

倫理到儒家倫理〉的長文。我的這篇「年少得意之作」後來申請國科會獎勵，沒有任何評語就被拒，讓我再也不跟這樣「無理」的單位發生任何關係。

1987年我回臺大任教，社會學理論是由我和其他同仁輪流擔綱的課程。每次上課，我都自己製作講義，而每個社會學家的講義都由四個部分組成：生平與著作、思想脈絡、著作脈絡，以及主要概念。這也是我一直以來研究社會學理論的四個重要方向。

1996年的某一天，我接到一位平日不甚相熟的友人來電，邀請參加一個名為「重讀中文」的研討會。平常我並不愛參加「言不盡意」的學術研討會，可是主辦人告訴我，這個研討會雖然也要求發表論文，但是每位報告者有一個鐘頭的時間發表，而且沒有大會安排的評論人。我對這樣的創意十分欣賞，就寫了一篇〈重讀（韋伯）中文〉的論文，將我教授理論的四個方向用來談論韋伯的文本和中譯本的現況與問題。這個立意良善的研討會在國家圖書館舉行，但參加者十分稀少，讓偌大的會議廳顯然十分冷清。事後，主辦單位希望將論文結集於未來新成立的刊物上發表，希望大家不要將文章轉投其他刊物。沒想到後來期刊一直沒有出版，我的這篇文章也就變成了履歷表上唯一的「未出版論文」。這篇論文曾經送給當時正在海外寫論文而訪問我的林錚，後來我遍尋不得原始檔案，還是透過他的保存才將這篇論文留存下來。

之後有一年暑假，我一直認為韋伯的〈新教教派和資本主義精神〉沒有中譯本是件憾事，就想著透過對照英譯本和德文原典來翻譯。忙了一個星期，一開始就發現文本和譯本幾乎是兩回

事，自己語文能力也還不行，遂急流勇退。翻譯韋伯真不是「常人」能做的事，必也「超人」乎！這是我對嚴謹譯者的最高敬意。那些拿人家稿子再來加工製造的，上得了我的書架，卻還是得不到我的尊敬。

2008年在東海大學社會學系舉辦的「經典論壇（IV）」，主題是「諸神爭戰？ Max Weber的〈中間考察〉」，我也應邀發表了一場「〈中間考察〉的中興考察」的初稿（其實只有大綱）。在準備那篇文章的半年中，我發現〈中間考察〉的文本位置很奇怪，而且內容有些和之前的《儒教與道教》以及之後的《印度教與佛教》好像都沒關係，反而和韋伯死後才拼湊而成的《經濟與社會》的〈宗教社會學〉部分多所雷同。更妙的是，兩處類似的討論往往都是《經濟與社會》的文本較為勝出。可是這需要更詳細的比對，當時我並沒有做這方面的努力。所以當時的結論只能提出懷疑：「〈中間考察〉其實是個錯置的文本」。也正是那次會議，林錚提醒我施路赫特教授的一篇文章早已經說明過這個文本的考證。參加學術會議能從同行中受益，這是難得又難忘的一次。

2012年，我的同事，同時也是韋伯專家的林端，找我和香港浸信會大學的傑克‧巴巴萊（Jack Barbalet）教授夫妻見面，討論籌辦韋伯《儒教與道教》出版一百週年的學術研討會。我這個幾乎三、四十年不願意參加學術研討會的人，終於盼到一場可以發表我累積幾十年的努力成果，並向世界級專家請益的機會。而且這正是我本來就要進行的計畫，於是就更增加了寫這本書的動力。

　　有趣的是，幾十年來有關《儒教與道教》的相關文獻增加的並不多，如果不算上「挾韋伯的《儒教與道教》來演繹自己的儒家倫理或經濟發展」的文獻，海峽兩岸以及英語世界的文獻中專門討論這本書的專著還是只有1988年簡惠美的碩士論文《韋伯論中國：〈中國的宗教〉初探》。取得相關文獻的管道也比以前容易得多，所以我就一以貫之地從我最近幾年幾本小書的「路數」來重新探訪這個我關懷已久的主題。我先上網買到德文韋伯全集中精裝本的版本，也很幸運地託友人在日本買齊了現有的三個日譯本，以及歷年來不斷收集到的各版中譯本。因為資料不少，我就先以此為題寫了一篇〈百年來的美麗與哀愁：韋伯《儒教與道教》中譯本〉作為大會論文。

　　在開會的前幾天，林端邀請了他在海德堡的指導教授，堪稱「韋伯學泰斗」的施路赫特教授來本系作專題演講。我在會前趁機向他提起1981年紐約請益的往事，他雖然無所記憶，但是對於我是否悔不當初十分好奇。我回答「了無遺憾」，惹來他開懷大笑。在他演講之後，我也趁機整理了歷年來讀韋伯的一些問題，一口氣在會中提問七個問題。他都給了讓我很滿意的答案。其實，在準備這次會議論文之前，我才在圖書館找到他1989年出版的《理性主義、宗教和宰制：韋伯觀點》（*Rationalism, Religion, and Domination: A Weberian Perspective*）一書，也發現他早就提出了文本脈絡的重要性。開完會後不久，我就花了大錢在二手書網站上買下這本書。後來我想，也許多年來我都不自覺地接受著他當初在紐約那一門課上的研究路數。後來在會中又得益於他的論文與評論、甚至晚宴上的精闢見解。綜合歷年來，從他的求學

忠告，到閱讀他的專書，到後來的開會見聞，都讓我心懷感恩，所以在本書尚未開始之際就已經告知他本人，希望能將我的研究成果致獻給他，以表達我深深的謝意。

當天演講會後，林端邀請我和施路赫特教授夫婦，以及他們賢伉儷與他的得力助手蔡博方一起在「鼎泰豐」午餐餐敘。席間，林端意氣風發地提及將到美國休假進修並要每日參訪一座宗教禮拜場所的計畫。這一切都還言猶在耳、歷歷在目，沒想到兩天後他在陪同施路赫特教授前往佛光大學演講的旅次中猝然長逝。讓聽聞者都錯愕不已。雖然後來會議如期舉行，但總是有著這麼一個令人難以釋懷的惋惜與遺憾。

如果按照韋伯的著作脈絡來看，我應該先寫計畫中有關「新教倫理」的那一本。可是，因為這場國際學術研討會打亂了我原本計畫的寫作順序，既然我已經做了不少功課，就以這本《儒教與道教》為先，以後再回頭去討論韋伯的「新教研究二論」——〈基督新教倫理和資本主義精神〉，以及〈基督新教教派和資本主義精神〉。

我寫這本書倒也不是為了配合「韋伯出書百年紀念」這樣的儀式。我在前述那場國際學術會議上就說過「慶祝百年」其實是個有爭議的說法，因為不管百年的起算點到底是1915年的〈儒教〉，還是1920年的〈儒教與道教〉，現在都不是百年，除非算上審查和印刷等等外在因素。其次，也不是因為「身為中華文化的後人，不能不為祖先說點話來反駁洋人的謬論」（時髦的說法大概就是「西方中心主義」或是「西方文化殖民」之類的話）；我認為政治意識型態或文化民族主義絕對不能當成研究的指導綱

領，或是「未審先判」的「定見」。

　　一如往昔的幾本小書，我踏著自己不變的步伐，從作者的生平、著作、思想發展等脈絡的觀照之下，來檢視我所謂「四本」（版本、譯本、文本、所本）之間的關聯，以及對我們中文讀者的影響。仍然是「書小志大」，一如往昔。

　　最後恐怕還是要交代一下（其實我認為讀者，或是最後會讀的人，應該讀著讀著就會懂得，至於不讀的人，又與他何干？），書名中的「二世一生」其實很簡單：我以1920年版的〈儒教與道教〉為「今生」，追溯到他的1915年版的〈儒教〉為「前世」，並以英譯本和中譯本，以及後來根據韋伯論旨而自我發揮的文章當成它的「轉世」，這是影響我們大多數人閱讀的版本。細心的讀者可能會問：那「來世」呢？這本書的「來世」呢？我因為不相信「來世」，所以不是「存而不論」，而是根本就「不論」了。留待「信者」或「來者」去解答吧！

　　這本書的基本想法和做法都和前幾本小書類似，雖然自己才德各方面都遠不如孔老夫子，可是勉強也可以忝稱為「一以貫之」吧？大家見笑了！這本書斷斷續續寫了好幾個暑假，雖然我力求前後一貫，但恐怕還是有疏漏之處，希望讀者批評指教。

　　準備好就開始囉！

第一章

韋伯的時代和生平

本書主要是研究韋伯的〈儒教（與道教）〉。

我運用最近幾年一貫的做法，從韋伯的幾個「脈絡」和「四本」的角度出發，其中的「脈絡」包括大我脈絡、小我脈絡、思想脈絡和出版脈絡；「四本」則是指韋伯〈儒教（與道教）〉的版本、文本、譯本和所本。

因為韋伯詳細的大我脈絡和小我脈絡都不是本書的重點，所以讀者可以參看附錄一，略窺一下這方面的全貌。我的重點就放在本書作者能力所及的幾個部分。

以下我就借用現代人申請工作的「履歷表」概念[1]來重新整理韋伯的生平、著作等相關資料，讓讀者可以從不同的層面來看出一個比較立體的韋伯。

---

1 有關韋伯生平的相關文獻和年表，請參見本書附錄一。本章所述都是參考這幾本著作而整理完成。

一、誕生、家世[2]、家庭和重要關係人（significant others）

　　韋伯於1864年4月21日誕生於當時還是普魯士的小城艾爾福特（Erfurt）。他有一個很長的全名馬克西米利安・卡爾・艾米爾・韋伯（Maximilian Carl[3] Emil Weber）現在大家都習慣稱呼他的名字為馬克斯（Max），其實這只是簡稱，這個名字的全名是馬克西米利安（Maximilian）。這跟他父親的名字一模一樣，可是後來他的父親沒有這個兒子有名，所以基本上大家講到馬克斯・韋伯時，指的是這個兒子。[4]有時為了區分方便，在英文脈絡

2　德裔美國韋伯專家羅特（Guenther Roth, 2001）以德文寫了一大本韋伯家世的研究。英文的介紹可見卡爾柏（Kaelber, 2003a）。

3　Carl應該是當時的拼法，現在都已經改成Karl。英文維基百科就是用後者的拼法（http://en.wikipedia.org/wiki/Max_Weber，2013年8月8日查閱。）

4　除了這對父子，還有別的馬克斯・韋伯（Max Weber）。1980年代我在紐約念博士的時候，剛好有一位大學學長和同學來紐約過聖誕節，住在我家。當時他們在《紐約時報》上看到一則消息：「馬克斯・韋伯畫展」，就很興奮跑去看，結果發現只是同名同姓，並不是我們這位社會學家多才多藝跨行成為畫家。英文版維基百科上有這位畫家的條目，請參考http://en.wikipedia.org/wiki/Max_Weber（artist）（2013年7月24日查閱）。此外，我1997年暑假申請獲得「德國學術交流總署」（Deutscher Akademischer Austausch Dienst, DAAD）赴德訪問期間，在慕尼黑就發現有一站地鐵站叫「馬克斯・韋伯廣場站」（Max Weber Platz），我以為是為了紀念我們的主人翁，結果當地社會學教授赫勒（Horst Helle）告知是另有同名的政治人物。不過，查閱維基百科「馬克斯・韋伯廣場站」〔Max-Weber-Platz（Munich U-Bahn），2013年7月24日查閱〕，也說是紀念一位當地的政治人物，可是從1998年之後也同時紀念同名的社會學家。一個站名前後紀

下提到父親的名字就在後面加個 Sr.（Senior 的簡稱），在兒子的名字後面則相應地加上 Jr.（Junior 的簡稱）。

父親老馬克斯・韋伯（1836-1897）祖上從事紡織業，後來從政，曾經擔任過普魯士國會和帝國議會中國家自由黨（National Liberal Party）的代表。他熱衷於政治，喜於享樂，對於宗教和慈善事務興趣缺缺。[5] 青年韋伯原來是以父親為榜樣，希望走上父親走過的道路：在大學修習法律，並在畢業後準備律師考試，成為國家公務人員。可是後來他和父親疏遠，轉而同情母親的境遇，因此對父親有了矛盾的情感。再加上，他一直仰賴家裡提供經濟資源，讓他對雙親都心生糾結。壓死韋伯這個心結的最後一根稻草就是 1897 年 7 月 14 日他和父親的一場大吵。不到一個月，父子還沒和解，父親就過世了。這個事件讓韋伯精神崩潰，[6] 甚至嚴重到讓他無法繼續原先的教職，只得四處遊歷休養。看來前途似錦、青年得志的韋伯，一下子從天堂落入了地獄。不過，這並不是一場萬劫不復的事件。從事後的發展來看，這場精神崩潰似乎只影響到他的教學，沒有影響到他的寫作，以及對學術和社會實踐的熱情。

母親海倫妮・韋伯（Helene Weber, 1844-1919），原來娘家姓

念兩位同名之人，甚至是「後來居上」，原先紀念的人物卻被遺忘，真是件有趣的事。

5 這是卡爾柏（Kaelber, 2003b: 38）引述羅特（Roth, 1992）的研究成果。

6 瑪莉安娜後來在韋伯的傳記第八章中特別毫不忌諱地記載這件事，德文原題為「Absturz」，Harry Zohn 英譯成「Breakdown」，倒是閻克文的中譯本好像要「為尊者諱」而翻成「臥病」。

法倫斯坦（Fallenstein），祖上出自顯赫的Souchays豪門。[7]但是她的生活並不奢華，而且關心社會事務，特別是因為身為喀爾文教徒的關係而熱衷於慈善事業。16歲（1860年）時就和大他8歲的老馬克斯訂婚。後來20年的婚姻裡和老馬克斯一共生了八個小孩，[8]其中一位夭折，所以有的書只寫生了七個。強勢的母親，對韋伯的一生有很深的影響。

韋伯長時間和父母親同住。29歲（1893年）之前都住在柏林的夏洛登堡（Charlottenburg, Berlin），後來搬到海德堡，住的也是外祖父留下的房子。[9]

他在家中八個小孩裡排行老大。

繼他之後的安娜（Anna），出生不久就夭折。

接下來是大弟阿爾弗雷德‧韋伯（Alfred Weber, 1868-1958），後來在「文化社會學」領域上也有卓越的貢獻。但是兩人一直處於緊張關係。

然後是二弟卡爾‧韋伯（Karl Weber, 1870-1915）。

之後是和母親同名，可是卻也在童年夭折的次女海倫妮

---

7 瑪莉安娜的韋伯傳記一開始就是這種韋伯母親系譜學的描述。

8 因為其中一位叫安娜（Anna）的夭折，所以有些書只寫生了七位。這其實不夠精確。Harry Zohn的《韋伯傳》英譯本編製了韋伯家族的系譜（Marianne Weber, 1975: 700），但是瑪莉安娜的原著並沒有這個讓人一目瞭然的系譜。奇怪的是閻克文這個根據英譯本轉譯成中文的中譯本竟然沒譯出這個系譜。

9 現在叫作「馬克斯‧韋伯之家」（Max-Weber-Haus），海德堡的觀光地圖上特別有註明。我在1997年暑期曾前往參訪，當時是大學的一部分，因碰上學校放假，不得其門而入。

（Helene Weber, 1872-1876）。

三女克拉拉（Klara Weber, 1875-1953）是他最鍾愛的妹妹，於1896年嫁給著名羅馬史專家毛姆森（Theodor Mommsen）的兒子恩斯特（Ernst）。

然後是三弟亞瑟・韋伯（Arthur Weber, 1877-1952）。

最後出生的是小妹莉莉（Lili Weber, 1880-1920），後來嫁給謝弗勒（Schäfere）。莉莉在1920年4月自殺身亡，韋伯夫婦因此收養了她的四個小孩。

後來成為韋伯夫人的瑪莉安娜（Marianne Schnitzger, 1870-1954）小他6歲。她的祖父卡爾・大衛・韋伯（Carl David Weber, 1824-1907），是韋伯的伯父（Radkau, 2009: 561）。所以，韋伯其實是妻子的父執輩，也就是說，他是和小他一輩的親戚結婚。瑪莉安娜對於韋伯的崇敬可說是數十年如一日。早期韋伯到海德堡教書，瑪莉安娜就去旁聽；韋伯死後，這種崇敬之情還在她所撰寫的《韋伯傳》（*Max Weber: Ein Lebensbild*）中流露無遺。

瑪莉安娜[10]於1892年春季到韋伯家住了一段很長的時間，兩人的關係才逐漸深化。第二年（1893年）的3月，在韋伯探訪初戀表妹艾美・包嘉登（Emmy Baumgarten, 1865-1946）的半年後，她和韋伯兩人訂婚。

韋伯和妻子膝下無子，在加上韋伯後來的兩次外遇，讓這段婚姻增添了不少八卦。後來因為妹妹的過世，才將妹妹的四個小

---

10 最近有一本以德文撰寫研究韋伯夫妻的書，可惜筆者德文程度沒好到可以參考。以能力得讀者，請參見Krüger (2001)。

孩過繼成為兩人的小孩。

　　小他一歲的表妹艾美是韋伯的初戀〔即母親的姊姊伊達‧法倫斯坦（Ida Fallenstein）和姨丈赫爾曼‧包嘉登（Hermann Baumgarten）的女兒〕。他於1883年因為在史特拉斯堡當兵，所以和姨母家關係深厚。除了和表哥奧托‧包嘉登（Otto Baum-garten, 1858-1934）有許多知性方面的交流，與表妹艾美也過從甚密，特別是1886年之後，兩人魚雁往返更加頻繁。[11]在韋伯的《青年書簡》（*Jugendbriefe*）中，艾美被暱稱為「Emmerling」和「darling」，兩人通信有八年之久（Kaelber, 2003b: 38）。卡爾柏從兩人的往返書信中發現，韋伯對艾美的感情轉向親情，從情人轉向兄妹。但關於這段感情，也有不太一樣的敘述。根據瑪莉安娜（瑪麗安妮‧韋伯，2010：129；1926：99；1975：93）事後的描述，1887年韋伯的阿姨怕兩人感情過深，就將艾美送去瓦爾德基爾希（Waldkirch）和哥哥奧托同住。但韋伯知道後還是追去，兩人雖然相對無語，但覺感情更加篤堅，深陷情海而不可自拔。然而，這次一別，兩人直到五年後的1892年才再度見面，卻已人事全非。這時艾美正因法倫斯坦家族遺傳的精神耗弱而易地休養，韋伯只能到療養院去探訪初戀情人。她一直認為自己是韋伯的未婚妻，可是兩人從未訂過婚。在探視完艾美之後，韋伯自知無法照顧艾美一輩子，就斬斷情絲，而且很迅速地在半年後（1893年3月）與瑪莉安娜訂婚。韋伯在撰寫博士論文階段

11　卡爾柏（Kaelber, 2003b: 37）也強調這種深情的（amorous）關係並沒有發生性關係。

就是為這段情所困。瑪莉安娜對整件事情顯然了解透澈，所以在後來的韋伯傳記中也沒避諱（瑪麗安妮・韋伯，2010：129-130；Marianne Weber, 1926: 99-100; 1975: 93-94）

　　艾爾賽（Else von Richthofen, 1874-1973）比韋伯小10歲，是韋伯在海德堡教書時的第一位女學生，和當時在丈夫課堂上聽課的瑪莉安娜是好朋友。當時有機會進大學的女子很少，艾爾賽最初的志向也只是要當一位工廠檢查員（Fabrikinspektorin）。後來經過韋伯的推薦，她如願以償地成為該職位的第一位女性官員。她28歲（1902年）時和當時36歲的雅飛（Edgar Jaffé, 1866-1921）結婚。

　　托伯勒（Mina Tobler, 1880-1967）是一位音樂家，也是韋伯晚年認識的「紅粉知己」，瑪莉安娜的《韋伯傳》中提及她曾陪伴韋伯夫婦參加拜魯特音樂節的事（瑪麗安妮・韋伯，2014：386）。

二、學歷

　　韋伯在學業的表現上很優秀，25歲就拿到博士學位，而且頗受重視。

　　他6歲時（1870年）進入柏林夏洛登堡的私立多伯林（Döbbelin）學校就讀。後來進入奧古斯塔皇后中學（Kaiserin-Augusta-Gymnasium），就學期間（1879年）就寫過一篇具學術水準的論文〈印度日耳曼諸民族的性格、發展與歷史的考察〉（Betrachtungen über Völkercharakter, Völkerentwicklung und Völkergeschichte be den indogermanischen Nationen）。

　　18歲（1882年）通過高級中學的畢業考試（Abitur），進入海德堡大學法律系。就學期間參加了學生社團亞琛足球俱樂部（Alemannia）。修讀大學這段歷程因為兵役問題而數度中斷。18至19歲（1882至1883年）之間，因為在史特拉斯堡服兵役，和住在該地的姨丈包嘉登一家人很熟。20歲（1884年）轉往柏林大學就讀，聽過很多大師名家的課程，如羅馬史專家毛姆森（Theodor Mommsen, 1817-1903）、歷史學家特賴奇克（Heinrich von Treitschke, 1834-1896）、日耳曼法制史專家基爾克（Otto von Gierke, 1841-1921），以及法學家格耐斯特（Rudolf von Gneist, 1816-1895）。21歲（1885年）再度前往史特拉斯堡服兵役，後來轉往哥廷根（Göttingen）大學準備國家法律考試。22歲（1886年）通過法律考試之後，又轉回柏林大學。其間影響他比較大的老師有：商事法專家哥德斯密特（Levin Goldschmidt, 1829-1897）和統計學家麥曾（August Meitzen, 1822-1910）。25歲（1889年）在高爾德施密特和格耐斯特指導下，博士論文以「極優等」（magnum cum laude）通過，題目為「義大利城市家族與商業共同體的商社中的連帶責任原則和特殊財富的發展」（Entwicklung des Solidarhaftprinzips und des Sondervermögens der offenen Handelsgesellschaft aus den Haushalts- und Gewerbegemeinschaftern in den italienische Städten）；後來增補出版為《中古商社史：以南歐資料為依據》（*Zur Geschichte der Handelsgesellschaften im Mittelalter, Nach südeneuropäischen Quellen*）[12]。據說羅馬史專家毛姆森在口試時特別讚賞韋伯的論

文，覺得他是可以繼承其學術衣缽的人[13]（瑪麗安妮・韋伯，2010：155；Marianne Weber, 1926: 121; 1975:114）。

三、經歷

韋伯在19歲（1883年）、21歲（1885年）和22歲（1886年）分三次服完兵役，前兩次在史特拉斯堡，最後一次在波森（Posen）。這兩個地方在韋伯當兵時都還屬於德國的版圖，可是在第一次世界大戰後，前者歸還法國，地名沒變；後者歸還波蘭，改回波茲南（Pozna　）。

韋伯在25歲獲得博士學位之後，原來有意從事律師的工作，而且他也通過兩階段國家考試。他原打算申請宋巴特（Werner Sombart）從不來梅（Bremen）商會法律顧問離職後所留下的遺缺，但未獲錄用（Kaelber, 2003b: 33）。28歲（1892年）他還有過要和朋友合開事務所的想法，也未能實現（Kaelber, 2003b: 47n21）。

另一個就業的選擇就是學術路。

韋伯雖然後來名列為社會學的創始人之林，可是他一生不僅

---

12 英譯本將書名譯作 *The History of Commercial Partnerships in the Middle Ages*，陶永新中譯本據此將中譯本書名作《中世紀商業合夥史》。討論這篇博士論文的文章可參見卡爾柏（Kaelber, 2003b，2010）。

13 卡爾柏（Kaelber, 2003b: 47n19; 2003c: 9n28）引述了丹寧格（Deininger, 1986: 57-58, nn 14, 14a, and 15）的文章，交互比對所有的資料來源，證明了這件事情的真確性。

未被稱為是「社會學家」，在大學教書的資歷也很短暫。

　　他在28歲（1892年）那年曾代替他的指導老師高爾德施密特在柏林大學上過課，但並非專職，後來也沒有被繼續以專職錄用。第一個專職應該是30歲（1894年）時就任的傅萊堡（Freiburg）大學經濟學及財政學教授，他當時的就職演說十分有名。兩年後（1896年），他轉往海德堡大學任教，[14]仍然是政治經濟學的講座，接替的是因為被他批評才在後來社會學界知名的柯尼斯（Karl Knies, 1821-1898）的職位。1897年他們全家也遷往外祖父遺留、位於海德堡的獨棟豪宅居住。這棟豪宅在內卡河畔，每天可以仰望海德堡的古堡廢墟。可惜好景不長，就在當年，韋伯父子大吵一架，再加上父親於吵架後一個月左右過世，造成韋伯精神崩潰，連帶也無法擔任教職。一直等到將近二十年之後，也就是他的生命油燈即將燃盡之前，才又先後在維也納大學（1917年）和慕尼黑大學（1919年）短期講學。回過頭來算算，前前後後他在大學的教學時間沒超過十年。

　　可是他對後來學術界的影響力卻不因為在學校教學的時間短而受限。他透過著作，發散出對後世無遠弗屆的影響力。

14　瑪莉安娜（Marianne, 1926: 239; 1975: 226; 2010: 289）認為，雖然在傅萊堡也有朋友，但是海德堡除了「土親」因素，還有著韋伯童年和學生時代美好的回憶。

四、會員

韋伯在學校教書的時間雖然不長，可是他在不同階段一直都有參加不同的社會政策團體，顯現出他對社會政策的極度關心。

24歲（1888年）時就加入了「社會政策聯合會」（Verein für Sozialpolitik），26歲（1890年）又參加了「第一屆教會社會會議」（Evangelische-sozialen Kongreß），1893至1899年參加「泛德聯盟」（Alldeutschen Verband），1896年參加德國政治家與宗教領袖瑙曼（Friedrich Naumann）發起的「國家社會聯合會」（National-Sozialen Verein）（並非後來惡名昭彰的「國家社會黨」）。

韋伯加入這些人民團體，並不是只做個被動的會員。他曾經為了「社會政策聯合會」的邀請去調查德國易北河東部農業勞工的狀況，並寫成報告，後來也在他身後被瑪莉安娜收入《社會經濟史論文集》（*Gesammelte Aufsätze zur Sozial- und Wirtschaftsgeschichte*）中。

小結

從以上韋伯的生平簡歷來看，韋伯的家庭生活優渥，甚至沒有工作也能過著不錯的生活，這些都算是他對西方近代理性的資本主義的直接體驗。他的宗教傾向並不明顯，所以很難從他的簡歷推知他對於「世界宗教的經濟倫理」的實際興趣。從他很早就有學術的啟蒙，能寫歷史方面的專業論文來看，他對於「世界宗教的經濟倫理」的興趣恐怕還是侷限在學術方面。至於

他生平中婚姻之前和之外的情感經驗，恐怕偷偷反映在〈間論〉
（Zwischenbetrachtung）中性愛領域的章節中。詳情我們會在下面
的章節中一一討論到。

第二章

韋伯的主要著作

　　韋伯一生的著作在其生前成書的並不多見，多半是散見於期刊上的論文，在其身後由其夫人及後來的研究者編輯而成。

　　韋伯生前唯一校訂出版的是《宗教社會學論文集》（*Gesammelte Aufsätze zur Religionssoziologie*）第一卷（1920），其餘都是由夫人瑪莉安娜或學生在韋伯身後將韋伯的文章分成幾大類編輯出版，根據出版順序的先後：

《政治論文集》（*Gesammelte politische Schriften*, 1921）

《宗教社會學論文集》第二、三卷（1921）

《經濟與社會》（*Wirtschaft und Gesellschaft*, 1921-1922）

　　《音樂的理性的和社會學的基礎》（*Die rationalen und soziologischen Grundlagen der Musik*, 1921）

　　《科學學（方法論）論文集》（*Gesammelte Aufsätze zur Wissenschaftslehre*, 1922）

　　海曼（S. Hellmann）和巴爾里（M. Palyi）合編出版《經濟史：社會經濟通史綱要》（*Wirtschaftsgeschichte: Abriß der universalen*

Sozial-und Wirtschaftsgeschichte. Aus den nachgelassenen Vorlesungen, 1923）

《社會學和社會政策論文集》（*Gesammelte Aufsätze zur Soziologie und Sozialpolitik*, 1924）

《社會經濟史論文集》（*Gesammelte Aufsätze zur Sozial-und Wirtschaftsgeschichte*, 1924）

除了以上的學術論文，1936年韋伯夫人還將韋伯年輕時期寫的書信編成《韋伯：青年書簡》（*Max Weber: Jugendbriefe*）。

從1984年起，德國的Mohr Siebeck出版社在德國拜陽科學院社會經濟史委員會（Kommission für Sozial- und Wirtschaftsgeschichte der Bayerischen Akademie der Wissenschaften）主持之下，由六位德國當代韋伯專家主編：拜耳（Horst Baier）、胡炳格（Gangolf Hübinger）、雷普修斯（M. Rainer Lepsius）、毛姆森（Wolfgang J. Mommsen）、施路赫特（Wolfgang Schluchter）、溫克爾曼（Johannes Winckelmann），預計出版精校注釋的《韋伯全集》（*Max Weber-Gesamtausgabe*），這部書分成三大類：第一類是論文和演講（Schriften und Reden），共25冊；第二類是書信（Brief），共9冊；第三類是課程和課程紀錄（Vorlesungen und Vorlesungsnachschriften），共7冊。[1]

---

[1] 有些冊還有分冊。這裡根據的是 Mohr Siebeck 出版社的網路資料，https://www.mohr.de/mehrbaendiges-werk/max-weber-gesamtausgabe-323700000（2017年8月28日查閱）。

　　這套書雖然內容完備，但我認為對於韋伯的著作分類還是不如韋伯夫人來得恰當。

　　德國的韋伯研究專家施路赫特教授曾經根據韋伯夫人編輯的幾部書，搭配上韋伯生平發展的三階段和幾個生活過的地點，畫了一張十分簡要的圖表──「韋伯著作發展大綱」[2]（Overview of the Development of Weber's Work）（Schluchter, 1989: 465; 施路赫特，1986：167；2013：237）：

　　第一階段從1889年至1900年，涵蓋著柏林、傅萊堡和海德堡的初期，文章包括：

　　收在《社會經濟史論文集》的有：

　　1889年的〈中古商社史〉（Zur Geschichte der Handelsgesell-schaften im Mittelalter）

　　1891年的〈羅馬農業史〉[3]

　　收在《社會學和社會政策論文集》的有：

　　1892年的〈德國易北河東部農民情況〉（Die Lage der Land-arbeiter im ostelbischen Deutschland）

　　1894/96年的〈證券交易所〉（Die Börse）

---

2 顧宗華的譯本比英譯本的內容簡要，下面我根據的是英譯本（Schluchter, 1989: 465）。不過英譯本的圖表中是將文章篇名以縮寫的方式標出，我盡力根據其他資料將文章篇名做比較完整的復原。

3 《社會學和社會政策論文集》中並沒有收這篇文章。

　　第二階段從1900年至1910年，涵蓋著前後海德堡時期，文章包括：

　　收在《科學學（方法論）論文集》的有：

　　1903年至1906年的〈羅雪和柯尼斯以及歷史經濟學的邏輯問題〉（Roscher und Knies und die logischen Probleme der historischen Nationalökonomie）

　　1904年的〈社會科學和社會政策知識的「客觀性」〉（Die "Objektivität" sozialwissenschaftlicher und sozialpolitischer Erkenntnis）

　　1907年的〈許塔姆勒對唯物史觀的「戰勝」〉（R. Stammlers »Überwindung« der materialistischen Geschichtsauffassung）

　　1909年的〈「能量的」文化理論〉（"Energetische" Kulturtheorien）

　　收在《社會學和社會政策論文集》的有：

　　1904年的〈普魯士財產信託的農業統計和社會政策思考〉（Agrarstatistische und sozialpolitische Betrachtungen zur Fideikommißfrage in Preußen）

　　1906年有關俄國革命的文章[4]

4《社會學和社會政策論文集》中並沒有收這方面的文章。這裡應該是指收錄在1988年版的《政治論文集》中兩篇1906年出版的有關俄國的文章：〈俄國資產階級民主的情況。節錄。〉（Zur Lage der bürgerlichen Demokratie in Rußland. Auszug）和〈俄國過渡到假憲政主義。節錄。〉（Rußlands Übergang zum Scheinkonstitutionalismus. Auszug）。1921年版並未收錄此兩篇文章。

1908年至1909年〈工業勞動的心理物理學〉（Zur Psycho-physik der industriellen Arbeit）

收在《社會學和社會政策論文集》的有：

1904年的〈近百年德意志文獻中古日耳曼之社會結構性格的爭議〉（Der Streit um den Charakter der altgermanischen Sozialverfassung in der deutschen Literatur des letzten Jahrzehnts）

1909年的〈古代農業關係〉（Agraverhältnisse im Altertum）

收在《宗教社會學論文集》中的有：

1903年至1905年的〈基督新教的倫理與資本主義的精神〉（Die protestantische Ethik und der »Geist« des Kapitalismus）

第三階段從1910年至1920年，涵蓋著海德堡和慕尼黑兩地點，文章包括：

屬於「宗教社會學」範疇的1910年〈《資本主義精神》反批評的總結〉（Antikritisches Schlußwor zum »Geist des Kapitalismus«）[5]

收在《宗教社會學論文集》第一集中，原出版在1915年《世界宗教的經濟倫理》的〈導論〉（Einleitung）、〈儒教〉（Konfuzianismus）和〈間論〉（Zwischenbetrachtung）

---

5 這篇文章以及論戰的相關論文都沒有收在韋伯夫人所編的任何文集中。

收在《經濟與社會》中的有：

1913年的〈宗教社會學〉（Religionssoziologie）[6]

1914年的〈宰制的類型〉（Typen der Herrschaft）

收在《政治論文集》中的有：

1917年的〈德國的國會和內閣〉（Parlament und Regierung im neugeordneten Deutschland）

1917年的〈德國的選舉和民主〉（Wahlrecht und Demokratie in Deutschland）

　　除了這張圖表簡要地掌握了韋伯的寫作脈絡之外，施路赫特教授還很詳盡地從韋伯的兩大著作：《經濟與社會》及《宗教社會學論文集》中相關的宗教社會學部分做了整理。

　　他先將1909年、1914年原本《經濟與社會》出版計畫和最後1921年至1922年最後出版的版本中「宗教社會學」的章節做了三個表格，標出韋伯原來要負責及實際寫完的部分（Schluchter, 1989: 466-468）。

　　其次還將《宗教社會學論文集》出版了的三集及未出版的可能部分內容和原始版本也做了個整理（Schluchter, 1989: 469-471）。

　　最後他整理了《世界宗教的經濟倫理》的出版年代和實際發行年代。

---

6 施路赫特的圖表中並沒有這一項。

　　這種對於版本求精求細的重視，除了施路赫特教授之外，歐美學界和中文學界似乎還很難找出第二人。我覺得施路赫特教授的這種關懷，對於〈儒教（與道教）〉及韋伯對於資本主義和宗教關係的理解都能打開新的視野。所以本書的立論主要就是根據施路赫特教授的這些整理，只有少數地方做了些補充。

第三章

思想脈絡和出版脈絡以及
相關版本和譯本

　　許多人讀書，特別是讀西洋古典社會學理論的經典，都是拿來就讀，完全不在乎我所提到的脈絡和「四本」問題。[1]

　　所謂的脈絡是指韋伯所身處的大我脈絡和韋伯自己的小我脈絡。我們已經在前面以及附錄一中略做了表述。至於韋伯的出版脈絡及其思想脈絡，我們已經在第二章中做了一個全面的說明，本章就根據與本書最相關的部分進一步詳細說明。

　　所謂的「四本」就是版本、譯本、文本、所本（證據）。本章在討論〈儒教（與道教）〉[2]的兩種脈絡之際，順帶討論相關的版本與譯本問題。

　　韋伯的著作多半有著版本的問題。就〈儒教（與道教）〉而

---

1 我過去研究涂爾幹和馬克思及恩格斯的書都是從這樣的觀點出發的，請參考孫中興（2008，2009，2010，2013）。

2 我用〈儒教（與道教）〉而不是《儒教與道教》，是為了能同時表達這是兩種版本的一種做法。有時強調原典是一篇長文，就用文章名號表示；有時強調的是獨立成書的譯本，就用書名號表示。基本上，兩者應該是同樣的意思。

言，德國學界已經於1989年整理出了精校的版本對照版（亦即《全集本》），英語世界和中文世界的譯者多半沒有借重這樣的成果。中譯本唯一借重的是王容芬譯本，但還是有借重不全之憾，特別是他沒有根據德文的《全集本》譯出一個版本對照本，讓中文學術界可以提升版本意識，進而獲得更多韋伯研究方面的創發。

　　我長久以來就注意原典「譯本」的問題。「譯本」一直是大部分非德語系國家的讀者學習德語系理論的重要根據，可惜大家似乎都對這個問題視而不見，彷彿閱讀了「譯本」，就是閱讀了「原典」。在這種情況之下，讀者也只好概括承受原典和譯本之間各種「信達雅」以及其他的「落差」的問題。這是只從翻譯本做學問的一個不利之處。

　　就我們切身的情況來說，沒有中譯本之前，中文世界的讀者只能透過英譯本來間接接近韋伯，等到有了中譯本，這個問題就更加複雜。好的譯本，能讓讀者少受點折磨，但是壞的譯本，就讓更多讀者在讀大師經典時如墜五里霧中。還不說經典本身已經很難懂，譯本難道會更容易些嗎？這種「霧裡看花學理論」，或是我愛戲稱的「理論霧裡學」，恐怕是多少年來多少學子代代相傳的慘痛經驗。

　　過去我身受其苦，所以才想從版本和譯本的討論開始，重新檢視我們對於韋伯經典知識的基礎，會讓我們對於理論的理解有所突破。

　　除了德文文本的版本，我認為要從文本的思想脈絡和出版脈絡來考察，才能「逼近」作者的原意。[3]在討論各個相關條目時，

我會提到現有的版本和譯本的情況。

從讀者的立場來看，比較容易接觸的是出版脈絡。我們如果從韋伯生前自行校訂過的《宗教社會學論文集》第一卷為基礎，來重建他的宗教社會學研究。[4]我認為，這就包括下面幾個部分：

一、前言（Vorbemerkung; Author' Introduction, Prefatory Remarks）

這是1920年韋伯為了整個《宗教社會學論文集》所寫的〈前言〉，而不是為了《基督新教的倫理與資本主義的精神》所寫的〈前言〉。從這篇〈前言〉可以看出身為近代歐洲文明之子的韋伯對於近代西方文明獨特性的強調，以及對於世界其他宗教的經濟倫理的關注，與近代理性資本主義特性的描述，都是這篇〈前言〉的精采之處。特別是他強調多因、多向度以及比較的研究角度，在在都說明了他的企圖絕對不滿足於從思想或倫理層次來論證西方的這種獨特性。我們可以說，這是韋伯生前對於資本主義和宗教關係的最後總結。

不過，在最初帕森斯的英譯本裡，是把這個〈前言〉譯為〈作者導言〉（Author's Introduction），放在《基督新教的倫理與資

---

3 這個部分在施寒微（Helwig Schmidt-Glintzer, 1989; 2012）為《韋伯全集》（*MWG*）所寫的〈版本考據〉（Einleitung）中有最詳盡的、可以算是權威的說明。

4 施路赫特（Schluchter, 1989: 465-472）就曾經從韋伯的著作史（Werkgeschichte）重建過韋伯的宗教社會學。

本主義的精神》（以下簡稱《新教倫理》）之前，所以偶爾被誤作是後者的「導言」。然而帕森斯在書前的〈譯者序〉（Translator' Preface）早把這篇文章的出版年代和出版位置做了清楚的說明，所以縱然有錯，恐怕要歸咎於讀者的不察而不是譯者的疏忽。

　　貝爾（Peter Baehr）和威爾斯（Gordon C. Wells）於2002年的英譯本、威姆斯特（Sam Whimster）於2004年的英譯本，以及卡爾貝格（Stephen Kalberg）於2011年的英譯本，都不約而同改譯成比較冗長的〈宗教社會學論文集的前言〉（Prefatory Remarks to Collected Essays in the Sociology of Religion），放在他們書的後頭，而不放在《新教倫理》的前面。

　　這篇文章的中譯本非常多，[5]大部分都將本文譯成〈導論〉或〈作者導論〉，放在《基督新教》之前。例外的有：1960年張漢裕的譯本作〈著者補論〉，收在他節譯的《基督新教》中，放在正文之後；1989年康樂的譯本用了一個很冗長的譯名〈資本主義精神與理性化〉，收在他和簡惠美編譯的《宗教與世界・韋伯選集（II）》中；1989年譯者不詳的譯本作〈西方文明的獨特性〉。

二、基督新教研究

　　《宗教社會學論文集》第一卷在這個部分包括了著名的〈新教倫理〉（1905，1920）和〈新教教派〉（1906，1920）。卻忽略了收錄同樣重要的、韋伯和當時學者參與「基督新教論戰」的答

5　參見附錄二。

辯文章（1907-1910）[6]，特別是其中韋伯最後的總答辯一文，對於他的新教研究有精簡的說明。

〈新教倫理〉有兩個版本：一是1905年登載在韋伯和友人主編的《社會科學與社會政策學報》（*Archiv für Sozialwissenschaft und Sozialpolitik*）[7]中，這個版本最近才有2002年貝爾和威爾斯的英譯本；二是1920年收錄在《宗教社會學論文集》第一卷中的版本，1930年的帕森斯和2002年的卡爾貝格的英譯本都是根據這個版本；現行的所有中譯本也都是根據這個版本。

〈新教教派〉也有兩個版本，一是1906年原來登載在報刊上的版本，這有兩個英譯本：一是1985年婁德（Colin Loader）刊登在《社會學理論》（*Sociological Theory*）第三期的譯本〔後來經過卡爾貝格修改後收入韋伯著作（Weber, 2011: 227-232）〕，一是2002年貝爾和威爾斯的譯本；二是1920年同樣收錄在《宗教社會學論文集》第一卷的版本，這個版本有1946年葛斯和米爾斯的英譯本和2011年卡爾貝格將前面兩位前輩的譯文再加以修改的版本，2001年有閻克文的中譯本，2007年則有簡惠美的中譯本。

至於韋伯參加「新教倫理」論戰的四篇論文發表在1907年、

---

6 這些答辯文章首次被溫克爾曼收錄在1968年的《新教倫理II：批評和反批評》中才被注意。韋伯後來的「總答辯」的下半部於1978年被戴維斯（Wallace M. Davis）翻成英文，刊登在《美國社會學刊》，澄清了很多別人對韋伯的誤解（Weber, 1978）。2001年所有的論戰文章都英譯出版，收在查爾克拉夫（David J. Chalcraft）和哈靈頓（Austin Harrington）編輯的《基督新教倫理論戰：韋伯對其批評者的答辯，1907-1910》。

7 有些人把「Archiv」譯成「文庫」，但是我覺得「學報」比較符合現在的用法，所以就採用這樣的用法。

1908年和1910年（兩篇），前兩篇反駁費雪（H. Karl Fischer），後兩篇則反駁拉赫法（Felix Rachfahlm）。德文原文收在溫克爾曼編輯的《新教倫理II：批判與反批判》（*Die Protestantische Ethik. II: Kritiken und Antikritiken*）。1978年戴維斯（Wallace M. Davis）將韋伯最後一篇答辯文的後半部譯成了〈針對資本主義精神的反批判總結〉（Anticritical Last Word on The Spirit of Capitalism），發表在《美國社會學刊》（*American Journal of Sociology*）上；英譯本於2001年由哈靈頓（Austin Harrington）和雪德絲（Mary Shields）合作翻譯出版成《基督新教倫理論戰：韋伯對其批評者的答辯，1907-1910》（*The Protestant Ethic Debate: Max Weber's Replies to His Critics, 1907-1910*）。2002年貝爾和威爾斯翻譯的1905年版《基督新教》中收錄了韋伯四篇答辯文章的英譯本，省略了收錄批評者的文章。目前中譯的部分只有2008年閻克文根據戴維斯的英譯本二度轉譯成中文的〈對「資本主義精神」之反批判的結束語〉，收在臺灣左岸版的《新教倫理》譯本中。[8]

三、世界宗教的經濟倫理

這是韋伯生前最後努力的研究系列。這個系列出版的部分展現在韋伯生前和過世後出版的三卷《宗教社會學論文集》中。這個系列包括了：

1　〈導論〉（經過韋伯親自校訂後收在《宗教社會學論文集》

8　我希望在下本書中談論韋伯的「新教研究」。

　　第一卷；1915，1920）

2　〈儒教（與道教）〉（經過韋伯親自校訂後收在《宗教社會學論文集》第一卷；1915，1920）

3　〈間論〉[9]（經過韋伯親自校訂後收在《宗教社會學論文集》第一卷；1915，1920）

4　〈印度教與佛教〉（未經韋伯親自校訂，由瑪莉安娜編輯收在《宗教社會學論文集》第二卷；1916，1921）

5　〈古代猶太教〉（未經韋伯親自校訂，由瑪莉安娜編輯收在《宗教社會學論文集》第三卷；1917-1918，1921）

此外，從〈導論〉的第一句話來看，應該還包括未寫完的：

6　〈伊斯蘭教〉

7　〈（近代西方）基督教〉[10]

9　許多人都習慣稱這篇文章置身在〈儒教（與道教）〉和〈印度教與佛教〉之間的短論為〈中間考察〉，但是我覺得這篇是像西洋音樂中的間奏曲（intermezzo），而且我覺得用更少的字可以代表這篇的旨趣，所以獨排眾「譯」，把這篇翻成「間論」。

10　施路赫特（Schluchter, 1989: 471）還舉出韋伯自撰的《宗教社會學論文集》的廣告詞初稿的內容，舉出原來預定的還包括：「塔爾木德猶太教」（Das talmudische Judentum [Talmudic Judaism]）、「原始基督宗教」（Das Urchristentum [Early Christianity]）、「東方基督宗教」（Das orientalische Christentum [Oriental Christianity]）、「伊斯蘭教」（Der Islam [Islam]），以及「西方基督宗教」（Das Christentum des Okzidents [The Christianity of the Occident]）。威姆斯特（Whimster, 2002: 79）把這份初稿的內容譯成了英文。

　　從以上五個出版脈絡來看，前面三項和本書的關係最為密切，需要在下面中詳細說明。

　　先說標題。1915年版的主副標題為〈世界宗教的經濟倫理。宗教社會學大綱〉（Die Wirtschaftsethik der Weltreligionen. Religion-ssoziologische Skizzen）；1920年的主標題不變，副標題則改成〈比較宗教社會學的嘗試〉（Die Wirtschaftsethik der Weltreligionen. Vergleichende religionssoziologische Versuch），比原先多了「比較」和「嘗試」兩個部分。

1　〈導論〉（Einleitung）

　　這是韋伯為了「世界宗教的經濟倫理」系列所寫的〈導論〉，其實是《儒教（與道教）》密不可分的部分，可是諸多譯者都未予重視。

　　韋伯原來在1915年[11]於《社會科學與社會政策學報》第四十一卷第一期發表。1920年略微修訂，收入《宗教社會學論文集》第一卷。1989年由施寒微（Helwig Schmidt-Glintzer）教授在可倫可（Petra Kolonko）[12]的協助下編輯出版了對照精校本，收錄成《韋伯全集》（*Max Weber Gesamtausgabe*）第一部分第十九冊《世界宗教的經濟倫理：儒教與道教，1915和1920對照文本》（*Die Wirtschaftsethik der Weltreligionen: Konfuzianismus und Taoismus,*

11　根據施路赫特（Schluchter, 1989: 471）的考證，這一期在1915年10月14日發行，可是標明的出版年代是1916年。

12　以下為了行文便利，提到此書的編輯者，只提施寒微教授的名字，省去協助者的名字。

Schriften 1915-1920，簡稱《全集本》）。[13]

　　最早的英譯本是葛斯和米爾斯合譯的和原來標題相去甚遠的〈世界宗教的社會心理學〉（The Social Psychology of the World Religion），不過這篇譯文刪除了不少韋伯的原注。[14] 2004 年威姆斯特才還原譯為〈世界宗教的經濟倫理之導論〉（Introduction to the Economic Ethics and the World Religions）。很可惜，1951 年葛斯英譯的《中國的宗教：儒教與道教》（*The Religion of China: Confucianism and Taoism*）並沒有將此文收入其中。

　　中譯本最早是 1989 年簡惠美的譯本，她們將譯名增作〈比較宗教學導論：世界諸宗教之經濟倫理〉，收入《宗教與世界・韋伯選集（Ⅱ）》，而沒有放在同年翻譯出版的《中國的宗教：儒教與道教》中（1996 年修訂本也未收入此文），她們也和葛斯和米爾斯一樣，都忽略了韋伯第一個很重要的腳注。這個中譯本參考了日譯本和葛斯與米爾斯的英譯本，譯者還為了讀者的方便，而自行將文本分段並加上小標題。1995 年王容芬的《儒教與道教》就收錄了這篇名為〈導論（《世界宗教的經濟倫理》）〉的文章，韋伯原來的腳注俱全。這是到目前為止，唯一遵循德文原版做法的一本中譯本。2010 悅文和 2012 年富強的《儒教與道教》譯本雖然收錄了本篇當開頭，卻和簡惠美譯本一樣，沒有譯出第一個很重要的腳注。還有 2010 年閻克文根據前述的葛斯與米爾斯

13　施寒微教授有個〈版本考據〉，收錄在《全集本》之前（Weber, 1989: 31-73；韋伯，2012a：3-38）

14　威姆斯特（Whimster, 2002: 76）就特別指出這一點，他還特別譯出本文的第一個腳注。

的《韋伯文選》而翻譯的〈世界性諸宗教的經濟倫理：宗教社會學比較研究導論〉。

2　〈儒教（與道教）〉（Konfuzianismus (und Taoismus)）

德文〈儒教（與道教）〉的情況和〈導論〉的情況是一樣的。1989年的對照精校本可以算是嘔心瀝血之作，很可惜現今的中英本都沒有根據這本來翻譯，讓德文以外的學界，失去了仰賴德文學界的研究成果，然後在此基礎上能有更上一層樓的機會。

英文譯本一直都只有1951年葛斯的英譯本，書名為《中國的宗教：儒教與道教》（*Religion of China: Confucianism and Taoism*）。

中文譯本則數量驚人。

首先是1989年出版的簡惠美的中譯本，譯名仿英譯本作《中國的宗教：儒教與道教》，同時也和英譯本一樣，收錄了楊慶堃的〈導讀〉，除了英譯本，這本書另外參考了1971年木全德雄的日譯本和德文本。簡譯本注釋資料極為豐富，除了保存韋伯的原有注釋，還參考大量中文資料，補正韋伯行文的不足與錯誤之處，而且譯文也相當流暢，是難能可貴的譯本；1996年還出版了修訂版。這個譯本也分別在2004年和2010年出版過簡體字版。

其次是1993年洪天富的《儒教與道教》，他是根據德文1978年版《宗教社會學論文集》第1卷的部分譯出，韋伯的注釋也都一併譯出，沒有多餘的作者補充注解。眉邊有原書頁碼可以對照查證，算是本書特色之一。譯文也通暢可讀。另外譯者雖非社會學專業，但是書前有〈譯者序〉，書後有〈譯後序〉，提供讀者

了解韋伯此人、此書的一些背景知識。2005年有重印本。

　　接著是1995年王容芬的《儒教與道教》。譯者曾經在德國留學時師事施路赫特教授，所以也是根據德文版翻譯的。這本書出版的特色就是除了《儒教與道教》之外，還多譯了〈導論〉（《世界宗教的經濟倫理》）和〈過渡研究〉（我譯成「間論」），還附有一張簡要的「譯名表」。此外，除了韋伯原來的注釋，譯者也提供了相當多的「譯者注」。2008年這本書從原先的商務印書館改成廣西師範大學出版社，出版了「最新修訂版」，主要參考了新的《韋伯全集》的整理本，書前加譯了施寒微教授的〈版本考據〉，可惜的是，譯文並沒有根據整理本做出一個對照精校本。2012年又轉到中央編譯出版社，同樣出版了「最新修訂版」。和2008年的譯本相比，開本變大，內容增加了〈譯者絮語〉，補充了一些有關韋伯和韋伯論旨的爭論的簡要敘述。這本書的譯文緊貼著韋伯原文，但是有時譯文會和韋伯原文一樣晦澀難懂。然而瑕不掩瑜，這還是我很倚重的一個中譯本。

　　其他還有幾本學術性不強的譯本。

　　2007年出版的張登泰和張恩富的合譯本，特色是「全譯彩圖本」。這本書企圖用通俗的角度來推廣韋伯這本書，所以封面上用了「第一次用西方的理性視角解讀『感性中國』」，在書腰上也說「該書以西方視角第一次深入分析了中國為什麼沒有產生資本主義・影響每一代學人的知識名著」這樣的用詞。這本書正文具存，書前有韋伯傳略，書尾述評，而且圖文並茂，可是把學術書中很重要的注解全數刪除，不適合嚴肅學術閱讀參考之用。

　　2010年出版的悅文譯本，特色是多譯了〈導論：各種宗教的

經濟觀〉，但是正文和注釋都翻譯不全，也無其他特色。

　　2012年出版了富強的譯本，除了一篇十分簡略的〈譯者序〉和書尾的「參考文獻」，這本書的正文內容和悅文譯本極為雷同，只是標題分章略有差別。

　　針對以上的諸多中譯本，因為時間的關係，我只參考了簡惠美和王容芬各自的「最新修訂本」。

　　3　〈間論〉（Zwischenbetrachtung: (Theorie der) Stufen und Richtungen religiöser Weltablehnung）

　　〈儒教與（道教）〉之後，到底還要不要包括〈間論〉，是一個有爭議的問題。英譯本沒有將這篇文章和《儒教與道教》放在一起，悅文和富強的中譯本也只收錄了〈（世界宗教的經濟倫理）導論〉而沒收〈間論〉，只有王容芬譯本跟隨施寒微的德文《韋伯全集》整理本有收錄。我覺得不論是從出版脈絡或是思想脈絡來說，〈間論〉都是韋伯「宗教社會學」不可或缺的一個有機部分。如果參照韋伯在同時期撰寫的《經濟與社會》中〈宗教社會學〉的部分，更會令人發覺和此文的內容有驚人的相似性，具有相輔相成的效果（施路赫特，1986：162；2013：225）。

　　這篇〈間論〉前後有兩個版本：[15] 1915年的學報版標題作〈間論：宗教拒世的階段與方向〉（Stufen und Richtungen der

---

15　施路赫特教授把韋伯在1913年至1914年寫完初稿的《經濟與社會》第二部分第五章第十一節的〈宗教倫理與「世界」〉也當成一個版本，而稱為有「三個版本」。我們如果從後來分別收入《經濟與社會》和〈（世界宗教的經濟倫理）間論〉來說，還是以「兩個版本」之說為好。

religiösen Weltablehnung），以及1920年收錄在《宗教社會學論文集》第一卷的版本，標題多加了「的理論」作〈間論：宗教拒世的階段與方向的理論〉（Theorie der Stufen und Richtungen religiöser Weltablehnung）。從施寒微的《韋伯全集》整理版來看，其間的差異並不像〈儒教（與道教）〉的正文來得大。[16]

　　現有的英譯本有兩篇：一是葛斯與米爾斯合譯的篇名，根據1905年版原文的副標題〈宗教的拒世及其方向〉（Religious Rejections of the World and Their Directions）而沒譯出〈間論〉這個正標題，可是正文是根據1920年版；二是2004年威姆斯特翻譯的〈世界宗教的經濟倫理的中間考察〉（Intermediate Reflection on the Economic Ethics of the World Religions）。不過，這個譯本省略了韋伯的小標題以及最後討論三種神義論的部分。

　　中文譯本最先出現的是1989年簡惠美和康樂根據1915年版標題合譯的〈中間考察：宗教拒世的階段與方向〉，正文卻是根據1920年版；其次就是1995年王容芬的〈過渡研究〉，沒有譯出原來的副標題，根據的也是1920年版。還有2010年閻克文根據前述的葛斯與米爾斯的《韋伯文選》而翻譯的〈中間考察：宗教拒世及其方向〉。

　　〈導論〉和〈間論〉常在德語世界之外被抽離了原有的出版脈絡」〔或稱「去脈絡化」（decontextualization）〕，所以譯者無法

---

16 施路赫特（1986：162；2013：225）早在《全集本》出版前就指出這兩個版本「確實不存在重大差異」，他還指出，1920年版只比1915年版「多了三頁」，而且「多半是出於改寫，並非增添新內容」。

再使用原有的篇名，不得不再創出一個新的篇名，另行發表在其他書籍（通常是「選文」）中。這正是沒有版本意識的最常見狀況。

　　以上整理的是從出版脈絡整理出的韋伯宗教社會學的文獻版本和相關譯本。

　　如果結合出版脈絡和思想脈絡，我可以將上面的說法再整理成表3-1，能比較全面地看出韋伯宗教社會學的全貌。

　　我們可以從表3-1清楚地看出：〈儒教（與道教）〉只是韋伯「世界宗教的經濟倫理」中的一個部分，而絕對不是一個許多人想像的「獨立」的「中國（宗教）研究」或是「儒教和道教的研究」。[17]這是韋伯以「理性（資本）主義只出現在近代西方」為立論主軸，再拿其他「世界宗教」當成「對照組」來對待。這種對「世界宗教」的研究順序是從「遠東」（儒教與道教）經過「印度」到「近東」（古代猶太教和伊斯蘭教），反映出的正是我們現代也很習慣在研習西方歷史時的「地中海中心史觀」。另外，韋伯的這種「全球的視野」已經是現代學術界或思想界很罕見的一種研究計畫。「哲人日已遠，典型在夙昔」，這對於我們身處「全球化世界」的現代社會學研究者而言，恐怕是無顏愧對前輩的篳路藍縷之功。

　　不過，光是注意到《宗教社會學論文集》中的脈絡仍不夠。

---

17 我認為這是因為翻譯本脫離了原來出版脈絡單獨出版所造成的錯誤印象。這就是我在書名上所說的「轉世」。

表 3-1：韋伯的宗教社會學的寫作脈絡和出版脈絡

韋伯《宗教社會學論文集》的寫作脈絡		韋伯《宗教社會學論文集》的出版脈絡	
			〈前言〉
		1920	〈前言〉
1905	〈基督新教的倫理與資本主義的精神〉	1920	〈基督新教的倫理與資本主義的精神〉（增訂內容）
1906	〈「教會」與「教派」〉〈北美的「教會」與「教派」〉	1920	〈新教教派與資本主義精神〉（增訂內容）
1907	〈前文《批判》的批判〉		未收入
1908	〈前文《答辯》的評論〉		未收入
1910	〈資本主義『精神』的反批判〉〈《資本主義精神》反批評的總結〉		未收入
1911-3	〈宗教社會學〉（收入《經濟與社會》）		未收入
1915	〈導論〉	1920	〈導論〉（增訂內容）
1915	〈儒教〉	1920	〈儒教與道教〉（增訂內容）
1915	〈間論〉	1920	〈間論〉
1916	〈印度教與佛教〉	1921	同左
1917-8	〈古代猶太教〉	1921	同左
1920	〈前言〉		

韋伯對於宗教和資本主義的發展的相關論點，還可以見諸於下面
的其他文獻：

　　1　在1922年韋伯身後由韋伯夫人編輯的《經濟與社會》中
的〈經濟的社會學基本範疇〉（Soziologische Grundkategorien des
Wirtschaftens; Sociological Categories of Economic Action）中，特
別是第31節〈盈利的「資本主義」取向的典型方向〉（Typische
Richtungen "kapitalistischer" Orientierung des Erwerbs; The Principle
Modes of Capitalistic Orientation of Profit-Making），對於資本主義
型態的說明。

　　2　《經濟與社會》第二部分的〈經濟行動的社會學的基本
範疇〉（Soziologische Grundkategorien des Wirtschaften; Sociolo-
gical Categories of Economic Action）和〈宗教社會學（宗教共同
體化的類型）〉（Religionssoziologie (Typen religiöser Vergemein-
schaftung); Religious Group (The Sociology of Religion)），[18] 韋伯
自己認為這兩篇和〈世界宗教的經濟倫理〉的〈導論〉應該交
互參閱（Weber, 1989: 83-84n1; Whimster, Ed., 2004: 55n1; 韋伯，

---

18 《經濟與社會》因為版本和譯本的問題，這兩部分的章節所在位置並不相
　　同。〈經濟社會學〉在各版本和譯本中都放在第一部分第二章，〈宗教社
　　會學〉則有不同：第一版放在第二部分第四章，第五版放在第二部分第
　　五章，羅特（Guenther Roth）和威特奇（Claus Wittich）的英譯本放在第
　　二部分第六章，林榮遠中譯本根據德文第五版翻譯，也放在第二部分第
　　五章；閻克文中譯本根據英譯本翻譯，也放在第二部分第六章。

2012a：39）。此外，我覺得此篇也可以彌補〈間論〉中的許多說明不清楚之處。[19]

　　3　韋伯身後由兩位學生海曼和巴爾里於1923年將韋伯於1919年慕尼黑大學授課的內容整理出版的《經濟史：普通社會經濟史大綱》（*Wirtschaftsgeschichte: Abriß der universalen Sozial- und Wirtschaftsgeschichte; General Economic History*），[20] 特別是第四章〈近代資本主義的開始〉（Die Entstehung des modernen Kapitalismus）。

　　我們下面就從以上的基礎開始討論〈儒教（與道教）〉相關的「文本」與「所本」。

---

19 有關這兩個文本的相互參照，請參見附錄五。

20 這種在作者身後遺留的手稿很少的情況下，由兩本學生的筆記整理而成的書，到底值不值得採信，其實是有爭議的，參見莫頓（Robert K. Merton, 1984）。我覺得這樣的文獻需要小心使用，特別是當這書的說法和韋伯生前出版的文章說法不同時。很多人都沒有這種「版本意識」，毫不假思索就當成韋伯自己的看法。這恐怕是因為這本整理出來的筆記要以韋伯自己寫的文章要來得更清晰明白的緣故吧！可是，這不就是問題所在嗎？如果韋伯有能力「說清楚、講明白」，為什麼他的文章卻都是那麼晦澀難懂、折磨讀者呢？

第四章

文本和所本（一）
〈(世界宗教的經濟倫理之）導論〉

　　我現在就要開始比較仔細地來檢視韋伯在〈儒教（與道教）〉中所展現的文本結構、內容和立論的根據，也就是我所說的「文本」和「所本」。

　　這篇〈導論〉很容易和當成整套《宗教社會學論文集》的〈前言〉混淆。其實前者是韋伯整個「宗教社會學」的「大導論」，現在這篇只是「世界宗教的經濟倫理」這個系列的「導論」而已。這是要特別提醒注意的，所以才有在標題加上括號的做法。[1]

　　韋伯的這篇〈導論〉基本上並沒有再細分成小節。現有的中英文譯本也都遵循韋伯的做法。[2] 但是為了討論方便，我將以討論的主旨，將本文分成幾個討論的主題，並一一加以詳述。

　　不過，在開始之前，我們要提醒讀者注意韋伯在此文標題下

---

[1] 威姆斯特（Whimster, 2002）曾經重新英譯此文，而且還寫了一篇〈譯者紀事〉，值得參考。

[2] 簡惠美的譯本（1989c）是例外，她參考了日譯本，加了一些小標題。

所做的第一個腳注，[3] 特別是其中提到可以和《社會經濟學大綱》（*Grundriß der Sozialökonomik; Outline of Social-Economics*）中的《經濟與社會》（*Wirtschaft und Gesellschaft; Economy and Society*）的〈宗教社會學〉和〈經濟社會學〉部分和交相參照。韋伯在這個腳注中提到本文出版的兩年前，他就曾在朋友之間宣讀過這篇文章的第一部分。威姆斯特（Whimster, 2002: 74）很懷疑這個說法，不過他也沒提出資料反證。

一、開宗明義：「世界宗教」與「經濟倫理」

韋伯的這篇文章基本上是從解釋「世界宗教的經濟倫理」這個系列所蘊含的兩個重要概念開始的。

他先界定「世界宗教」（Weltreligionen; world religions）：[4]

這裡所說的「世界宗教」，以完全價值無涉的（wertfrei; value-neutral; value free）[5]方式來理解，就是最能把為數（Menge; multitude; numbers）極多的信徒吸引到自己周圍

---

3 前章已經提過，葛斯與米爾斯的英譯本、簡惠美譯本、悅文譯本和富強譯本都沒翻出此腳注。

4 韋伯的德文和英譯者用的都是「多數形」。中譯者有人就譯成「諸宗教」，我認為中文沒有這樣「多數形」的必要，而且覺得發音容易引人發笑，所以還是採用「單數形」，我想中文讀者應該不會誤將「世界宗教」視為是單一的宗教。

5 本書所有引文會先列出德文，然後才先後是葛斯與米爾斯的英譯和威姆斯特的英譯。兩個譯本如果相同，則不重複列出。

的那五種宗教的或受宗教制約的生活管理系統（System der Lebensreglementierung; system of life-regulation; system for the regulation of life）：儒教的、印度教的、佛教的、基督教的、伊斯蘭教的宗教倫理。此外還要加上第六種需要一併研究的宗教，即猶太教，這既是由於它包含理解最後提到的兩種世界宗教的重要歷史前提，也是由於它對於發展近年來一再討論的西方近代經濟倫理具有特殊歷史意義（Weber, 1915a: 1; 1989: 84-85; Gerth & Mills, 1946: 267; Whimster, 2004: 55；韋伯，2012a: 41）。[6]

從這段話可以看出幾個問題。

首先是「價值無涉」（wertfrei）這個概念。通常這個詞也常被英譯為「value neutral」（Gerth & Mills, 1946: 267），中文跟著譯成「價值中立」；或「value free」（Whimster, 2004: 55），中文也跟著譯成「價值自由」；或「freedom from value judgment」，中文也跟著譯為「免於價值判斷」[7]。這是韋伯在他的「科學學（說）」〔或譯成「方法學」或「方法論」[8]（Wissenschaftslehre;

6　本書的引文以德文1915年版和1989年版為主，也參考所有可見的英文譯本。中譯本則以簡惠美1996年修訂版譯本和王容芬2012年最新修訂版為主要參考，但在名詞和譯文上或根據我自己的想法略做修正，原則上是儘量貼近原文的句法結構。

7　這是施路赫特（Schluchter, 1979）認為「freedom of value judgement」比較貼切的英譯。

8　張旺山的譯本（韋伯，2013）就選擇譯成「方法論文集」，應該是將「Wissenschaftslehre」譯成「方法論」的意思。

Methodology[9]; Science of Science）〕中提出的具爭議的概念。他在這裡的意思大概只是表明：他本人對這些「世界宗教」並沒有特定的好惡立場，這些世界宗教是他的研究對象，並不是他的信仰對象。

其次是「世界宗教」的數目和定義的問題。韋伯先明白說到「五種」世界宗教，這顯然是從信仰人數來看的。從這個標準看來，只有猶太人才信奉的猶太教，在信徒人數上無法躋身「世界宗教」之列，只是因為它的歷史地位特殊才被韋伯納入討論。再者，這裡也沒提到他拿來和儒教並舉的道教。恐怕韋伯也不認為道教是一種世界宗教，而是因為被拿來當成儒教的對照項才被特別標舉出來的。

還有，韋伯說明這些納入研究的對象除了是「宗教」之外，也可能是「受到宗教制約的生活準則系統」，這裡可能指的是像「儒教／家」或「道教／家」所涉及的「是宗教還是非宗教」的爭論。引文中提到的「生活管理」（Lebensreglementierung; life regulation; regulation of life），和下面常常出現的「生活準則」[10]（Lebensführung; life conduct; conduct of life）應該是同義字，後者恐怕是受到美國作家愛默森（Ralph Waldo Emerson, 1803-1882）1860年出版的同名書的影響。[11]

---

9 希爾斯（Edward A. Shils）和芬奇（Henry A. Finch）的1949年英譯本是用這個字（Weber, 1949）。

10 王容芬譯本翻作「生活方式」，恐怕容易和「Lebensstil」（生活方式，生活風格）混淆，所以我才貼近原字義翻成「生活準則」或「生活導引」。從上下文來看，韋伯的這些用詞大概可以當成同義字。

　　值得特別注意的是列名於其中的基督教與伊斯蘭教，因為和猶太教的關係密切，[12]所以韋伯特別補成「第六世界宗教」。可是韋伯對這兩種世界宗教並沒有相當篇幅的手稿，所以雖然名列是「世界宗教」，畢竟只能算是韋伯的「未竟之志」。

　　更仔細來看，韋伯要注意的不是一般宗教學導論中所談的那種廣泛的「世界宗教」，而是這些世界宗教的「宗教倫理」（religiöse Ethik; religious ethics）。或者說得更清楚一些，是這些「宗教倫理中」的「經濟倫理」（Wirtschaftsethik; economic ethic）。[13]這就是韋伯接在「世界宗教」之後的解釋：

　　　　我們要研究的並不是神學大全式的倫理理論（ethische Theorie theologischer Kompendien; ethical theories of theological compendia），雖然在某種情況下這也是相當重要的一種認識方式，而是在各種宗教內部根深蒂固的心理的和

11　阿貝爾（Thomas Abel）和柯克蘭（William C. Cockerham）（1993）曾經撰文區分德文「Lebensführung」（生活準則或生活導引）和「Lebensstil」（生活風格）的英譯問題。他們特別提出將前者英譯為「life style」是不完整的，因為生活準則是個人行為的選擇和自我導引，而不是生活風格。

12　這三種宗教因為都發源於中東地區，而且還同樣起源於亞伯拉罕（雖然不同宗教的中譯人名有異），所以也被合稱為「亞伯拉罕宗教」（Abrahamic religion）。參見F. E. Peters. (2004)。

13　英譯本在兩處提到德文的「Ethik」，都一致地將「religiöse Ethik」（宗教倫理）譯成多數的「ethics」，而「Wirtschaftsethik」（經濟倫理）譯成單數的「ethic」，參見Gerth & Mills (1946: 267)以及Whimster (2004: 55-56)。

務實的脈絡之下*行動的實踐動力*（praktischer Antriebe zum
Handeln; practical impulses for action）。（Weber, 1915a: 2;
1989: 85; Gerth & Mills, 1946: 267; Whimster, 2004: 56；韋伯，
2012a: 41）〔1920年版原文強調，1915年版原文並未強調〕

　　這段話非常清楚地表明了韋伯對「經濟倫理」強調的不是宗
教精英的偉大論述，像阿奎納（Thomas Aquinas, 1225-1274）的
《神學大全》（*Summa Theologica*）[14]那樣，而是要從一般宗教信徒
實際的行為著手。引文中特別從1915年版的沒有特殊加重轉變到
1920年版特別強調「行動的實際動力」就是明證。不過，這其實
也讓韋伯自己陷入了找資料的難題：宗教精英的文獻好找，一般
宗教信徒的「行動的實踐動力」又要從怎樣的資料來證明呢？這
其實是韋伯一直沒有處理好的問題。我們看到在後來的論述中，
他其實還是訴諸了他想要避免的資料。韋伯也因此落入了一般研
究常見的「說一套做一套」的窠臼。

二、補充說明

　　韋伯在界定完「經濟倫理」的定義以後，馬上又多做幾點補
充：
　　首先，具體的經濟倫理是十分複雜的（kompliziert; com-
plicated），而且是極其多方面的（vielseitig; many-sided; multi-

14《神學大全》中譯本十七冊於2008年由中華道明學會和碧岳學會合作出版。

sided）。

　　韋伯在這裡沒有明說的，其實是他運用了他在1904年發表過的〈社會科學與社會政策的知識的「客觀性」〉（Die "Objektivität" sozialwissenschaftlicher und sozialpolitischer Erkenntnis）一文中提到的「理念型」的概念，來將複雜的經濟倫理現象的某些部分加以強調，以達成他的研究目的。而這個他建構出來的「經濟倫理」的理念型在現實生活中是找不到對應的。[15]

　　其次，他補充：表面相似的經濟組織形式（ökonomische Organisationsformen; forms of economic organization; organizational forms of the economy）和非常不同的經濟倫理結合而產生不同的歷史作用（historische Wirkung; historical results; historical consequence）；經濟倫理不是經濟組織形式的簡單「函數」（Funktion; function）[16]，同樣地，它也可以反過來對經濟組織形式產生影響。

　　這一點，其實他也是繼承了他在前面提到的1904年的文章中明白駁斥「唯物史觀」（或譯「歷史唯物論」）片面強調「基礎決

---

15 《韋伯方法學論文集》的中譯者張旺山（Weber, 2013: 55, 56）將此詞譯為「理想典型」，他寫了一篇很長的腳注說明他的理由。有關韋伯「理念型」的觀念，請參考韋伯的〈社會科學與社會政策的知識之「客觀性」〉（1904）一文，特別是 Weber (2013: 216-217)。

16 這個字是20世紀美國社會學中所謂「結構功能學派」（Structural-Functionalism）的關鍵字。被歸為此一學派的莫頓（Robert K. Merton, 1968: 73-138）曾寫過一篇文章〈顯性與隱性的功能〉（Manifest and Latent Functions）討論過「function」這個字的各種涵義，非常值得參考。我在1980年代初期修過莫頓三次科學社會學的討論課，不過都沒聽他提過「結構功能論」。

定上層」的論點（Weber, 2013: 191-192）。但也不能就這麼說他
是「反馬克思主義者」。因為韋伯要強調的其實是「經濟組織形
式」和「經濟倫理」兩個層面是相互影響的，而且也都有著相對
的自主性。[17]

三、世界宗教的主要社會階層倫理

　　韋伯為了避免「因果關係單向論」和「因果關係一元論」，
所以特別強調：宗教並不是經濟倫理的唯一決定因素，其他因
素還包括地理的、政治的、社會的、國族的、界限內的經濟與
政治因素。只是韋伯的研究側重「社會**階層**生活準則的定向因
素」（die richtunggebenden Elemente der Lebensführung der jenigen
sozialen *Schichten*; the directive elements in the life-conduct of those
social *strata*; those social strata[18], which in giving direction to conduct
of life）。這些階層在歷史上也是變動的。沒有一個單一的階層的
影響是排他的。

　　韋伯於是幾乎是遵照文章一開頭的順序，分別介紹了「世界
宗教」的主要傳人，茲整理如下，請參考表4-1。

---

17 其實馬克思和恩格斯的「唯物史觀」有著不同的版本，韋伯的說法和恩
　　格斯版比較接近，只是韋伯自己不知道罷了。請參考孫中興（2013）。
18 威姆斯特（Whimster, 2004: 56）忘了將「strata」這個字以斜體字表示強
　　調。

表4-1：世界宗教及其傳人（承載者／擔綱者）

六大宗教	傳人（Träger; bearer; carrier）
儒教	受過傳統經典教育並具有世俗理性主義的官僚[19]（Bürokratie）或俸祿階層（Pfründnerschaft; prebendaries）[20]
古印度教	世襲的種姓制度（erbliche Kaste; hereditary caste） 受過吠陀教育的婆羅門（vedisch **gebildete** Brahmanen; Brahmans, educated in the Veda） 非婆羅門的苦行僧階層（nicht brahmanischer Asketenstand; non-Brahman status group of ascetics）
中古印度教	社會下階層的平民祕教者（untere Schicht mit plebjischen Mystagogen; the lower strata with their plebian mystagogues）
佛教	托缽僧（Bettelmönch; mendicant monk）
早期伊斯蘭教	紀律嚴明的聖戰士騎士團（Ritterordens von disziplinierten[21] Glaubenskämpfern; knight order of disciplined crusaders; knightly order of the disciplined warriors of the faith）
中古伊斯蘭教	冥想制欲的蘇菲派法師（der kontemplativ-asketische Sufismus; contemplative and mystical Sufism）
早期猶太教 晚期猶太教	「賤民氏族」（Pariavolkes; pariah people） 受過猶太教特有經典與禮儀的教育的知識階層（literaisch-ritualistisch gesulten Intellektuellenschicht; a stratum of intellectuals who were trained in literature and ritual）
基督教	遊走四方的技匠職工（wandernder Hanwerksburschen; itinerant artisan journeymen; wandering brotherhood of artisan） 市民階層（Bürgertum; citizenship; middle class）

資料來源：Weber (1915a: 3-4; 1989: 86-87); Gerth & Mills (1946: 268-269); Whimster (2004: 57-58); 韋伯（2012a：44）。

　　特別值得注意的有下面幾點。

　　首先，韋伯在提到「儒教」的「**教養**階層」（*Bildungs*schicht; *cultured* stratum; *educated* stratum）的宗教影響時，也順筆用括號補充提到「或者，您喜歡的話，也可以說是非宗教的」（oder wenn man will; irreligiöse; or, if one wishes, irreligious）（Weber, 1915a: 3; 1989: 86; 2012a: 42; Gerth & Mills, 1946: 268; Whimster, 2004: 57 [22]；韋伯，2012a：42），可以看出韋伯雖然並非漢學家，但也絕對不是無知地以為「Konfuzianismus (Confucianism)」只能當成「宗教」的「儒教」來理解，而排除了當成「思想學派」的「儒家」的可能。所以，把原文的「Konfuzianismus」翻成「儒教」或「儒家」，恐怕都不如看似奇怪的「後現代的表述方式」——「儒教／家」來得符合韋伯的理解。

　　其次，「道教」（或「道教／家」）在1920年版和「儒教」並列為標題，可是這裡的論述仍然不見「道教」的蹤影。所以，應該可以肯定地說，韋伯不是把道教當成「世界宗教」，而是當成「儒教」的對照項。

19　1915年版的用字（Weber, 1915: 3），1920年版改用「俸祿階層」（Pfründnerschaft）。

20　1920年版的用字（Weber, 1989: 86）。這裡的英譯採用葛斯與米爾斯（Gerth & Mills, 1946: 268）的譯法，威姆斯特（Whimster, 2004: 57）的譯法太長：group who lived off prebends。

21　1920年版所增加的形容詞。

22　威姆斯特此處的英譯沒有貼緊原文：or, if one will, irreligious status ethic。

　　最後是討論順序的問題。韋伯在討論完印度教和佛教之後，沒有像他後來的出版脈絡那樣，轉向「古代猶太教」，而是先討論他後來並沒有完成的「伊斯蘭教」。這恐怕不是從歷史發展先後作為討論的根據，而是隱含著「地中海中心史觀」從「遠東」、經過「印度」、最後回到「近東」這個西方宗教的發源地的「地緣考量」。

四、「唯物史觀」（或「歷史唯物論」）的幽靈：既然擺脫不掉，就超越它

　　韋伯在整理簡述完「宗教」和「社會階層」的關係之後，為了避免讀者可能誤會他的立場等同當時流行的馬克思主義「唯物史觀」（或「歷史唯物論」），就再度強調他才剛剛在前面提過的論點：

> 宗教性的特質（Eigenart der Religiosität; specific nature of a religion; specific religiosity）並不是單純某一階層所占有的社會地位的「函數」，或是以其特殊傳人（Träger; bearer; carrier）的「意識型態」（Ideologie; ideology）或是其物質的或理念的利益狀況（Interessenlage; interest-situation）的「反映」（Widerspiegelung; reflection）。（Weber, 1915a: 4; 1989: 87-88; Gerth & Mills, 1946: 269-270; Whimster, 2004: 58；韋伯，2012a：44）

　　與此相反，他強調的是宗教影響力會隨著歷史演變而改變其影響或是被影響的方向：

　　　無論政治的或經濟的規定對具體宗教倫理的社會影響力有
　　多麼深——這種倫理的特徵在最當初還是源自宗教，緊接著
　　就是它所宣示（Verkündigun; annunciation; message）和應許
　　（Verheißung; promise）的內容。到了下一代人，這些內容又
　　重新被解釋，以便適應信徒的需要，又往往是**宗教**的需要，
　　然後，別種利益只具有次要的影響力，雖然經常是很有力
　　的，（偶爾又是具有決定性的）。[23] 我們確信，雖然社會主導
　　階層的變化對於各種宗教往往有深刻涵義，但是另一方面，
　　一種宗教一旦定了型，也總會對截然不同的階層的生活準則
　　產生相當深遠的影響。（Weber, 1915a: 4-5; 1989: 88; Gerth &
　　Mills, 1946: 270; Whimster, 2004: 58-59；韋伯，2012a：44）

　　換句話說，韋伯的意思就是：社會階層和宗教倫理之間的關係是隨著歷史的演變而相互影響的。可能是為了更清楚地表達這樣的理念，韋伯在1920年版的文本中，增加了一段1915年版所沒有的總結，這也是談到韋伯社會行動理論經常會被徵引到的一段：

　　　是利益（Interessen; interests；物質的和觀念的），而不

23　這是1920年版增加的話，對整句話的原意沒有明顯的影響。

是觀念（Ideen; ideas），直接支配了人的行動（Handel; conduct; action）。可是，由「觀念」所創生的「世界圖像」（Weltbilder; world images; Worldviews），卻往往又像鐵道的轉轍器（或譯「道岔」；Weichensteller; switchmen; switches），決定了受利益推動的行動的動力（Dynamik; dynamics）。（Weber, 1989: 101; Gerth & Mills, 1946: 280; Whimster, 2004: 69；韋伯，2012a：54）

　　這個重要的補充，說明了韋伯的「利益和觀念的因果雙途論」：一條是直接的，利益支配人的行動；一條是間接的，人的觀念會創生出一種「世界圖像」，這可以決定直接受到利益推動的行動的動力。人的行動就是直接和間接受到利益與觀念的影響。這就是我強調從版本的比較可以看出作者思想脈絡成長的重要例證。

　　韋伯除了認為「唯物史觀」主張單向因果，還有一派是從純粹心理的立場來解釋宗教倫理，一種普遍的、一定程度上抽象的「宗教倫理的階級制約性」（Klassengebundenheit der religiösen Ethik; class-determination of religious ethics; the linking of class to religious ethics），也就是說不同的階級會產生不同的宗教倫理。韋伯在這裡引用的就是尼采（Friedrich Nietzsche, 1844-1900）在《道德系譜學》（Zur Genealogie der Moral; On the Genealogy of Morals, 1887）[24]

---

24 韋伯在文中並沒有提及這本書，1989年《韋伯全集》德文編輯施寒微特別指出是《道德系譜學》的「第16頁」（Weber, 1989: 88n9）。讀者

裡提到的「憤懣」（Ressentiment; resentment）[25] 理論。這其實有個比較通俗的說法，就是：下層階級對上層階級不滿的一種「仇富情結」。可是韋伯對這種理論的解釋卻是比較拗口，不容易一看就懂：

> 如果說，對憐憫與博愛的倫理神化是弱勢的人——無論是天生的位置（natürliche Anlage; natural endowment; natural aptitude），或是命運限定的生命機會（shicksalsbedingten Lebenschancen; opportunities as determined by life-fate; condemned to fate to restricted life chances）——的一次倫

所看的版本不同，這樣的注釋沒幫上什麼忙。她還多提供了克拉格斯（Ludwig Klages）《性格學原理》（*Prinzipien der Charakterologie*, 1912）和舍勒（Max Scheler）的《論憤懣與道德判斷》（*Über Ressentiment und moralisches Werturteil*, 1912）兩本相關的書訊。王容芬的譯本注解只說：「即《道德系譜學》中第一篇論文。」（Weber, 2012a: 44n4）可是第一篇論文總共有十七節。像我這樣追根究柢的讀者才會回到原典，看到第十節的開頭才知道出處在此。威姆斯特的注解除了引用上述德文版的注解，並沒提到尼采這個概念的原始出處。

25 「Ressentiment」原來是法文，尼采提到這個字時，也沒有特別翻成德文，後來許多英譯者也都遵循著「保留法文，不譯成英文」的做法，我看到的幾本尼采《道德系譜學》的譯本也都遵循這個原則，如Walter Kaufmann（Nietzsche, 1967: 36）和Douglas Smith（Nietzsche, 1996: 22）。韋伯的英譯者做法各異，葛斯與米爾斯（Gerth & Mills, 1946: 270）譯成「resentment」，威姆斯特（Whimster, 2004: 59）保留法文。《道德系譜學》的中譯本，陳芳郁譯作「憤懣」（Nietzsche, 2013: 206），王容芬譯作「憤怒」（Weber, 2012a: 44），林克等人合譯的舍勒的著作譯為「怨恨」（舍勒，2014）。

理的「奴隸起義」（Skalvenaufstand; slave revolt），也就是說，義務倫理是被詛咒去幹活、掙錢的粗人反對無拘無束地生活的統治階層（Herrenstand; the lordly stratum; the ruling class）的一種由於軟弱無力而被壓抑的報復的情感（Rache-Empfindungen; sentiments for vengeance; feelings of revenge）的產物，那麼，這顯然為宗教倫理類型學中最重要的問題做出了最簡單的解答。（Weber, 1915: 5; 1989: 88-89; Gerth & Mills, 1946: 270; Whimster, 2004: 59；韋伯，2012a：45）

這就是下層階級對上層階級的「仇富情結」。縱使如此，韋伯認為，「憤懣」常常與生活準則無關。「憤懣」其實是社會上被壓迫階級的產物（das Produkt sozial bedrückter Schichten; product of socially oppressed strata; product of a socially downtrodden stratum，Weber, 1915: 10; 1989: 96; Gerth & Mills, 1946: 276; Whimster, 2004: 64；韋伯，2012a：50）。其實，除此之外，韋伯很令我意外地竟然沒有提到尼采在《道德系譜學》第三部分也談到了他所注意的主題：〈制欲理想的意義〉（Was bedeute asketische Ideale? What is the Meaning of Ascetic Ideals?），雖然兩人的關懷點確實有所不同。不過，我不能岔題，尼采歸尼采，韋伯歸韋伯。

五、禍福的神義論（Theodizee; theodicy）以及三種神義論

宗教倫理中常見對於人為什麼有人遭「禍」和有人得「福」的解釋，這也被韋伯在文中分別稱為「禍的神義論」〔王容芬譯「災難的神義論」（Theodizee[26] des Leidens; theodicy of suffering）；Weber, 1915: 8;1989: 93; Gerth & Mills, 1946: 273; Whimster, 2004: 62；韋伯，2012a：48〕和「福的神義論」〔王容芬譯「幸福的神義論」（Theodizee des Glückes; theodicy of good fortune）；Weber, 1915: 6; 1989: 90; Gerth & Mills, 1946: 271; Whimster, 2004: 69；韋伯，2012a：46〕。

因為有「禍」，就需要「救贖」；因為需要「救贖」，就產生了超人式的「英雄傳奇」（Heldensage; heroic sagas）或是「救世主神話」（Heilands-Religiosität; Religiosity presupposed the myth of a savior; religiosity based on a "savior"）。韋伯在此舉的例子就是印度的「克里希納」〔或譯「黑天」（Krishna）〕以及古代以色列的「基甸」（Gideon）和「耶弗他」（Jephthah）。[27]

經過一番歷史發展的討論之後，韋伯將解釋「命運」（Schicksal; destiny）和「功勞」（Verdienst; merit）之間不一致的神義論歸納為三種：

26　1915年版拼作「Theodicee」（Weber, 1915a: 8）。

27　這是《舊約》〈士師記〉（Judges）中出現的兩位以色列英雄。

　　一種是印度的因果報應論（或譯為「業論」〔Karmanlehre; doctrine of Kharma; doctrine of karma〕），

　　一種是瑣羅亞斯德教的善惡二元論（Dualismus; dualism），

　　一種是以相信隱蔽神（Deus Absconditus）特有的「預選說」（Prädestinationsdekret; predestination decree）（Weber, 1915: 10; 1989: 95; Gerth & Mills, 1946: 275; Whimster, 2004: 64；韋伯，2012a：49）。

　　韋伯強調這三種類型很少以純粹的形式出現。同樣的分類也在〈間論〉的最後一節再度出現。此外，類似的分類，除了這裡已經提到過的印度的因果報應論（業論）[28]和喀爾文教派的預選說之外，韋伯還提到了路德教派的「因信稱義」（Rechtfertigung durch den Glauben; justification by faith）和天主教的聖事論（Sacramentslehre; doctrine of sacrament），這在下文中（Weber, 1915: 20-21; 1989: 109; Gerth & Mills, 1946: 287; Whimster, 2004: 75；韋伯，2012a：60）再度出現，韋伯稱其為「宗教的理性因素」（rationale Elemente einer Religion; rational elements of a religion），這些都是宗教的「世界觀」，是宗教信徒的生活準則。可是值得注意的是，韋伯前面提過的「世界宗教」只有印度部分和基督新教的喀爾文教派才有「神義論」。韋伯可能不知道，儒教對於孔子「子畏於匡」以及「在陳絕糧」的故事中，也有類似於「預選說」的

---

28 王容芬的譯本前面譯為「因果報應論」，後面則改譯為「羯磨論」（韋伯，2012a：49、60）。

「斯文在茲」及「君子固窮」的「天命」之歎。[29]

　　在《經濟與社會》的〈宗教社會學〉中，有一節專門討論和此節相同的三種「神義論」。[30]不過，討論的內容比這裡要更詳細。

六、宗教達人與宗教素人

　　韋伯提到除了基督教中的某種例外情況以及少數典型的制欲教派，大多數的宗教福祉都強調「此世的」（此岸的〔diesseitig；this world〕）、「健康」（Gesundheit；health）、「長壽」（langes Leben；long life）、「發財」（Reichtum；wealth），譬如：中國、吠陀、所羅亞斯德、古猶太、伊斯蘭等宗教，腓尼基、埃及、巴比倫和古日耳曼的預言，以及印度教和佛教對教徒的教誨都是如此。這些都是「宗教素人」追求的目標。相對地，宗教修行很高的苦行僧、和尚、蘇菲派、托缽僧等「宗教達人」（religiöser

---

29《論語・子罕5》：「子畏於匡。曰：『文王既沒，文不在茲乎？天之將喪斯文也，後死者不得與於斯文也；天之未喪斯文也，匡人其如予何？』」；《論語・衛靈公2》：在陳絕糧，從者病，莫能興。子路慍見曰：「君子亦有窮乎？」子曰：「君子固窮，小人窮斯濫矣。」

30 收在德文第一版第二部分第四章第八節，第五版第二部分第五章第八節，題目都是〈神義論問題〉（Das Problem der Theodizee），英譯本第二部分第六章第八節，題目是〈神義論、救贖和重生〉（Theodicy, Salvation, and Rebirth），林榮遠中譯本收在第二部分第五章第八節，題目是〈神正論問題〉，閻克文中譯本收在第二部分第六章第八節，題目是〈神正論、救贖與再生〉。

Virtuose）才會追求「來世」〔彼岸（jenseitig）〕的福祉。在後來的行文（Weber, 1915: 22; 1989: 111; Gerth & Mills, 1946: 287-288; Whimster, 2004: 76；韋伯，2012a：61）中，韋伯列舉了「達人（或英雄）宗教性的社會階層傳人」（ständische Träger einer Virtuosen-Religiosität; status carrier of a virtuoso religion; status carriers of religious virtuosity），有：巫師和聖舞師（heiligen Tänzer）、印度的沙門（Sramana）、古代基督教的「苦行僧」（Asketen）、諾斯替派的「靈媒」（Pneumatiker）、虔敬派的「教會」（ecclesiola; little church）[31]，以及社會學所稱的「教派」（Sekt; sect）；至於「宗教素人」，則是在**宗教方面**「沒有感應的人」（die *religiös* "Unmusikalischen"; religiously 'unmusical'）。

　　韋伯也用恩寵的分布來表明這兩種宗教或傳人[32]的差異：「達人宗教性」強調的是某些特殊階層才蒙恩寵，所以是「恩寵特殊論」（Gnadenpartikularismus; particularism of grace）；「素人宗教性」強調的是宗教福祉人人共享的「恩寵普遍論」（Gnadenuniversalismus; universalism of grace; universal grace）。（Weber, 1915: 21-22; 1989: 110-111; Gerth & Mills, 1946: 287-288;

---

31 葛斯與米爾斯的英譯本並沒有譯出這個字。此處的英譯是威姆斯特的譯名。

32 韋伯有時用的是「達人宗教」（Virtuosen-Religiosität）和「素人宗教」（Massen-Religiosität），有時又用的是「宗教達人」（religiöse Virtuose），但是沒有用過相對的「宗教素人」一詞，他有時會用「Laie」（layman；laity／凡人；普通教徒；平信徒）一詞。韋伯這裡用的是「Religiosität」（religiosity）而不是「Religion」一詞，通常會翻成「宗教性」，王容芬除了譯成「宗教」，有時翻成「宗教信仰」。

Whimster, 2004: 76；韋伯，2012a：60-61）

　　不過，韋伯顯然不認為這兩種「宗教性」不是毫無關係的。他認為「達人宗教性」對於「素人宗教性」的理性日常生活的生活準則和經濟倫理都具有決定性的影響。

　　在《經濟與社會》中的〈宗教社會學〉中，[33] 也提到了「宗教達人」（religiöses Virtuosentum; Religious Virtuosi），不過沒特別提及此處的「宗教素人」。

七、兩種預言與積極制欲

　　韋伯在談到農民階層傾向巫術，市民階層則遠離巫術，走向「**倫理的**理性生活管理」（eine *ethisch* rationale Lebesreglementierug; an *ethical* and rational regulation of life; an *ethically* rational regulation of life）（Weber, 1989: 107; Gerth & Mills, 1946: 284; Whimster, 2004: 73；韋伯，2012a：58）。他也在此脈絡下，區分了兩種建立宗教基礎的預言：一種是「模範預言」（exemplarische Prophetie; exemplary prophecy）：「通往救贖的生活往往是內省的和麻木或亢奮**生活榜樣**的預言」；一種是「使命預言」

33　第一版和第五版都收在第十節〈救贖之路及其對生活準則的影響〉（Die Erlösungswege und ihr Einfluß auf die Lebensführung）中，英譯本收在第九節〈透過信徒的努力達到救贖〉（Salvation through the Believer's Efforts）、第四小節〈恩寵的確證和宗教達人〉（The Certainty of Grace and the Religious Virtuosi）中。中譯本都在相應德文版與英譯本的章節中。

（Sendungs-Prophetie; emissary prophecy; missionary prophecy）：
「以某位神靈的名義向人世提出**要求**的預言，這些要求必然是符合倫理性質的，而且往往是積極制欲性質的」（Weber, 1915: 19; 1989: 107; Gerth & Mills, 1946: 285; Whimster, 2004: 73； 韋伯，2012a：58）。「使命預言」是讓人積極入世行動的動力。市民階層因此認為自己是神的「工具」（Werkzeug; tool; instrument）而積極工作，當作對神的奉獻。不過，韋伯也強調，這種積極制欲性（active Askese）並沒有這麼明顯地限定在市民階層，同樣可以出現在轉向貴族和農民的瑣羅亞斯德教、轉向武士的伊斯蘭教、以色列和古代基督教的預言和傳道中，其他如：佛教、道教、新畢達格拉斯派、諾斯替教和蘇非派的宣傳中就缺乏這種積極性。韋伯認為，使命預言的某些特殊的結論後來被移植到市民階層中。

這兩種預言的差別還有：「模範預言」強調自己是神的「器皿」（Gefäß; vessel），這種想法控制著印度與中國的宗教；「使命預言」則認為自己是神的「工具」，主要控制著伊朗、近東及其衍生的宗教。[34]

在《經濟與社會》的〈宗教社會學〉中，韋伯也更詳細地提到同樣的兩種預言：他稱之為「倫理的預言」（ethische Prophetie）；也就是上面的「使命預言」）和「模範預言」（exemplarische Prophetie），前者的代表人物是索羅亞斯德和穆罕默德，他們都是神的工具，後者的代表是佛陀和老子，他個人就是

---

34 這種分類在〈間論〉中又被提起。

宗教救贖的模範。

八、理性主義與非理性主義、理性化與非理性化

韋伯在這篇〈導論〉中，也不斷提及「理性」（Rationalität; rationality）、「理性主義」（Rationalismus; rationalism）、「理性化」（Rationalisierung; rationalization）、「理性化的宗教」（rationalisierte Religion; rationalistic religion）、「宗教的理性主義」（religiöser Rationalismus; religious rationalism）等詞語。

一般研究者都會說，韋伯強調近代世界的理性化過程。可是這種說法只對了一半。因為，認真一點來看韋伯的文本，他特別強調的是宗教的理性化和非理性化是焦不離孟、孟不離焦的：

> 世界觀和生活準則同時在理論、實踐、智力和目的性方面[35]的全面理性化（Durchrationalisierung; thoroughly rationalizing; thorough rationalization）的現代形式，產生的一般結果：宗教，這種特殊的理性化的方式越是進步，本身就越是──從其世界觀的智力構形（intellektuelle Formung; intellectual articulation; intellectual construction）的立場來看──被推向非理性化（Irrationale; the irrational）。（Weber, 1915: 15-16; 1989: 102; Gerth & Mills, 1946: 281; Whimster, 2004: 70；韋伯，2012a：55）

35「智力和目的性方面」是韋伯在1920年版加上的。

在有些地方，韋伯是拿理性主義和傳統主義（其實也就是他提到的「巫術」和聖事的信仰）對舉。他認為近代理性主義除了展現在一些基督新教的小教派之外，也在基督新教的重要教會和教派中展現了兩個重要的面向，其實也就是他在「基督新教研究」中早就發現的結果：一項是常被引用的「世界的除魅」（Entzauberung der Welt; disenchantment of the world），另一項就是比較少被引用到的「救贖道路的改變」（Verlegung des Weges zum Heil; path to salvation），這兩項都是從傳統的內省冥想的「避世」（Weltflucht; flight from the world; world-flight）轉變成積極的、制欲的「淑世」（Weltbearbeitung; work in this world; working-in-the-world）（Weber, 1915: 24; 1989: 114; Gerth & Mills, 1946: 290; Whimster, 2004: 78；韋伯，2012a：63-64）。這種轉變，往往也被認為是「現代性」萌芽的徵兆。這從韋伯的思想脈絡和出版脈絡來看就很清楚。

韋伯認為這樣的轉變是兩種因素所共同產生作用的結果：其一是社會環境對決定性社會階層的影響；其一是近代西方宗教的特性（Charakter; character），也就是承繼了受到古代猶太教的預言和妥拉學說（Thoralehre; thora doctrine; teachings of the Torah）決定的超越的神（überweltlicher Gott; supra-mundane God; transcendental god）和救世方法（Heilsmittel; means of salvation）以及救世道路（Heilswege; paths of salvation）的這種歷史軌跡。

宗教達人的教派成為近代西方生活準則（包括了經濟行動）有條理、理性化的具有催化作用的酶（Ferment für die methodische Rationalisierung der Lebensführung），有別於亞洲那

種「內省冥想的或縱情狂歡的或麻木冷漠的入神者的共同體」
（Gemeinschaft der kontemplativen oder orgiastischen oder apathischen
Estatiker Asiens）。不過，韋伯也強調，這不是天差地別的兩極
的狀態，其中有著各式各樣的樣態。同樣是仰賴市民階層作為信
徒的伊斯蘭教和基督教，就展現出不同的宗教福祉概念及救贖之
路，不是一個簡單的「社會階層決定宗教」這樣的單向因果論可
以解釋的。韋伯這麼說：

> 從各種角度來看，這些宗教彼此之間不相容，不能簡單地
> 共同納入一種多類型的鏈條中，在這些類型中，每一種對於
> 另外一種都意謂著另一個新的「階段」（Stufe; stages）。它
> 們都是極其複雜的歷史個體（historische Individuen; historical
> individualities; historical entities），它們合起來也只是那些可
> 能由無數個別的值得考慮的因素，在想像中形成的組合的一
> 個很小的部分（Weber, 1915: 25-26; 1989: 116; Gerth & Mills,
> 1946: 292; Whimster, 2004: 80；韋伯，2012a：65）。

　　要特別再提醒一下，最後一句話，基本上的意思就是：這些
宗教雖然極其複雜，但是韋伯為了研究的需要，特別強調其中的
某些因素而建構出來的「理念型」。他雖然沒有明白提到「理念
型」，但是他強調他的研究並不是系統的宗教類型學，也不是純
粹的歷史研究，也不是完整的宗教圖像。[36]

36　威姆斯特（Whimster, 2004: 80n55）的英譯本就只翻譯到此，他說是為了

　　韋伯最後畫龍點睛式地總結了經濟倫理和經濟理性主義（ökonomischer Rationalismus; economic rationalism）之間的關聯，特別是16和17世紀以來西方開始出現的土生土長的資產階級（或市民階層）生活理性化（bürgerliche Lebensrationalisierung; rationalization of civic life）和經濟理性主義的關係。

　　韋伯也不忘在這個研究的開端，整理出眾說紛紜的「理性主義」（Rationalismus; rationalism）的兩項定義：一種是指冥思苦想的系統論者（Systematiker; systematic thinker）靠著世界觀（Weltbild; image of the world）設計出來的理性化（Rationalisierung; rationalization）；一種是透過精益求精的抽象概念從理論上來掌握現實（theoretische Beherrschung der Realität; theoretical mastery of reality）；或者是透過適當的方法，精益求精地計算，按部就班地達到某種特定的實際目的。後來，韋伯還補充了一個「理性」的簡單定義：有計畫性（Planmäßigkeit; systematic arrangement）。

　　就「生活準則的理性化」（Rationalisierung der Lebensführung; rationalization of life conduct）所展現的不同形式而言，韋伯宣稱：儒教是一個歷史上十分罕見的理性的倫理系統。這就是〈儒教（與道教）〉的開幕宣告。

篇幅的關係，後面的部分他認為都是從《經濟與社會》抽出來的概念。

九、一個幽靈：三種支配（或宰制）類型

　　可是，又突然冒出一段「解釋名詞」的文字。在1915年版，這一大段文字是用比較小的字體印刷，看起來比較像是「注解」，而不是「正文」；可是「注解」通常都是「腳注」，這裡又不是，因為這一頁下面有本文的第二個「腳注」。[37] 1920年版保留了「原為編號二，現為編號一」的注解，也增加一個讓讀者參見《社會經濟學大綱》系列中的《經濟與社會》的注解。[38] 可是我十分不解這三種支配（或宰制）類型和〈儒教（與道教）〉又有著什麼樣的關係。[39]

　　韋伯大概考慮到讀者會有這樣的疑惑，所以在1920年版特別增加了一大段文字，說明西方現在政治的統治團體（Herrschaftsverband）類型的合法性基礎是屬於「法理型」，韋伯在這裡稱其為「純粹型」（reiner Typ），其實就是後來他愛用的「理念型」。他也將政治和行政權力的「分離」類比成資本主義經濟體制中工人和生產方式的「分離」，後者是讀者在馬克思的〈1844年經濟學哲學手稿〉的第三手稿中可以發現異曲同工的概

---

37 「要注意，考察的順序從東向西，在地理上純屬偶然。實際上，決定這種做法的，不是外在的地域分布，而是描述的內在性理由。」（Weber, 1915: 28n2; 1920: 267n1; 1989: 119n3; 201a: 67n1; Gerth & Mills, 1946: 450n10）威姆斯特的英譯本整個省略這個解釋名詞的部分，當然也沒譯出這個腳注。

38 韋伯的這個腳注在1920年版才出現。原注並沒有標出頁碼，施寒微的版本有特別「注上加注」體貼標出相關頁碼（Weber, 1989: 119n33）。

39 威姆斯特的英譯本索性就沒有翻出這一段。

念，甚至有人認為這是馬克思「異化」概念的一個組成部分。[40]
從這個增補的部分，韋伯再轉接到1915年即已寫就的「三種支配類型」。

首先是「卡里斯瑪型權威」（charismatische Autorität；charismatic authority）：這是一個人「非凡的」或「非常時期的」（außeralltäglich; extraordinary）特質，不管是真的、所謂的，或是想像的；這是一種對人的統治，被統治者是根據統治者具有這樣的特質而心悅誠服地接受其統治。一旦這樣的人被認為失去了卡里斯瑪，他也就喪失了其權威地位。此外，這種統治是非理性的，是有卡里斯瑪的個人隨心所欲的作為。在這種意義之下，這種類型的權威就有著「革命性的」意義。韋伯在此舉了耶穌在《新約聖經》〈馬太福音〉裡常見的句型「經上記著說……只是我告訴你們」（es steht geschrieben – ich aber sage euch; It is written – but I say unto you）[41]當成這種統治類型的例證。

接著是「傳統主義型」（traditionalistiche Autorität; traditionalist authority），這種權威是對於日常生活中不斷重複出現事物的尊重所形成的權威。典型的例證就是「家長制」（Patriarchalismus;

---

40 請參考我的研究成果，孫中興（2010）。

41 韋伯這兩句話是合併了〈馬太福音〉中不同脈絡的話。前一句「經上記著說」在〈馬太福音〉第四章第4、7、10節中都出現過，但是都沒跟著韋伯所引用的下一句話。下一句話的前面通常是「你們聽見有話說」，而不是「經上記著說」。請參考〈馬太福音〉第五章，第21、27、31、33、38、43節。施寒微的注釋只提到〈馬太福音〉第五章，是不精確的說法（Weber, 1989: 121, n37）。

patriarchalism）：身為家父、家長、丈夫、族長對該群體所擁有之不可動搖的統治權威。如果對照「卡里斯瑪型」來理解：它是「日常的」（alltäglich; everyday）、「和人有關的」（persönlich; personal）、「非理性的」（irrational）。

最後是「理性型」（rationale Typus der Herrschaft）或「法律型」（legal type of domination），[42] 最純粹的類型就是科層體制，這是靠法律規章來約制人的生活和行動。比較來說是法治，而不像是卡里斯瑪型的「人治」。他特別強調要特別兩種理性化：一是由世襲君王進行的行政管理和司法的**實質的**理性化（*materiale* Rationalisierung der Verwaltung），[43] 一種是由受過專門訓練的司法人員對所有公民實施有普遍效力的**形式的**理性化（*formale* Rationalisierung）。這和世界的理性化和「**形式主義的**法律理性主義」（***formalistischer*** juristischer Rationalismus; *formalist* juristic rationalism）的出現也是息息相關的。

最後一段，[44] 韋伯還是強調這種理念型或純粹類型並不能涵蓋歷史的多樣性，這些概念和分類只是想作為一種研究的指引。

這三種支配或宰制類型，在《經濟與社會》第一部分第三章〈支配（或宰制）的類型〉（die Typen der Herrschaft; The Types of

---

42 這種類型在1920年版增加非常多歷史的例證來說明。1915年版稱為「理性的統治類型」（der rationale Typus der Herrschaft）（Weber, 1915: 29），1920年版則改為「法律的統治類型」（der legale Typus der Herrschaft）（Weber, 1989: 124）。如果中譯為「法理型」可以兼得韋伯前後兩種看法。

43 王容芬少譯了關鍵的「實質的」（material）一詞（韋伯，2012a：71）。

44 這也是1915年版沒有的部分。

Legitimate Domination）[45]有更詳細的說明。

　　他在最後的最後還依依不捨地又區分了「等級位置」（stän-dische Lage）和「階級地位」（Klassenlage）兩個概念：「等級位置」包括了一種特定的生活準則以及獨特的等級榮譽機會（Standesehre）；「階級位置」則是以經濟面為主，指的是：對工具和技巧的占有、決定的供給、盈利的機會，以及特定的生活條件。這個區分對於他要討論龐大的「世界宗教的經濟倫理」的傳人的多樣性來說，是一個很重要的提醒。可是這也正是許多人在重建韋伯資本主義理論時常常忘掉的重要因素。

　　韋伯在這裡的行文，是「Autorität」和「Herrschaft」交互使用，英文通常也對應地翻成「authority」和「domination」，中文翻譯也有「支配」、「宰制」、「權威」和「統治」幾種選擇。這些譯名應該只反應出譯者的偏好，沒有是非優劣的問題。

　　順便說一下，我曾經根據這裡三種分類的兩個向度的判準：人治或非人治、平常或非常時期，將這三種宰制類型放進四種分類中，並多增加一個韋伯原本沒想的的第四種宰制的類型：戒嚴法型。

	非理性的	理性的
平常時期	傳統型	法理型
非常時期	卡里斯瑪型	戒嚴法型

---

45 德文用的只是「Herrschaft」，英譯本大題目作「domination」，小題目用「authority」，林榮遠譯成「統治」，閻克文根據英譯本將「domination」譯成「支配」，「authority」譯成「權威」。

　　在〈導論〉之後，就進入了「世界宗教的經濟倫理」的〈儒教（與道教）〉的比較研究。

第五章

文本和所本（二）
〈（世界宗教的經濟倫理之）儒教（與道教）〉

〈導論〉之後，接著就是〈儒教（與道教）〉的正文。

第一節　版本的目錄和標題

　　1915年的版本，將〈儒教〉以羅馬數字分成四個部分：和〈（世界宗教的經濟倫理的）導言〉相連的〈儒教I〉和〈儒教II〉同時刊載在1915年出版的《社會科學與社會政策學報》第四十一卷第一期，[1]頁1-87，〈儒教III〉和〈儒教IV〉則刊登在同年出版的第四十一卷第二期，[2]頁335-421。在《儒教I》和〈儒教III〉的開頭都有目錄。

　　光從目錄上看，1915年版的〈儒教〉和1920年版的〈儒教

1　施路赫特（Suchluchter, 1989: 471）指出這一期實際是在1915年10月14日發行，印刷的出版日期寫作1916。

2　施路赫特（Suchluchter, 1989: 471）指出這一期實際是在1915年12月23日發行，印刷的出版日期寫作1916。

與道教〉差別頗大（請參考附錄三）。不過，仔細從全書的結構
上來看，這種名詞上的差異就不見了，反而浮現出了相同的結
構。兩版基本上的論述順序是：社會結構、思想和人群，以及兩
組對照（儒教和道教，以及儒教和清教）。我們可以簡單從1915
年〈儒教〉的目錄來看，對照相應的1920年版〈儒教（與道
教）〉就更是一目瞭然：

　　第一部分的標題是〈社會學的基礎〉（Die soziologische
Grundlage），這和現代人想像的「社會學的」無關，其實講的就
是和儒教有關的中國社會結構。1920年版將這個部分很清楚地分
成四章：〈A 城市、君侯與神〉（Stadt, Fürst und Gott; City, Prince,
God）、〈B 封建俸祿國家〉（Feudaler und präbendaler Staat; Feudal
and Prebendal State）、〈C 行政管理與農業制度〉（Verwaltung und
Agraverfassung; Administration and Rural Structure）和〈D 自治、
法律與資本主義〉（Selbstverwaltung, Recht und Kapitalismus; Self-
Government, Law and Capitalism）。英譯者把這四章歸為「第一部
分：社會學的基礎」（Sociological Foundations）。

　　第二部分的標題是〈儒教教養的「精神」和經濟〉（Der
"Geist" der konfuzianischen Bildung und die Wirtschaft），這很難
不讓人聯想到韋伯的名著「資本主義精神」；到了1920年版就
大體上擴充成第五和第六兩章：〈儒生階層〉（Der Literatenstand;
The Literati）和〈儒教的生活導向〉（Die konfuzianische Leben-
sorientierung; The Confucian Life Orientation）。英譯本把這兩章歸
為「第二部分：正統」（Orthodoxy）。

　　第三部分的標題是〈正統和異端及其對社會倫理的影響〉

（Orthodoxie und Heterodoxie in ihren sozialethischen Wirkungen），
到了1920年版標題就改為更明確的〈正統與異端（道教）〉
（Orthodoxie und Heterodoxie (Taoismus); Orthodoxy and Hetero-
doxy）。韋伯這裡將儒教和道教分別當成正統和異端。英譯本將此
章別立為「第三部分：道教」（Taoism）。

　　第四部分是〈總結：儒教和清教〉（Zusammenfassung. Kon-
fuzianismus und Puritanismus; Conclusions: Confucianism and
Puritanism），1920年版只將原先的「總結」（Zusammenfassung）
改成「成果」（Resultat），[3]這章主要是拿清教來和儒教做對比。

　　讀者若是從英譯本入手，從先入為主的英譯書名主標題「中
國的宗教」開始，很容易在閱讀正文時碰到困難：「中國的宗教」
在哪裡？讀者如果認為全書在討論「儒教和道教」，又會碰到另
外的疑惑：韋伯怎麼沒有先定義宗教，然後區分「儒家」和「儒
教」以及「道家」和「道教」，為什麼要從「社會學的基礎」開
始？「社會學的基礎」又和「社會學」有什麼關係？這些其實都
與韋伯的初衷無關。

　　如果讀者從上一篇〈（世界宗教的經濟倫理之）導論〉讀
起，便可以很清楚地知道他要做的就是「世界宗教的經濟倫理」
的比較研究，而儒教，特別是儒教的經濟倫理，只是他關心的世
界宗教之一，道教只是他用來對比儒教的輔佐。他關心的從來就

---

3 「Resultat」可以譯成「結局、結果、成果」，原來的「Zusammenfassung」
　可以譯成「摘要、概述、結論」。英譯本就直接譯成「conclusion」（結
　論），兩字的字義應該沒太大差別。

不是儒教或儒家或是道教或道家，而是這兩個宗教或學派所產生的經濟倫理，特別是為什麼這樣的經濟倫理沒有產生出「西方」「近代」「理性的」資本主義？這要等到最後，他的意圖才會浮現。前面幾章都是替這個問題鋪路。這就是要注重文本的出版脈絡和思想脈絡意義的最佳例證。

第二節　第一條長長的腳注

韋伯從中國的社會結構或社會制度著手。

他碰到的第一個問題就是別人可能的質疑：你不是漢學家，你這個外行憑什麼做這項研究？

韋伯承認自己不是漢學家，可是他盡力參考了當時他所能找到的相關資料，這樣就夠了。[4]他在這篇長注的最後還是嘆息身邊沒有漢學家可以檢驗他的工作。身分不是問題，資料才應該被正視。所以韋伯一開始就以一篇很長的腳注來說明他的參考文獻。要穿過這篇長長的腳注，論文才正式開始。

英譯本將所有腳注都放在正文之後當成「書尾注」，這篇超長的注釋也不例外（Weber, 1964: 250-252）。有些中譯本將這篇腳注如原著一樣放在頁底，洪天富譯本就是如此（韋伯，1993：3-5n1；2010：3-4n1）；其他中譯本則放在書的開頭，如王容芬

---

4 韋伯在《宗教社會學論文集》的〈前言〉中的最後段落也提到，重要的是非專家的研究有沒有明顯的錯誤（Weber, 2016: 118; 2011:248；韋伯，2007：16；2008：31-32）。

譯本（韋伯，1995：43-45；2008：39-41；2012a：77-79）和悅文譯本（韋伯，2010c：40-42），或是放在書後，如簡惠美譯本（韋伯，1989a：321-324；1996：409-412；2010a：366-369）和富強譯本（韋伯，2012b：355-358），最誇張的是號稱「全譯彩圖本」的雙張譯本，完全沒有這個注（其實，這個號稱「全譯本」的譯本完全沒有翻出任何注解）。

　　這篇腳注在1915年版已經橫跨兩頁，到了1920年版更多了兩段，由此可見韋伯對這個主題的用心用力。

　　大致來說，這篇腳注是一個當時歐美漢學界的成果總整理，縱然知道有關中國的歐美翻譯文獻實在不足。[5]可惜的是，一般中文讀者對這樣的漢學著作都很陌生，這畢竟是外國學者寫給非中文讀者看的，就連臺灣的大學圖書館都未必有這些書。所以一般中文讀者很難從這份書單中看出韋伯的用心深細。[6]

　　我們就簡單介紹一下這份書單，回顧韋伯當時利用過的參考文獻。

　　首先是理雅各[7]（James Legge, 1815-1897）於1861年至1872

5　這是韋伯在〈（宗教社會學論文集）前言〉中所清楚表示過的，參見 Weber（2016: 118; 2011: 248）或韋伯（2007：16；2008：31-32）。

6　我建議用心的讀者從這份書單的人名開始到網路搜尋，特別是英文網站，會有很豐富的收穫。但是網路資料最好要再查證實體資料。有關韋伯參考的文獻，我們在後面還會總結整理。

7　許多中譯本都沒有還原成這個名字，反而根據音譯作「李格」（簡惠美譯本和洪天富譯本）、「萊格」（王容芬譯本）或「賴格」（悅文譯本和富強譯本）。這種「人名還原」的問題正好顯示出譯者的的漢學基本知識。

年編譯出版的《中國經典》（*Chinese Classics*），總共五卷八本，[8]根據英文版維基百科的「James Legge」條目的記載：

第一卷《論語》（*Confucian Analects*）、《大學》（*The Great Learning*）和《中庸》（*The Doctrine of the Mean*），原譯本於1861年出版，1893年修正再版；

第二卷《孟子》（*The Works of Mencius*），出版狀況同第一卷；

第三卷《書經》（*Shoo King (Book of Historical Documents)*），於1865年分兩冊出版；

第四卷《詩經》（*The She King (Classic of Poetry)*）於1871年分兩冊出版；

第五卷《春秋左傳》（*The Ch'un Ts'ew (Spring and Autumn Annals) with the Tso Chuen*），於1872年分兩冊出版。

這些都是中英對照的正文和譯本，還有說明以及索引。只是理雅各使用的是自創的拼音系統，這也造成後來習慣使用「威妥瑪拼音系統」（Wade-Giles）或「漢語拼音系統」的人在還原成原文時的重大困擾。

1879年至1891年又和馬克斯—穆勒（Friedrich Max Müller, 1823-1900）合作編譯了五十卷本的《東方聖典》（*Sacred Books of*

8　臺灣南天書局曾經於1991出版重印本。

the East），[9]其中：

第三卷包括《書經》、《詩經》的宗教部分和《孝經》（*Hsiao King, or Classic of Filial Piety*），出版於1879年；

第十六卷《易經》（*Yi King, or I Ching*），出版於1882年；

第廿七、廿八卷是《禮記》（*Li Ki, or Book of Rites*），出版於1885年；

第卅九卷《道德經》（*Tao Teh King, or Tao Te Ching*）和《莊子》（*Kwang Tze (Chuang Tzu)*）第一至十七章，於1891年出版；

第四十卷《莊子》第十八至卅三章及《太上感應篇》（*The Thâi-Shang, or Tractate of Actions and Their Retributions*）並有八篇附錄：

1　《金剛經》（*Khing Käng King, or The Classic of Purity*）；

2　《陰符經》（*Yinfujing, or Classic of the Harmony of the Seen and Unseen*）；

3　《玉樞經》（*Yushu Jing, or Classic of the Pivot of Jade*）；

4　《日用經》（*Zäh Yung King, or Classic of the Directory for a*

9　我1980年代早期在美國哥倫比亞大學讀書時於東亞圖書館打工，經常看到這套書。全套書的目錄可見http://www.sacred-texts.com/sbe/（2015年7月16日查閱）。以下的目錄就是根據這個網站的資料所翻譯，中文部分是我查閱的結果，原始資料並未附上原文。英文維基百科已有五十卷的目錄，但從第四十冊就可看出不夠仔細。英文維基百科的「James Legge」的資料在介紹《東方聖典》第四十冊時的資料有誤。又，臺灣大學圖書館館藏《中國聖典》，但無《東方聖典》。

Day）；

5　林希逸《南華真經口譯》（*Analyses by Lin Hsî-kung of several of the Books of Kwang-dze*）；

6　《莊子》書中的敘述和故事的清單（*List of Narratives, Apologues, and Stories of various kinds in the Writings of Kwang-dze*）；

7　隋朝薛道衡《老子廟碑》（*The Stone Tablet in the Temple of Lâo-Dze. By Hsieh Tâo-Häng of the Sui Dynasty*）；

8　蘇軾《莊子祠堂記》（*Record for the Sacrificial Hall of Kwang-dze. By Sû Shih*）。

　　1879年至1895年理雅各將其中的《書經》、《詩經》、《孝經》、《易經》和《禮記》又重新組合成《中國聖典：儒家文獻》（*The Sacred Books of China: The Texts of Confucianism*）。1891年將原先《東方聖典》的第卅九、四十卷重編成《中國聖典：道家文獻》（*The Sacred Book of China: The Texts of Taoism*）出版。[10]

　　所以這兩套書的中文經典部分其實是一樣的。

　　以上的書籍，韋伯在這篇長注都有提及，特別強調其中的《論語》、《大學》、《中庸》、《春秋》、《孟子》，以及老子的《道德經》，甚至還提到了《道德經》比較新的德文和英文譯本。

10　這兩套書臺灣大學圖書館都有典藏：《中國聖典：儒家文獻》是1879年至1885年牛津Clarendon出版社出版；《中國聖典：道家文獻》部分是1962年紐約Dover出版的重印本。

比較奇怪的是，韋伯提及了理雅各在1867年出版的《孔子的生平與思想》（*The Life and Teachings of Confucius*），卻忽略了他在1880年出版了一本和韋伯〈儒教和道教〉英譯本書名幾乎雷同的《中國的宗教：儒教與道教和基督宗教的比較》（*The Religion of China: Confucianism and Taoism Described and Compared with Christianity*）。韋伯完全沒有提及這本書。

　　除了理雅各翻譯的書，韋伯還提及德國漢學家衛禮賢（Richard Wilhelm[11], 1873-1930）當時編選的「一本很好的中國神祕家和哲學家選集」（eine gute Auslese chinesischer Mystiker und Philosophen）。他只舉出是耶納（Jena）的（Eugen）Diederichs出版社出版，並沒有列舉書名。德文《韋伯全集》第一部分第19冊《世界宗教的經濟倫理之儒教與道教》（以下簡稱《全集本》）一書的編輯者施寒微在腳注中提及1920年以前Eugen Diederichs出版社總共出版過衛禮賢的中國經典譯本有：《論語》〔*Lün Yü*，衛禮賢譯作《孔夫子》（*Kung Fu-tse*），1910〕、《道德經》〔*Tao-te-ching*，衛禮賢譯作《老子》（*Laotse*）一書中，1911〕、《列子》〔*Lieh-tzu*，衛禮賢譯作《列子》（*Liä Dsi*），1911〕、《莊子》〔*Chuang-tzu*，衛禮賢譯作《莊子》（*Dschuang Dsi*），1912〕，以及《孟子》〔*Meng-tzu*，衛禮賢譯作《孟子》（Mong Dsi），1916〕（Weber, 1989: 129n6）。在書末他也附上了詳盡的參考文獻資料（Weber, 1989: 568）。可是，我上德國圖書館網站查詢的結果，1915年以前衛禮賢在耶納的Diederichs出版的書只有《中國童話

---

11 韋伯沒有只列出姓，沒列出名。

故事》（*Chinesische Volkmärchen*, 1914）一書。更奇怪的是，韋伯說的到底是「一本」還是「一系列」呢？從韋伯的原文看是「一本」[12]，從施寒微的引證來看，卻沒有那「一本」，而是「一系列」。

另外，他還不清不楚地提到「李希霍芬那本以地理為主的鉅著」。這個人和書也許在韋伯時代是赫赫有名，但是對我們這樣時空遠隔的外國讀者來說，實在是一頭霧水。施寒微的參考文獻上就列出了當時德國著名的探險家李希霍芬（Ferdinand von Richthofen, 1833-1905）於1877年至1912年間出版的《中國：旅行的成果及其相關研究》（*China : Ergebnisse eigner Reisen und darauf gegründeter Studien*）四卷本[13]和中國地圖兩冊（Weber, 1989: 565）[14]。

接著韋伯提到威廉斯（Williams）的《中央帝國》（*Middle Empire*）一書。其實作者的全名是「Samuel Wells Williams」，中文名字叫做「衛三畏」，這本書是1882年出版，書的全名是《中央帝國：中華帝國的地理、政府和文學調查》（*The Middle Kingdom : A Survey of the Geography, Government, Literature of the*

---

12 簡惠美（韋伯，1996：409）、洪天富（韋伯，2010b：3n1）和王容芬的譯本（韋伯，2012a：77）都譯作「一本」。

13 最近有中譯本：《李希霍芬中國旅行日記》，兩冊，李岩和王彥會合譯，北京：商務印書館，2016。

14 臺灣大學圖書館有館藏。

Chinese Empire）。[15]施寒微指出了韋伯引用書名的錯誤，把原來的「Kingdom」當成「Empire」（Weber, 1989: 129n8）。

　　再來是當時德國漢學家福蘭閣（Otto Franke）在《當代文化》（*Kultur der Gegenwart*）上的一篇文章。施寒微也查出這是收錄在海尼堡格（Paul Hinneberg）於1911年主編的《當代文化》第二卷第二部分第一冊中的〈中國的制度與行政〉（Die Verfassung und Verwaltung Chinas）（Weber, 1989: 560）。英譯本沒有查出這篇文章的詳細資訊，卻在此插入了一個不算短的腳注，提及福蘭閣的另一本韋伯在此沒提到的1930年至1937年才出版的三巨冊大作《中華帝國史：截至新時代開始之前其發生、本質和發展的描述》（*Geschichte des chinesischen Reichs: Eine Darstellung seiner Entstehung, seines Wesens und seiner Entwicklung bis zu neusten Zeit*）。這個腳注的資料和韋伯這本書其實沒有什麼關係。英譯本這麼做就算了，簡惠美譯本也跟著英譯本這麼做，就實在欠妥（Weber, 1964: 250n1；韋伯，1996：410）。

　　接下來韋伯提到有關中國城市的相關文獻：首先提到的是德國歷史學家Plath（普拉特）刊載在《皇家巴伐利亞科學院論文集》（*Abhandlungen der Königlich Bayerischen Akademie der Wissenschaften*）第十卷的論文，可是韋伯並沒有寫明論文的名稱，資料是不完整的。根據施寒微的補充，普拉特全名是Johann Heinrich Plath（1802-1874），論文題目應該是〈根據中國資料論古代中國的規範與法

15　此書有中譯本：《中國總論》，兩冊，陳俱譯，上海：上海古籍出版社，2014。

律〉（Gesetz und Recht im alten China nach chinesischen Quellen）。
她還補充了普拉特的相關論文資料：登載在同名雜誌第十一期
的〈古代中國人的食、衣、住〉（Nahrung, Kleidung und Wohnung
der alten Chinesen）和〈三代時期中國的制度和行政〉（Über die
Verfassung und Verwaltung Chinas unter den drei ersten Dynastien）
（Weber, 1989: 129n10）。不知根據什麼，洪天富和王容芬的譯本
都一致認定是最後一篇文章，可是明明韋伯明明指出的出版卷期
數是「第十期」而非〈三代〉這篇文章刊出的「第十一期」。[16]
　　韋伯接著提到當時德國經濟學家彪黑爾（Karl Bücher, 1847-
1930）的一位中國學生周毅卿（Nyok Ching Tsur, 1883-?）[17]於1909

---

16 王容芬的譯本指出是〈論中國前三個朝代的制度與管理〉（韋伯，
2012a：77n1），洪天富的譯本也譯成〈論中國最早三個朝代的憲法與行
政〉（韋伯，2010b：3n1），簡惠美的譯本也只提這篇文章，不過沒有譯
出文章篇名，看來也還是根據英譯本的做法（Weber, 1964: 250-251；韋
伯，1996：410）。其實韋伯提到的「第十卷」還有一篇〈根據中國資料
論古代中國的規範與法律〉。施寒微並沒有只提一篇文章，不知道以上
中英文譯本的譯者根據為何。如果是人云亦云，沒有查回原典，這就要
將來的人根據施寒微的資料來補正了。

17 洪天富譯本和簡惠美譯本都沒翻出這個人的名字，只有王容芬譯本翻成
「牛慶祖」（韋伯，2012a：77n1）。其實，根據袁同禮（Tung-li Yuan）收
錄的1907年至1962年間中國留學歐陸學生的資料中，可以查出原名是
「周毅卿」（Yuan, 1964: 79）。葉坦（2010）也指出過同樣的問題。有關
他的出生年就有1883和1884兩種說法，參見http://catalog.hathitrust.org/
Record/002103313（2015年7月22日查閱）。可是有一篇他自己的簡單
自傳說是出生在1883年的12月14日，見http://www.tandfonline.com/doi/
abs/10.2753/CSA0009-46251504128?journalCode=mcsa19#.Va7_4_mqqko
（2015年7月22日查閱）。

年刊登在《總國家學學報》（*Zeitschrift für die gesamte Staatswissenschaft*）第三十卷增刊的博士論文《寧波城市的商業經營形式》（*Die gewerblichen Betriebsformen der Stadt Ningpo*）。這篇論文於1983年被翻譯成英文〈中國寧波城市的商業形式〉（Forms of business in the city of Ningpo in China），收在《中國社會學和人類學》（*Chinese Sociology and Anthropology*）第十五卷第四期上發表。很可惜，這篇韋伯器重的中國人寫的文獻，在百年後的中文世界裡竟然還是陌生的，沒有任何譯本。

　　韋伯接著列出他所參考的和中國古代宗教有關的文獻。

　　首先提到的就是法國漢學家沙畹[18]（Edouard Chavannes, 1865-1918）。韋伯特別提到沙畹發明的「華教」[19]（Sinismus; Sinism）一詞來統稱古代中國的宗教。他也沒詳列資料提到了沙畹的一篇登載在《宗教史評論》（*Revue de l'Histoire des Religions*）第卅四卷的文章。根據施寒微的考證，應該是該雜誌於1901年出版第四十三期的〈古代中國的太陽神〉（Le dieu du sol dans l'ancienne religion chinoise）。施寒微也考證「華教」一詞是沙畹在Chantepie de a Saussaye主編的《宗教史讀本》（*Lehrbuch der Religionsgeschichte*）兩卷本（1897年）中第一卷〈古代中國宗

---

18 王容芬譯本作「沙旺」（韋伯，2012a：77n1），簡惠美譯本和洪天富譯本都用原文而沒有漢譯。

19 王容芬譯本作「漢學」（韋伯，2012a：77n1），很容易和通用的「Sinologie」混淆。簡惠美譯本和洪天富譯本都沒有翻譯，洪譯本保留德文原字，簡譯本則採用英文翻譯。我想既然這個字是指「古代中國宗教」，也許可以譯為「華夏宗教」，簡稱「華教」。

教〉（Die artchinesische Religion）一文中所首創的概念。刊載
在上述期刊1895年第十二卷的〈中國宗教，1：孔子及其學說〉
（Chinas Religionen, 1: Confucius und seine Lehre）以及1903年第十
五卷的〈中國宗教，2：老子及其學說〉（Lao-tsï und seine Lehre）。
後面一點的段落，韋伯還提到他研究明朝朱元璋的「聖諭」（das
heilige Edikt; Sacred Edict）。

　　第三，韋伯提到至今鮮為人知[20]的一位葛魯伯（Wilhelm
Grube）在Berthold於1908年所編輯的書中的一篇文章。根據施
寒微的查證，這就是貝特霍爾德（Alfred Berthold）所編輯的《宗
教史讀本》（*Religionsgeschichtliches Lesebuch*）中的〈古代中國
人的宗教〉（Die Religion der alten Chinesen）一文。下面韋伯還提
到葛魯伯論述不同宗教制度對於生活形式（Lebensformen）的影
響，特別是他在1901年刊載於《皇家民俗博物館》（*Königliches
Museum für Völkerkunde*）第七卷的〈話說北京民俗〉（Zur
Pekinger Volkskunde）一文，1910年出版的《中國人宗教和教派》
（*Religion und Kultus der Chinesen*）一書，1909年收錄在《當代文
化》第一卷第五期的〈中國哲學〉（Die chinesische Philosophie）
一文，以及1902年刊登在《東方文學分論》（*Die Litteraturen
des Ostens in Einzeldarstellungen*）第八卷的〈中國文學的歷史〉
（Geschichte der chinesischen Litteratur）一文。同段文字之後，韋
伯還提及巴克利（E. Buckley）在Chantipie de la Saussaye所編輯
的書。不過，施寒微就罕見地忽略這一條文獻的考證，參考文獻

20　Google上查不到這個人的任何資料。可是韋伯顯然參考了他的許多文章。

中也沒有列出以巴克利為作者的書。

　　第四，韋伯提到的是比較有名的荷蘭中國宗教史家高延（Johann Jakob Maria de Groot, 1854-1921）的《中國宗教制度》（*The Religious System of China*）[21]六冊，以及他在《當代文化》中所發表過的諸多有關中國宗教制度的論文。特別還提及他發表在《阿姆斯特丹皇家科學院論文集。文學版》（*Verhandlingen der Koninklijke Akademie van Wetenschappen te Amsterdam Afd. Letterkunde*）第四卷第一、二期上的〈中國的宗派主義和宗教迫害〉（Sectarianism and Religious Persecution in China）一文。韋伯也提到高延於1904年寫的另一篇有關宗教關係的論文：登載在《宗教科學學報》（*Archiv für Relgionswissenschaft*）上的〈武宗對於佛教的迫害（Wu Tsung's Persecution of Buddhism）。[22]

　　第五，韋伯提及高延1904年的文章順便引用了法學漢學家伯希和[23]（Paul Pelliot, 1878-1945）於1903年發表的一篇相關的評論：《法蘭西遠東學院學報》（*Bulletin de l'École Française de Extrême Orient*）第三卷〈中國有過宗教自由嗎？〉（Is There Religious Liberty in China?）。

　　第六，韋伯提到了「從近代改革（立憲）派康有為的立場來呈現的儒家思想：陳煥章（Chen Huan Chang, 1881-1933）

21　這套書臺灣南天書局有重印本。

22　韋伯只提供了粗略的資訊，詳細資料是由施寒微補充的。

23　王容芬譯本音譯成「佩里奧」（韋伯，2012a：78n1），洪天富譯本和簡惠美譯本都保留原名未譯。伯希和對中亞史和敦煌學的研究都有開創之功。這些和韋伯本書主旨無關，所以韋伯都沒提到。

的《孔門理財學》（*The Economic Principles of Confucius and His School*）[24]，這是他在1911年紐約哥倫比亞大學的博士論文。這恐怕是中國人用英文介紹孔子經濟思想的第一本著作。

　　韋伯接著提到的是「傳教士文獻」（Missionarliteratur; missionary literature）。

　　這裡提到兩個人和他們寫的書：艾約瑟[25]（Joseph Edkins[26], 1823-1905）於1884年出版的《中國的宗教》（*Religion in China*）第三版；道格拉斯（Robert K. Douglas, 1838-1913）於1894年出版的《中國的社會》（*Society in China*）。韋伯這裡沒有提到的是道格拉斯在1879年也寫過一本和他的書名一樣的《儒教與道教》（*Confucianism and Taouism*）[27]。

　　最後，韋伯提到了相關英文、法文和德文的雜誌，特別是《比較法學雜誌》（*Zeitschrift für vergleiche Rechtswissenschaft*）與《宗教學學報》（*Archiv für Religionswissenschaft*），以及幾個提到中國的作者，其中包括前面提過的李希霍芬的中國旅行日記，以及雷特勒、雷耶亞爾和納瓦拉等人的相關書籍。根據施寒微的補正，完整資料如下：雷特勒（Joseph Lauterer）於1910年出版的《中國：中央帝國的過去和現在》（*China: Das Reich der Mitte*

---

24 近年來這本書有許多中譯本：參見陳煥章（2005，2009a，2009b，2010）。

25 王容芬譯成「埃德金斯」（韋伯，2012a：78n1），簡惠美譯本和洪天富譯本都沒有譯成中文。

26 韋伯1915版誤拼成「Jedkins」（Weber, 1915: 31n1），1920年版已改正（Weber, 1920: 277n1）。

27 這本書對道教或道家的拼法和一般的「Taoism」不同。

einst und jetzt）；雷耶亞爾（Alfred Comyn Lyall）於1899年出版的《亞洲研究：宗教的與社會的》（*Asiatic Studies, Religious and Social*）兩冊，第二版；納瓦拉（Bruno Navarra）於1901年出版的《中國與中國人》（*China und die Chinesen*）。

至於道教方面的文獻，韋伯說要留待第三部分再說。1915年的第一個長注就到此為止。1920年版又加了兩大段資料。

第一段提到的是有關近代中國發展史的四本著作，我們根據施寒微的資料重建如下：孔好古（August Conrady）於1910年收錄於普弗陸克—哈同（Julius von Pflugk-Hartung）主編的《世界史》（*Weltgeschichte*）第三卷中《東方的歷史》（*Geschichte des Orients*）中的〈中國〉（China）一文；荷蘭中國宗教史家高延於1918年出版的《天人合一：中國政治、經濟、宗教和倫理的基礎》（*Universismus. Die Grundlage der Religion und Ethik, des Staatswesens und der Wissenschaften Chinas*），這是韋伯在1920年版付印時才知道的新書；羅斯同（Arthur von Rosthorn）於1919年出版的《中國人的社會生活》（*Das soziale Leben der Chinesen*）；辛格（Isidor Singer）[28]於1888年版的《論東亞的社會關係》（*Über sociale Verhältnisse in Ostasien*）。

最後一段，韋伯特別提到「由英國一批傳教士費時數十載翻譯的《京報》（*Peking Gazette*），從此可以看出皇帝對於大臣的諭

---

28 這裡作者的名字韋伯用的是縮寫J.，施寒微的參考書目亦同。不過有網站的資料列名為Isidor。參見https://search.books2ebooks.eu/Record/bsb_9269721（2015年7月28日查閱）。施寒微漏了書名的第一個字Über。

令」。最後，他還是築了一道防火牆：「遺憾的是，我的身邊沒有一位漢學家來檢驗我的工作。」也因此，他這篇長長的腳注就應該是留給未來要檢驗他論點的漢學家的一份參考書單。

可是，他在正文中所參考過的資料不僅止於此。我們在下面一一道來。

第三節　標題的差異

穿過長長的腳注，就正式進入文本。

1915年的文本結構是從四部分中第一部分的「社會學的基礎」開始，原來的標題只有三小項：第一，城市和國家。宗教發展的政治和經濟決定因素（Stadt und Staat. Politische und ökonomische Entwicklungsbedingungen der Religion）；第二，科層體制和身分倫理（Die Bürokratie und ihre Standesethik）；第三，資本主義和公社教養。風俗當成社會化的基礎（Kapitalismus und Genossenschaftsbildung. Die Sippe als Grundlage der Vergesellschaftung）。

1920年版仍然叫做「社會學的基礎」，正文則分成四章，不過題目大不相同：第一，城市、君王和神明（Stadt, Fürst und Gott）；第二，封建和俸祿國家（Feudaler und präbendabler Staat）；第三，行政管理和農業制度（Verwaltung und Agrarverfassung）；第四，自治、法律和資本主義（Selbstverwaltung, Recht und Kapitalismus）。

我們從表5-1可以看得更清楚些：

表5-1：1915年版和1920年版前四部分標題的比較

	1905年版	1920年版
第一部分	城市和國家。宗教的政治和經濟發展要件（Stadt und Staat. Politische und ökonomische Entwicklungsbedingungen der Religion）	城市、君王和神明（Stadt, Fürst und Gott）貨幣制度（Geldwesen）城市與行會（Städte und Gilden）同近東比較的君侯管理和神明觀（Fürstenverwaltung und Gotteskonzeption im Vergleich mit Vorderasien）中央君主制的卡里斯瑪和大祭司地位（Charismatische und pontifikale Stellung des Zentralmonarchen）
第二部分	科層體制和身分倫理（Die Bürokratie und ihre Standesethik）	封建和俸祿國家（Feudaler und präbendabler Staat）
第三部分	資本主義和公社教養。風俗當成社會化的基礎（Kapitalismus und Genossenschaftsbildung. Die Sippe als Grundlage der Vergesellschaftung）	行政管理和農業制度（Verwaltung und Agrarverfassung）
第四部分		自治、法律和資本主義（Selbstverwaltung, Recht und Kapitalismus）

　　這些題目上的不同，是否也有內容上的差異呢？讓我們繼續看下去。

第四節　社會基礎之一：城市、君侯與神明

　　一本〈儒教〉或〈儒教與道教〉的研究為什麼要從社會制度入手？這大概會是很多讀者的疑問。如果在閱讀過程中讀者能夠繼續保持這個疑問，也許在文本的進程中可以看出個研究旨趣上的「門道」，而不是只看到韋伯旁徵博引的「熱鬧」而已。簡單先說一下，這應該是韋伯強調「制度─思想─人群」這種三位一體對近代西方理性的資本主義的解釋，而不是只有像〈新教倫理與資本主義精神〉那篇名著一樣片面強調思想的單方面影響。[29]

　　1915年的版本的標題是「城市與國家」，到了1920年的版本改成「城市、君侯和神明」，而且還細分成「貨幣制度」、「城市與行會」、「同近東比較的君侯管理與神明觀」和「中央君主的卡里斯瑪大祭司的地位」。德文版的標題都在每章之下，正文中並沒有特別標記；英文，譯本和中文譯本則都改成在正文之中，特別是相關章節之前。

　　我們且根據1920年版的順序來進行，每節就先對照1915年的版本的文本、腳注、參考文獻，和主要論點。

一、貨幣制度

　　這一部分基本上是1915年版所沒有的。除了保留的第一段，整個部分是韋伯在1920年版增加的。換句話說，1920年版的「貨幣制度」整段和「城市與行會」的第一段都是新增的部分

29　我的下一本書準備討論這篇名著，以及韋伯其他的「新教研究」。

（Weber, 1920: 278-290; 1964: 4-13; 1989: 133-148; 韋伯，1996：28-46；2010b：5-16；2012a：81-91）。

　　韋伯在這章中仰賴了很多在第一個長注中沒提到的參考文獻：首先是馬仕（H. B. Morse, 1855-1934）於1908年所寫的《中國人的貿易和行政》（*The Trade and Administration of the Chinese*）；艾約瑟於1905年所寫的《中國的銀行業和價格》（*Banking and Price in China*）和1923年的《中國貨幣》（*Chinese Currency*）；魏文彬（或作「魏文斌」）[30] 於1914年出版的博士論文《中國通貨問題》（*The Currency Problem in China*）；畢甌（Edouard Biot, 1803-1850）的幾篇有關中國貨幣制度和地產的漢學研究。其次是原典的譯本：沙畹翻譯司馬遷（*Se Ma Tsien*）的《史記》，特別是第三卷第三十章；艾嘉略（Louis-Charles Delamarre）於1865年翻譯的《御撰通鑑綱目》（*Yu tsiuan tung kian kang mu*）；[31] 馬端臨（Ma tuan lin）的《文獻通考》（*Wen hian tong kao*）。[32] 這一段新增添的長段落，顯示出韋伯對於研究題材資料的注意在五年來是沒有懈怠的，更特別的是，這發生在第一次世界大戰期間，連

---

30 「魏文彬」是根據袁同禮的資料（Yuan, 1961: 62），而「魏文斌」是根據《中國名人錄》（*Who's Who in China*, 1925: Appendix p. 23），他是1914年美國哥倫比亞大學的博士。簡惠美譯本誤將該論文出版地點的「紐約」誤為「紐約（大學？）」（韋伯，1996：28n5）。

31 臺大圖書館館藏兩套類似書名的書：《御撰通鑑綱目三編》及《御定資治通鑑綱目三編》。

32 韋伯特別在腳注（Weber, 1920: 279n1; 1964: 253n5; 1989: 133n5; 韋伯，1996：28n5；2010b：5n5；2012a：81n3）中說明，畢甌在1837年的文章中仰賴的是馬端臨的資料。

戰爭都阻止不了的求知欲，令人佩服。

　　1915年的版本，韋伯以中國和日本在城市方面有著巨大的差異作為開頭，然後轉向中國的貨幣制度不如埃及托勒密王朝時期發達，這樣三言兩語就打發過去了。1920年版就開始從貨幣的歷史補充說明。

　　韋伯說明了中國幾種貨幣的形式：貝、珠、玉、錫、龜甲、金、銀、銅。接著提到墨西哥白銀的流入中國，以及1368年（明太祖洪武元年）、1574年（明神宗萬曆二年）、1635年（明思宗崇禎八年）、1737年（清高宗乾隆二年）、1840年（清宣宗道光二十年）、1850年（清宣宗道光三十年）和1882年（清德宗光緒八年）等七個年份白銀和黃金兌換的比例，證明了銅對銀的比價下跌的趨勢。

　　韋伯來特別提到廟宇拿貴重金屬去製造宗教藝術品而沒用在鑄造貨幣上，錯失了近代理性的資本主義發展的良機。

　　接著，韋伯敘述中國歷代鑄幣貶值的問題，他從楚莊王時代，講到漢元帝以及王莽的貨幣等級試驗，在經過唐朝和元朝，這一連串貨幣的貶值對物價影響甚大，結果導致經濟的僵化。

　　他也提到從銅幣、鐵幣到紙幣的發展，特別是12世紀白銀的湧入，到了明朝金屬貨幣和紙幣並行，不過卻造成了紙幣的貶值。這些狀況造成了「銀行本位制」（Banko-Währung; bank currency），[33]也就是大城市中的票號可以兌現票據。

33　簡惠美譯本（韋伯，1996：40）和洪天富譯本（韋伯，2010b：15）都作「銀行本位」，王容芬譯本譯作「磅庫本位制」（韋伯，2012a：90）。

最後一段，韋伯畫龍點睛地提到了兩個「獨特的事實」：

1　貴重金屬占有量的激增，在一定程度上促進了貨幣經濟
　　（Geldwirtschft）的發展，特別是在金融領域的發展，這
　　是不爭的事實。但是，貴重金屬占有量的增加並沒有伴
　　隨傳統主義的解體，而是和傳統主義攜手並進，所以資
　　本主義現象並沒有任何明顯的發展；

2　雖然有人口驚人的成長，可是並沒有激發經濟形式的
　　的發展，也沒有受到資本主義經濟形式（kapitalistische
　　Fromung der Wirtschaft; capitalist development）的刺激。

　　貴重金屬和人口的增長，雖然都可能有助於近代理性資本主
義的發展，可惜沒有其他有利於資本主義發展的制度上的配套，
所以錯失了讓資本主義發展的先機。這是韋伯在這一章的結語。

二、城市與行會

　　這節的第一段也是1920年後才增加的。德文本中並沒有明
顯的分節。1915年版約從第32頁第3行開始到第34頁的第1段結
束。1920年版增加了不少篇幅，特別是最後兩大段，其餘都只是
一些無關宏旨的增補。

　　在腳注方面，1915年只有一個腳注，到了1920年版增加到
廿七個。其中參考文獻方面，引用到了：沙畹翻譯的司馬遷《史
記》中的〈孔子世家〉；耶穌會教士方殿華（Louis Gaillard）於
1903年發表在《漢學札記》（*Variété Sinologiques*）第二十三期的

〈今昔南京〉（Nankin d'alors et d'aujourd'hui）；西蒙（G. Eugéne Simon）於1885年出版的《中國城市》（*La cite chinoise*）；翟理斯（Herbert Allen Giles, 1845-1935）於1902年出版的《中國與中國人》（*China and the Chinese*）；普拉特於1869年出版的《中國四千年》（*China vor 4000 Jahren*）；艾嘉略於1865年翻譯的《御撰通鑑綱目》；馬仕於1909年出版的《中國的行會》（*The Guilds of China*）；麥嘉湖（John Macgowan）於1886年發表於《皇家亞洲學會華北分會期刊》（*Journal of the North China Branch of the Royal Asiatic Society*）第21期上的〈中國行會或商會和工會〉（Chinese Guilds or Chambers of Commerce and Trade Union）；杭特（W. C. Hunter）於1882年出版的《番鬼在廣東，中美望廈條約[34]之前的日子，1825～1844》（*"Fan Kwae" at Canton before Treaty Days, 1825-1844*）。

　　韋伯在一開頭還是接續前節結論，比較了中西古代和中古時期的城市：西方的城市和財政理性化（Finanzrationalisierung; financial rationalization）、貨幣經濟和政治導向的資本主義（der politische orientierten Kapitalismus; politically oriented capitalism）是息息相關的；中國的寺廟卻是破壞金屬本位制的罪魁禍首。這裡說的是呼應前一節說過的，因為寺廟藝術對於貴重金屬的需求，使得這些貴重金屬都沒用在鑄造貨幣，反而拿去用在鑄造藝

---

34 王容芬翻成「南京條約」（韋伯，2012a：95n3），可是從該書書名上的1844來看，應該是該年簽訂的「中美望廈條約」，「南京條約」是1842年簽訂的。

術品。在西方城市中出現利於近代西方理性的資本主義發展的因素，在中國都沒出現。

接著，韋伯細數中西城市的異同。相同處有：

1　都是「要塞」和「城堡」的意思；
2　都是帝王和高級官員的住所；
3　城裡人都是靠著地租、官俸、利息或其他政治上的收入過活的；
4　都是商業和手工業中心，可是中國的城市並沒有市場壟斷權。

相異處有：

1　中國或是整個東方的城市沒有西方那種政治特權的共同體，沒有西方古代城市居民自我武裝的軍人階級的那種意義下的市民階層（Bürgertum; citizenry）；
2　中國城市的起義不是為了爭取政治性的城市自主性；
3　中國城市的神明是地方守護神（Schutzgeist; local tutelary deity）而不是團體神（Vervandsgott; god of an association）；[35]

35　這個詞是1920年版所增加的，原文在「Verband」一字上用加重符號。簡惠美譯本作「團體神」（韋伯，1996：44），洪天富譯作「團體的神」（韋伯，2010b：18），王容芬譯作「社團神」（韋伯，2012a：93）。

　　4　中國城市沒有明文規定的「自由」；

　　5　中國城市中的行會對會員有審判權，以及其他在職業上
　　　　全面的控制。不過，卻沒有創造出如西方的行會特權制
　　　　度。

　　最後，韋伯指出，由於中國的城市和行會沒有自己的政治
和軍事權力，所以蠻有發展出一種互助式的受到自由工商業公認
的、正式的、可靠的法律基礎，所以也錯失了西方中世紀那種手
工業中的**小資本主義**（*Klein*kapitalismus; petty capitalism）的發
展。這也是韋伯在1920版才新增的內容。

　　韋伯研究過西方的城市，[36]在這節對中國城市的敘述中，雖
然他引用了不少相關的二手研究，可是他卻沒有提出任何具體的
例證。

三、和近東比較之下的君侯管理和神明觀

　　接下來兩節是從1915年版的〈宗教的經濟和政治發展要件〉
的這個部分。可惜在標題上已經更動太大而看不出來。

　　在1915年版這個部分的原始文本是從第34頁的第一段開始
一直到第38頁，倒數第11行。1920年版增補了兩大段的細節。

　　1915年版在這個部分並沒有任何腳注，1920年版則增加

36　收錄在《經濟與社會》第一版第二部分第八章，第五版第二部分第七
　　章，英譯本第三部分第十六章，林榮遠中譯本根據德文第五版，閻克文
　　中譯本根據英譯本。

了十三個腳注，其中提到的參考文獻有：普拉特於1869年出版的《中國四千年》，理雅各翻譯的《書經》，沙畹翻譯司馬遷的《史記》，奎斯托普（Martin Quistorp）於1913年發表的博士論文《古代中國的男人會所和年齡階級：兼論中國人的原始經濟分化和母權》（*Männergesellschaften und Alterklassen im alten China. Mit Exkursen über primitive wirtschaftliche Differenzierung und Mutterrecht bei den Chinesen*），福蘭閣於1911年出版的《東亞新象：了解遠東政治文化發展經過的論文集》（*Ostasiatische Neubilgungen. Beiträge zum Verständnis der politischen und kulturellen Entwicklungsvorgänge im Fernen Osten*），米樹爾（Abel des Michels）於1891年翻譯的《十六國疆域志》（*Schih Luh Kuoh Kiang Yuh Tschi; Histoire géographique des XVI royaumes*），高延於1912年出版的《中國的宗教・華教：研究道教與儒教的關鍵》（*Religion in China. Universism: A Key to the Study of Taoism and Confucianism*），《京報》（*Peking Gazette*），耶穌會教士彭亞伯（Albert Tschepe）於1909年翻譯的《秦國史》（*Histoire du royaume de Ts'in, 777-207*），帕克（Edward H. Parker）於1908年出版的《古代中國簡介》（*Ancient China Simplified*）。

　　這節強調的中國「世襲官僚體制」[37]，也就是標題所說的「君侯管理」，是關於治水方面的建設，一來可以方便南北運輸，一

37　1915年版韋伯用的是「Patrimonialbürokratie」（Weber, 1915a: 34），到了
　　1920年版改用「Patrimonialbeamtentum」（Weber, 1920: 298）。字義上應
　　該沒有太大差別。

來可以幫助農業灌溉。這和近東的開墾沙漠地區為前提是不同的。

　　這裡要順便說一下兩個中文譯本的譯者注。韋伯正文提到「孟子提到西元前7世紀的諸侯會盟」，可是沒細說內容。簡惠美的譯本很貼心加了一個「譯注」，除了徵引了《孟子・告子下》的長段原文，還特別強調韋伯應該是指引文中的「無曲防」，也就是「不得曲為堤防，壅泉激水以專小利而病鄰國」（韋伯，1996：52-53n73）。王容芬譯本將《孟子》原文夾在正文中而沒有強調這個「無曲防」的部分。

　　近東的神明觀和遠東的也不相同：近東的神明是根據人間統治者的形象所塑造的，他們擁有至高無上的權力；中國的神明以自然和社會關係為主，韋伯舉出了「社」（土地神）、「稷」（農業神）和「宗廟」（祖先），而且中國人把天看成是具有人格的神。皇帝也不過是「天子」，就算擁有再大的權力，碰到天災時節，還是得下詔罪己。

　　不過，韋伯認為中國人對神的觀念矛盾百出。他在1920年增補的部分中提到了東漢的王充（27-97）和朱熹（1130-1200）對神的看法。他認為王充把神看成是具有軀體的，但似乎是種液體，而且人死後會回到一種神一般的無形的狀態。他認為朱熹是個唯物論者，在他的影響之下，非人格神的觀念逐漸驅逐了人格神的概念。這兩種看法對於一般中文讀者來說都是很陌生的。

　　韋伯也拿以色列人的神的觀念和中國人對比：以色列的神耶和華最初是一位住在山上、管風暴與自然災害的神，他是軍事征服者歃血為盟的盟神。中華帝國則因為孔子的「君子理想」而讓

意識型態轉為和平主義。他也提到西元前3世紀建立起統一帝國之後，中國人已經沒有「義戰」的觀念。耶和華經常憤怒，但中國人所相信的非人格化的力量則沒有這種「激情」。西方的鬼神信仰由於弘揚了平民階層人格化的倫理救世神而消失；中國人的信仰中沒有典型的狂歡，沒有舞蹈，沒有性解放，沒有瘋狂的音樂以及其他放浪的行為，而是一種非人格的、始終如一的、永恆的存在。韋伯認為，中國人有一種樂天的宇宙和諧觀，由陰陽的結合而產生。

最後，韋伯提到中國人和神的關係是一種交換關係：神照顧人群，就多得奉獻，否則神明也會受罰的。他特別舉了1455年（明景宗景泰六年）明景宗公開譴責泰山的例子為證，以及司馬遷《史記》也提到秦始皇因為山路阻擋而下令砍掉一座山的所有樹木的故事。[38]

不過，韋伯所討論的這些事和近代理性的資本主義有什麼關係，他並沒有在增補中加以說明。

四、中央君主制的卡里斯瑪大祭司地位

1915年版的這個部分只有一長段，1920年版就增補了不少。原先沒有腳注，1920年版則有二十個腳注。

增加的參考文獻包括前面都提到過的《京報》（*Peking*

---

38 簡惠美譯本和王容芬譯本都有譯者注，查出《史記・秦始皇本紀》中的原文。故事簡單說，是秦始皇巡視天下，經過湘山祠，碰到大風，無法渡江，於是遷怒於湘山，就命令服刑的人三千名，將湘山的樹木砍個精光。

Gazette）和帕克的《古代中國簡介》，此外也第一次引用到沙畹於1900年發表的〈南昭大理國的碑文〉（Une inscription du royaume de Nan-tchao）。

這節講的是在〈導論〉最後提到的三種宰制之一的卡里斯瑪（Charisma）。

皇帝也要透過自己的卡里斯瑪品質來證明自己是奉天命成為天子。

韋伯增補的一大段是在說明下面兩項：一是卡里斯瑪是一種非常的力量，也就是太平洋小島上俗稱的「maga」或「mana」，或是北美印第安人所說的「orenda」。他特別提到基督新教的教徒是透過神祕的苦修考驗來肯認自己是否擁有卡里斯瑪的品質；二是區分了兩種卡里斯瑪：軍事的卡里斯瑪（militärisches Charisma; military charisma）與和平主義的卡里斯瑪（pazifistisches Charisma; pacifist charisma）。從這個分類，他認為中國古代的君主是因為治水而得到卡里斯瑪，此外，軍事武功也是重要的卡里斯瑪肯認的重要來源。

韋伯認為中國的君主是一個大祭司，由於他是天之子，所以他的卡里斯瑪來自他的德性，也就是說他必須造福人民才能讓人肯認他的卡里斯瑪。也因為這樣，如果發生天災，中國皇帝就要下罪己詔。他特別舉了1832年（清宣宗道光十二年）皇帝下罪己詔之後就天降甘霖作為例子。官吏資格也同樣靠卡里斯瑪，如果管轄之地發生天象或人事的異常，表示官吏沒有得到老天的庇佑，必須立即辭職。

這段對卡里斯瑪的敘述算是詳盡，也和《導論》的最後一段

相呼應。只是這和近代理性資本主義的發展有怎樣的關係，韋伯並沒有像前兩節那樣在結尾處有個畫龍點睛的說明。

第五節　社會的基礎之二：封建的與俸祿的國家

1915年版這是〈科層體制和身分倫理〉的開頭，1920年版標題改成〈封建的和俸祿的國家〉，差異頗大，光看標題很難知道兩者的內容原來是有關聯的。

1920年版這是第二章，又細分成五節：

1　分封制的世襲卡里斯瑪的特徵（Der erbcharismatische Charakter des Lehenswesen; Charismatic Nature of Feudalism）

2　重建科層制的統一國家（Die Wiederherstellung des bureaukratischen Einheitsstaates; The Restoration of the Unified Bureaucratic State）

3　中央政府與地方官員（Zentralregierung und localc Bcamte; Central Government and Local Officialdom）

4　公共負擔：徭役國家和稅捐國家（Öffentliche Lasten: Fronstaat und Steuerstaat; Public Charges: The Corveé-State and the Tax-State）

5　官員體制和依配額收稅[39]（Das Beamtentum und die Steuer-

---

39 簡惠美譯本作「賦稅徵收的配額化」（韋伯，1996：108），洪天富譯本作「按配額徵收賦稅」（韋伯，2010b：62），王容芬譯本作「稅收包

pauschalierung; Officialdom and Tax Collection by Quota Levies）

接下來，我們就一一細說。

一、分封制的世襲卡里斯瑪的特徵

1915年版的這個部分只有約一頁的篇幅（Weber, 1915: 39-40），到了1920年版韋伯擴充了兩大段，約十一頁（Weber, 1920: 314-325），而且也從原先的無腳注增加到了卅四個腳注，且獨立成為一個章節。

韋伯在本節所引用的文獻多半是前面已經提過的：帕克的《古代中國簡介》，《書經》中講新和舊的一句話，[40]夏德（Friedrich Hirth）於1908年出版的《中國古代史，到周朝滅亡為止》（*The Ancient History of China, to the End of the Chou Dynasty*），畢甌翻譯的《竹書紀年》（*Tchou-chou-ki-nien*），方法斂（Frank H. Chalfant）於1906年出版的《早期中國的文字》（*Early Chinese Writing*），沙畹於1909年發表的〈雲南四種銘文〉（Quatre inscri-

---

幹」（韋伯，2012a：138）。英譯本作「Tax Collection by Quota Levies」（Weber, 1964: 55）。

40 這句話簡惠美一本認真地回查《尚書·盤庚篇》：「遲任有言曰：『人惟求舊，器非求舊，惟新。』」（韋伯，1996：78n3），洪天富譯本沒回查原典，採直譯：「評價一個家族要根據年齡，評價一件用的東西要根據新穎。」（韋伯，2010b：40n1），王容芬譯本的譯文容易讓不細心的讀者誤以為是原文：「族以年尊，物以新尊」（韋伯，2012a：114n1）。

ptions du Yun-nan）一文，哈樂茲（Charles de Harlez）於1895年編譯的《國語》（*Koue-Yu*）[41] 兩冊，沙畹翻譯的司馬遷的〈秦始皇本紀〉，艾嘉略於1865年翻譯的《御撰通鑑綱目》，畢甌於1851年翻譯的《周禮》（*Le Tcheou-li ou Rites de Tcheou*）兩冊，耶穌會教士彭亞伯翻譯的秦、韓、魏、趙和吳各國的史書，沙畹翻譯司馬遷《史記》的〈禮書〉。

正文中首先指出中國的「政治采邑制度」（politisches Lehenswesen; political feudalism）和西方的「莊園領主制」（Grundherrschaft; landlordism）沒有關聯。接著說明君主可以管理「畿內地區」（inneres Gebiet; inner territory），但是「畿外地區」（außenGebiet; outlying area）則是在納貢諸侯的管理範圍。因此產生了不少政治問題：[42]

1　畿外的統治者是畿內統治者可以任意罷免的，還是世襲的？

2　《周禮》記載畿外地區的諸侯可以向周王上訴，諸侯的大夫可以由諸侯任免，但實際運作狀況如何？

3　中央主管事務的「三公三孤」（太師、太傅、太保為三公，少師、少富、少保為三孤）是否適用於地方？

4　周天子是否有調用諸侯軍隊的權力？

---

41 韋伯的著作誤拼寫成「Kun-Yu」（Weber, 1920: 317n2）。

42 簡惠美譯本將這一段分成五個問題，而且還別立一段處理（韋伯，1996：76），對於讀者雖是一大助益，但畢竟這不是韋伯原典的做法。

　　接下來就是韋伯在1920年增補的一大段文字。

　　韋伯認為中國的這種政治封建化和印度所看到的是相同的，這也是替他後續《印度教和佛教》的研究埋下伏筆。

　　這時候，卡里斯瑪已經不再嚴格地附著於具體的個人身上，而是轉而附著在個人所屬的宗族。換句話說，「官二代」或「官後代」自然承襲著「官一代」的一切榮譽和特權。他甚至提到孔子是出身統治者家庭、是上流社會的一員這件事，[43]來證明卡里斯瑪的宗族。這和西方的世襲采邑制度是不同的。

　　此外，中國的這種封建科層體制就控制著儒生階層的思維而成為一種行政管理的理性化，影響到科層體制朝功利化的方向發展。

　　接下來，韋伯只保留了原文的一句話，就增補了很大的篇幅說明周朝封建制度的君臣關係，特別是西元前650年（周襄王二年）的一次會盟「葵丘之會」，君臣相互約定：不可剝奪真正嗣子的權利，反對官位世襲與官職兼任，不對高官處以極刑，不用堤防阻水讓鄰國無水可用，[44]不禁止穀物賣給鄰國。[45]

43　很奇妙的是，所有中譯本都沒有針對此事做一個「譯者注」。根據錢穆（2011：1-3）的說法，孔子的先世是商代的王室。周滅了商之後，轉為諸侯。後來在孔子往前的第五代祖先弗父何時又降為卿。到了孔子的祖父又從卿降為士族。

44　韋伯這裡將《孟子》原文中的「曲防」翻成「"krumme" Politik」，英譯本就跟著譯成「"crooked" politics」（「扭曲的」政治）（Weber, 1964：39），所以洪天富譯本跟著譯成「『扭曲的』政策」（韋伯，2010b：45），王容芬譯本引用《孟子》原文，沒有解釋（韋伯，2012a：119）。簡惠美譯本在前面已經解釋過「曲防」（韋伯，1996：52n73），所以這

　　然後，韋伯提出中華帝國的文化統一（Kultureinheit; cultural homogeneity）的三種表現：一是騎士階層習俗的統一（die Einheit der ständischen Ritterseite; the homogeneous status-mores of chivalry），在西元前7世紀的頌歌中，往往頌揚的是武夫，而不是儒生；二是宗教的，亦即儀式的統一（die religiöse, das heiß: rituelle Einheit; religious or ritual unity），這應是我們習稱的「獨尊儒術」，而且只要異族能採納華夏文明，就會被視為是禮儀之國；三是儒生階級的統一（die Einheit der Literatenklasse; the homogeneity of the literati），儒生經常會被諸侯聘用來替他們管理理性化服務，這種經濟政策的理性化（Rationalisierung der Wirtschaftspolitik; rational economic policy）正是儒生階層取代武士階層的重要原因。

　　韋伯接下來提到了兩個儒生：一個叫做Yong〔這應該是Yang（鞅）的誤拼〕，是國內行政理性化的創始人，一個叫做Wei Jan（魏冉），是軍隊理性化的創始人。英譯者首先將前者

裡譯成「不採取『曲防』政策」（韋伯，1996：85）。我這裡主要是採用的是簡惠美的譯本而略加修改。

45《孟子·告子下》的原文如下：「五霸，桓公為盛。葵丘之會諸侯，束牲、載書而不歃血。初命曰：『誅不孝，無易樹子，無以妾為妻。』再命曰：『尊賢育才，以彰有德。』三命曰：『敬老慈幼，無忘賓旅。』四命曰：『士無世官，官事無攝，取士必得，無專殺大夫。』五命曰：『無曲防，無遏糴，無有封而不告。』曰：『凡我同盟之人，既盟之後，言歸于好。』今之諸侯，皆犯此五禁，故曰：今之諸侯，五霸之罪人也。」其中「曲防」是指「當時諸侯個築堤防，大水則以鄰國為壑，旱則專擅水利，使鄰國受災」（楊伯峻，1992：290n12）。

譯為 Shang Yan（商鞅），將後者譯為 Wei Yang（衛鞅）（Weber, 1964: 41），這顯然是個「將一人誤作兩人」的無知錯誤。[46]後來的主要中譯本都跳過這樣的錯誤，將前者譯為「商鞅」，後者譯為「魏冉」。[47]

最後一節，韋伯強調「世家門第」的貴族和庶民一直都有嚴格的區別，也正因為如此，以後才有諸侯結合無特權的庶民階層起來反抗貴族階層。這是中國和全世界其他國家都有的事。

韋伯在這一節強調了軍事和行政的理性化，可是他並沒有在這裡論斷這和近代西方理性的資本主義有什麼關係。我們需要注意的是：韋伯所說的都是先秦的事情，這和16世紀以後發生的近代理性的資本主義的歷史關聯是十分遙遠的。

二、重建科層體制的統一國家

這一章的正文原來在1915年版也不到一頁（Weber, 1915: 40-41），但是到了1920年版卻增加了兩大段的篇幅，構成了一個相當可觀的章節（Weber, 1920: 325-330），腳注也從原先的零個增加到十七個。

這章的參考文獻基本上和前一節一樣是以耶穌會教士彭亞伯的《秦國史》（*Histoire du Royaumme de Tsin, 777-207*）和沙畹翻譯的司馬遷的《史記》為主，最後一個腳注提到畢甌引用的馬端

---

46 簡惠美譯本特別用譯者注指出英譯本的這個錯誤（韋伯，1996：88n 34）。

47 有關魏冉的生平事蹟，可以參考《史記・穰侯列傳》，可是我實在看不出來他哪裡是軍隊理性化的創始人。

臨《文獻通考》的資料（Weber, 1920: 331n1）。

　　這章的主旨在於西元前221年秦始皇統一天下，廢除周朝的封建制度，改採雙宰相制（Großwesiren; grand viziers），地方軍政和民政分離，由巡迴的「御史」（Zensoren[48], missi dominici; censor）監督，形成嚴格的科層體制，也是真正的「獨裁制」（Selbstherrschaft; autocracy）。這是韋伯在1915年版就有的論點。

　　在1920年增補的段落中，韋伯特別提及了秦始皇的「**賣官鬻爵**」（Ämter*verkauf*; sale of office），使得富有的人（bemittelte Plebejer; well-to-do plebeian）搖身一變成為領食國家俸祿的人（Staatsspfründen; state prebend）。在此之前的戰國時代，已經出現了平民可以自身所擁有的知識成為諸侯的輔佐，這是韋伯所謂的「行政管理的理性化」（Rationalisierung der Verwaltung; administrative rationalization）。這和傳統的絕對主義（Absolutismus; absolutism）只靠私人寵幸，而不管官員的出身或教育，是不相同的。所以才有了惡名昭彰的「焚書坑儒」事件。秦國的暴政，激起了各地反抗，推翻了秦國。漢朝繼起，又恢復了以儒生為中心的理性的經濟和管理政策。

　　可是漢武帝之後，政策又一度回歸封建制度。儒教因此發揮很大的力量。世襲（Patrimonialismus; patrimonialism）[49]也成為儒

48　此字在1915年版拼作「Censoren」（Weber, 1915: 40）。

49　簡惠美譯本（韋伯，1996：95）和洪天富譯本都作「家產制」（韋伯，2010b：52），王容芬譯本作「世襲」（韋伯，2012a：128）。韋伯在這裡還特別加了一個說明的腳注：「編年史中（參考彭亞伯前引書）有許多鮮明地例證表現了諸侯和儒生的對立，以及諸侯十分蔑視那些縱橫諸侯

教精神的基本結構形式。

　　韋伯在這裡對於孔子的思想顯然有錯誤的理解：他認為孔子強調對於古籍的教養是屬於貴族階級的先決條件，這是沒錯的。可是他卻沒發現孔子要打破這種貴族階級對於文化教養的壟斷，讓一般平民也有機會接受這樣的訓練而成為儒生階層。孔子的「有教無類」（《論語・衛靈公39》）就是這種理想。所以在這裡，如果孔子或韋伯所稱的儒教強調「世襲」，應該也是「文化的傳承」而不是貴族階層世世代代的複製。

　　這一章顯然是要替後來談論儒生階層當成伏筆。

三、中央政府與地方官員

　　1915年版的這個部分比一頁還長一些（Weber, 1915: 41-42），也沒有腳注；1920年版增加了篇幅，還多了四個腳注（Weber, 1920: 330-335）。

　　參考文獻都是以前提過的：畢甌引用的馬端臨的《文獻通考》；《京報》的報導；阿貝爾（Carl Abel）和梅克倫堡（F. A. Mecklenburg）翻譯的有關薩哈諾夫（Sacharow）的資料。

　　這章強調帝制中國有著在首都當官的「京官」和「地方官」的區別。他在1920版增加了有關王安石的稅務改革，但是地方官少報40%的稅收已經是個成規，這是中央政府莫可奈何之事。

　　宮廷的士。參考彭亞伯書中所引用秦孝公時期商鞅和朝中大臣的辯論。」根據這個腳注來看，回查《史記・商君列傳》，這場商鞅和甘龍及杜摯的辯論主旨在於「變法」與「守舊」的爭論，和「世襲」的關係大過和「家產」的關係，所以「Patrimonialismus」翻成「世襲」比較妥當。

後來就演變成地方上繳中央一個固定的稅額，地方官員得以留下回扣，甚至偽造土地註冊的資料，這也間接鞏固了地方官員的權力。特別是到了近代和列強簽約時都是由地方官員出面而非中央政府出面，就還可以看到這種地方官員的權力。地方官員通常只把中央政府的命令當成一種建議或願望而非命令。

韋伯也精要地描述地方官員的幾個特性：由中央任命、官期三年，期滿輪調，禁止官員在其故鄉省份任職，禁止官員的親戚在同一轄區任官，還有御史巡迴監察不法。正因為如此，官員到地方任職，只能透過精通當地風土人情的「師爺」和基層公務人員的「胥吏」來辦事，阻礙了行政管理的精確化發展。

最後，韋伯也提到科舉制度，這是根據考試結果授予職務，而不是一種依照出生而決定的世襲地位。雖然如此理性化，但是這種等級倫理還是受到宗教的決定。這種他稱為「世襲科層體制」（Patrimonialbureaukratie; patrimonial bureaucracy）是強大中華帝國的內核。這種依功能和職務分層分部門的科層體制，中國和西方都很相似，但是在工作的「精神」（Geist; spirit）上卻截然不同。這種形式相同而精神差異的情形，也正是韋伯認為中國錯失發展近代理性資本主義的一個原因。

1915年的文本在此兩節交接處還有一段討論孔子的段落（Weber, 1915: 42-45），這在1920年版被韋伯移到第五章「儒生階層」的第二節（Weber, 1920: 401-404）。

四、公共負擔：徭役國家和稅捐國家

1915年版這章也只有一段（Weber, 1915: 45），到了1920年

版除了增加本節的內容，也衍生出下一節的一整個章節（Weber, 1920: 337-349），且腳注增加十五個。

參考文獻方面也出現一些新的材料：耶穌會教士崗達爾（Dominique Gandar）於1903年發表在《漢學襍記》（*Variétés Sinologique*）第四期上的〈帝國運河：歷史的和描述的研究〉（Le Canal imperial. Étude historique et descriptive），沙畹於1913年出版的《史坦因東土耳其斯坦的考古發現的中國文件》（*Les documents chinois découverts par Aurel Stein dans la sable du Turkestan Oriental*），艾嘉略於1865年翻譯的《御撰通鑑綱目》，《京報》，畢甌於1838年發表的〈從古代以來中國的土地財產狀況〉（Sur la condition de la propriété territorial en Chine depuis les temps anciens），達吉恩（John Dudgeon）於1893年發表在《北京東方學會雜誌》（*Journal of the Peking Oriental Society*）的〈中國人口〉（Population of China）。

韋伯這裡提到徭役制度和國民共同耕種的公田有關，而這又造成水利建設的進一步發展。稅收則是由餽贈和戰敗者的納貢等情況發展而來。因此，國有土地、納稅義務和徭役義務三者成為「三位一體」的共存關係。

他引用大禹和始皇帝實際治水和開運河的做法，以及孟子強調徭役而非納稅才是滿足公共需要的最理想形式。

接著韋伯提到土地稅（Grundsteuer; land tax）及其兩種發展趨勢：一是轉向貨物稅（Geldabgeben; money tax），一是轉向份額稅（Repartitionssteuer; lump sum tax）。到了康熙時代，除了土地稅，還徵收了鹽稅、礦山稅和關稅。後來英國籍的關稅總司赫

德（Sir Robert Hart, 1806-1875）[50] 還在太平天國之亂的時期開徵了「厘金稅」（"Likin-"Zölle; *li kin* custom）。

韋伯也提到幾個中國人生活中有利於資本主義發展的因素：中國人的營利欲得以累積可觀的個人財富、人口的驚人成長、物質生活的改善。但是韋伯也指出：中國人的精神特點在這一個時期是完全停滯的，人民沒有內在自發的資本主義熱情；在技術、經濟和行政管理也沒有「進步的」發展，特別是在稅收方面。所以錯失了近代資本主義發展的萌芽。韋伯強調：「這正是我們關心的中心課題（Das ist unser Zentralproblem; it is our central problem）。」很可惜，這樣的提醒並沒有讓更多讀者注意到他在全書中強調「經濟─精神─階層」這種「三位一體」的關係，許多讀者仍然只從「精神」面來看待儒教和資本主義的問題。

接下來，他轉而討論這些官吏儒生階層的物質生活。

五、官員體制和依配額收稅

這節也是韋伯1920年版才新增的。

這節增加了八個腳注，其中提到的多半是以前提過的參考文獻：《京報》，馬士的《中華帝國的貿易和行政》中所引用之全美生（George Jamieson）的《中國。河南土地稅的報告》和帕克的《中國：從古到今的歷史、外交和商業》的計算資料，帕克的《中國：從古到今的歷史、外交和商業》。

---

50 簡惠美譯本（韋伯，1996：106）和洪天富譯本（韋伯，2010b：60）都譯作「哈特爵士」，王容芬譯本作「哈爾茲爵士」（韋伯，2012a：136）。

　　韋伯首先就提到中國官員的薪資由實物俸祿（Naturalprä-bend; prebend in kind）轉為貨幣薪俸（Geldgehalt; money salaries）的歷史過程。可是中央政府給予的薪俸只是他們實際收入的一小部分，他們還要向中央政府上繳一定數額的稅捐。此外，官員還有兩種管道可以增加自己的收入：一是提高徵稅經費的追加額（至少10%），例如滯納金額的訂定，就可以讓官員上下其手；一是將實物稅轉為貨幣稅，藉著這種轉換，官員也可以任意操縱匯率，讓自己獲利。還有是「酬謝」官員的費用或厚禮，也是收入的額外來源。這種官場上的層層收賄，也是見怪不怪的事。

　　韋伯在此比較了中西的差異：西方的封建自然經濟強調的是封地，中國則是俸祿；西方是自我武裝的騎士對封建領主履行軍事義務，中國官員的義務是向上級官員貨幣納貢；西方有俸祿，也有規費和納稅，但是這些都是終身制，而且還可以世襲專有，也可以透過買賣來轉讓。中國的官員則沒有終身制和世襲這些保障。中國官員要花極大的代價才能保住自己的飯碗，例如：學費、買官費、禮品費、規費，往往因此而背債，所以一旦新官上任就要趕快努力「回收」這些「成本」。只要不是肆意搜刮，人人心照不宣，就不會引起太大的抱怨。韋伯在此還特別用了一個腳注，引用了1882年3月23日《京報》的記載來當例證：一位剛至廣東上任沒幾個月的官員就累積了10萬兩的財富；福建的一位師爺竟然有能力買下江蘇省的一個縣；海關官員每年的收入竟然高達10至15萬兩。

　　韋伯接著也提到中國這樣的官員任用制度的後果：一是造成以同鄉或是師承形成的派系，他特別指出當時（清末）北方各

省的「保守派」、中部各省的「進步派」和廣東的「激進派」，
以及傳統「漢學」和「宋學」兩派教育立場的對立。因為官員要
輪調，所以沒能形成危及帝國統一的地方派系的分裂主義；二是
官員對上和對下以及對待彼此的軟弱，造成了行政和經濟政策的
極端傳統主義，雖然這種傳統主義也有其相當的「理性」根據。
也正是由於這種保守的傳統主義心態作祟，中國官員強烈阻撓改
變訴訟費、關稅和其他稅制改革。這也是和西方情況大相逕庭之
處。韋伯甚至認為，這種僵化的官員體制只有藉著由上或由下發
起的暴力革命（eine gewaltsame Revolution; violent revolution）才
可能為中國帶來轉機。這也就是「戊戌政變」無法成功的原因。

　　韋伯也注意到，貨幣經濟在中國（甚至東方）的推行，不
僅沒有如預期地那樣削弱傳統主義，反而強化了傳統主義。在
東方，像埃及、伊蘭斯國家和中國，貨幣經濟都伴隨著國家收
入的俸祿化，只有透過打破這種「食祿者利益」（Rentnergeist;
prebendary interests）的「堅硬外殼」（das feste Gehäuse; firm
structure），才能創造全新的權力分配和全新的經濟條件。弔詭
的是，這也是統一帝國能夠維持和平的因素。西歐就沒有這種和
平的條件，所以形成了「歷史的偉大例外」（das große historische
Ausnahme; great historical exception）。

　　韋伯感嘆地說到，這些俸祿階層曾經是戰國時代理性化的促
進者，可是後來卻演變成進步的阻撓者。真是萬萬沒想到。

　　韋伯也在最後的段落中強調，理性的計算（rationale Kal-
kulation; rational calculation）是資本主義的經濟之魂（die Seele
der kapitalistischen Wirtschaft; the soul of capitalism），這呼應著他

在〈導論〉中對於理性的清楚界定。

他提出決定西方命運的五次偉大革命：12與13世紀義大利的革命、16世紀尼德蘭革命、17世紀英國的革命、18世紀美洲革命和法國革命。他最後撂下一句：「難道中國就沒有這種力量嗎？」（Gab es diese Mächte in China nicht? Were there no comparable forces in China?）

接著轉到1920年版的第三章。

第六節　社會的基礎之三：行政管理和農業制度

這一章基本上都是1920年版才增加的篇幅，其中的卅八個腳注也都是新增的。

這章分成三節：一、封建制度和財政制度（Feudale und Fiskalverfassung; Feudal and Fiscal Organization），二、軍隊制度和王安石的變法試驗（Die Heeresverfassung und der Reformversuch Wang-An-Schi's; Army Organization and Wang An-shih's Attempt at Reform），三、對農民的財政保護及其對農業制度的影響（Der fiskalische Bauernschutz und seine Ergebnisse für die Agrarverfassung; The Fiscal Protection of Peasants and Its Results for Rural Society）。

我們就一一細看。

一、封建制度和財政制度

這章的參考文獻主要有：俄羅斯人柯贊諾夫斯基（N. J. Kochanowskij）於1909年出版的《中國的土地所有與農業》（*Sl-*

gewladjenie I semljedjelje w Kitaje）和伊萬諾夫（A. J. Iwanoff）[51]
於1909年出版的《王安石及其變法》（Wang-An-Schi i jewo re-
formy），畢甌於1838年在《亞洲學刊》（Journal Asiatique）發表的
〈古代以來中國土地所有權的狀況〉（Sur la condition de la propriété
territorial en Chine depuis les temps anciens）以及他在另外一篇文
章引用到的《算法統宗》（Suan fa tong tsang），萊昂哈德（Rudolf
Leonhard）於1915年在《許莫勒年鑑》（Schmollers Jahrbuch）
上發表的〈耕地共同體和封建制度〉（Flurgemeinschaft und Feu-
dalität），孔好古在普弗陸克—哈同所主編的《世界史》（Weltges-
chichte）中發的〈中國〉（China）一文，耶穌會教士彭亞伯翻譯
的《秦國史》，韋伯自己接下來出版的〈印度教與佛教〉（Hindui-
smus und Buddhismus），戴布流克（Hans Delbrück）於1907年出
版的《政治史背景下的戰爭藝術史》（Geschichte der Kriegskunst
in Rahmen der politischen Geschichte），沙畹翻譯的司馬遷的《史
記》，《京報》。他也提及他找不到的文章：菲爾德（A. M. Fielde）
於1888年於《皇家亞洲學會華北分會期刊》上刊載的〈中國的土
地所有權〉（Land Tenure in China）。

　　在這一章，韋伯還是重述上一節結尾處的說法：中國人的營
利欲（Erwebstrieb; acquistiveness）超乎尋常的發展和強烈度都無
庸置疑。這和中國人的勤奮勞動也是密不可分的。可是，中國從
18世紀開始的人口和貴金屬的增加，這種有利於近代西方理性資
本主義的發展，卻沒有在中國發生同樣的影響。此外，中國和西

---

51 施寒微的參考文獻中寫的是「Ivanov」。

方的發展有著強烈的對比：英格蘭的農民人口是減少的，中國的農民人口卻是增加的；德意志東部的農業採大規模經營，中國的農業卻是小塊土地的經營；西方人吃牛肉、喝牛奶，中國人不吃牛肉也不喝牛奶（可是，這和近代資本主義發展有什麼關係？我實在沒想通）。

接著韋伯提到中國農業制度的變化是受到政府軍事制度和財政制度的影響。後來他就轉往敘述農業發展的耕地共同體（Feldgemeinschaft; agrarian community）和課稅制度的納稅共同體（Steuergemeinschaft; tax collectivity）之間的關係。他提到西元624年唐朝的做法、11世紀王安石的變法。這些都將農業制度和兵役及納稅綁在一起。可是由於計量技術的落後，中國的稅務管理面臨極大的困難。

韋伯在這節中提到不少度量衡及稅收方面的細節。

二、軍隊制度與王安石的變法試驗

這節很短，只有四個腳注。主要的參考資料是前面提過伊萬諾夫研究王安石的俄文著作，其中還引用司馬光與蘇軾的意見。

韋伯認為王安石變法的重點在於軍事財政方面的取向。

王安石變法希望能夠透過理性的改革來改進糧食的產銷問題、稅捐、徭役，並且建立一支強大的軍隊。他推行了保甲法、青苗法、均輸法。

不過，當時的反對派特別指謫建立專業官吏團隊的做法，就怕影響到儒生階層的俸祿利益。所以王安石變法雖然失敗，但是家戶聯合體的保甲法和國家倉庫制度的均輸法都被後世採用。

三、對農民的財產保護及其對農業制度的影響

這節增加了十四個腳注，許多都是前面提到過的參考文獻：彭亞伯翻譯的《秦國史》，黃伯祿（Pierre Hoang）於1897年《漢學襍記》中發表的〈中國土地所有權的專有概念，選附官方文件和證書〉（Notions techniques sur la propriété en Chine avec un chois d'acte et de documents officiels），《京報》，般巴利夫（Bumbaillif）於1880～1881年發表在《中國評論》（*China Review*）上的〈中國土地所有權：中國土地權的獲得，共同持有和讓渡的簡介〉（Land Tenure in China. Remarks on the Acquisition, Common Tenure and Alienation of Real Property in China）一文，劉文顯（Wen Hsian Liu）[52]於1919年出版的博士論文《中國的農業土地和耕地的分配關係及其企業方式》（*Die Verteilungsverhältnisse des ländlichen Grund und Bodens und dessen Betriebsweise in China*）。

韋伯在本節的一開頭就指出：中國歷代的土地改革政策都沒有產生理性而大規模的農業生產，農民對政府也一直不信任。政府的這種保護政策阻礙了資本主義的積累，也讓地主經濟發展不出資本主義。這點和西方大不同。

此外，中國的儒生階層因為懼怕人民懂了法律如何保障自己的權利之後會藐視政府，所以一直也沒像西方那樣制定一個土地所有權的法典，而讓傳統的宗族這種自助的聯合體來處理土地所

---

52 根據袁同禮的資料，劉文顯是1919年美國哥倫比亞大學博士（Yuan, 1963: 77），可是韋伯這裡參考的卻是德文的博士論文，不知是否有誤。又，韋伯原來引用劉書的時候，書名和年代都不正確，我這裡根據的是施寒微的更正版（Weber, 1989: 253n56）。

有權的問題。中國的這種大地主貴族所有制，伴隨著佃農延續了下來，加上一個軟弱無能的政府管理和司法制度，使得就算有貨幣經濟的存在，也衝破不了傳統的網羅。中國的農業生產幾乎都是小農經濟，而中國的工業生產也幾乎都是手工業。在世襲的官員體制和小市民、小農之間，並且在法理上、實務上都沒有產生一個像西方近代那樣的中產階級。這是韋伯對於階層的經濟倫理的重視。

所以，韋伯在此節的結尾處問道：「具有西方特徵的資本主義的依附關係（kapitalischens Abhängigheitsverhältnisse; capitalist conditions），直到最近才第一次在歐洲的影響下以典型的形式傳入（中國）。為什麼？」

各位可以回想第二章的結尾，也是這種「西方有近代理性的資本主義，中國也有類似的條件，可是為什麼沒有」的疑問。這就是這本書的一貫主旨。

第七節　社會的基礎之四：自治、法律和資本主義

這一章在1915年版原來的標題是〈資本主義和公社教養。宗族當成結社的基礎〉（Kapitalismus und der Genossenschaftsbildung. Die Sippe als Grundlage der Vergesellschaftung），是原來的第47頁倒數第一段到第56頁本節結尾。1920年版將此章分成五節：一、沒有資本主義依附關係（Fehlen kapitalistischer Abhängigkeitsverhältnisse; Absence of Capitalist Relationships）；二、宗族組織（Sippenorganisation; The Sib Association, Organizzation of the Sib）；[53]

三、農村自治（Selbstverwaltung des Dorfes; Self-Government of the Chinese Village）；四、經濟關係的宗族制約（Sippengebundenheit der Wirtschaftsbeziehungen; Sib Fetters the Economy）；五、法律的世襲結構（Patrimoniale Struktur des Rechts; The Patrimonial Structure of Law），篇幅從第373頁到395頁。可以說，這是韋伯在這個主題上的一貫思考方向。1915年版只有兩個腳注，1920年版增加到卅七個腳注。

　　韋伯在這個討論近代資本主義的社會結構最終回中，清楚地總結了他的看法。所以這章特別值得重視。

一、沒有資本主義的依附關係

　　這章除了最後一節，基本上都是1915版就有了基本的樣子。1915年版沒有腳注，1920年版則增加了十個腳注：《北華捷報》（*North China Herald*），《京報》，孔好古在普弗陸克—哈同所主編的《世界史》中發表的〈中國〉一文，奎斯托普於1913年發表的博士論文《古代中國的男人會所和年齡階級：兼論中國人的原始經濟分化和母權》，夏德於1908年出版的《中國古代史，到周朝滅亡為止》，理雅各翻譯的《書經》，高延於1910年出版的《中國人的宗教》（*The Religions of the Chinese*）。

　　中國和羅馬帝國一樣都帶來了資本主義倒退的結果，因為缺乏資本主義所需要的國際競爭。不過，以自由交換為導向的純粹

53　英譯本將此節又細分成兩節，可是這兩節的標題譯名沒有太大差異。我在此仍然根據德文版將此兩節英譯放在一起。

資本主義，在中國還是有萌芽階段。

　　近代資本主義畢竟沒在中國發展。原因之一就是沒有產生西方中世紀城市中的市民階級（Bürgertum; burgher）。此外，除了經濟的理性具體化（rationale Versachlichung der Wirtschaft; rational depersonalization of business），還有法律形式（Rechtsformen; legal form）和社會基礎（soziologische Unterlage; societal foundation），這些都是資本主義發展的社會條件，也是中國所不具備的。

　　接著韋伯提到中國官員靠著政治投機而發財致富的這種「內政的掠奪式資本主義」（innenpolitischer Beutekapitalismus; internal booty capitalism）。這是替本章後面所提及之有別於「近代西方理性的資本主義」的其他類型資本主義埋下了伏筆。

二、宗族組織

　　韋伯在第一節的最後兩段就開始討論起中國的宗族，所以其實第二節討論宗族組織應該是從那裡開始才對。這都是1920年版才增加的段落，他在編輯章節和訂定標題上顯然有失誤。

　　這章在1915年版的篇幅很小，沒有腳注；1920年版擴大了篇幅，也增加了七個腳注，其中參考了下列文獻：莫克斯（Adalbert Merx）於1897年至1911年出版的三卷本《根據已知最早資料所撰寫的四大福音書：敘利亞地區西奈山修道院最近發現的羊皮紙手稿的翻譯和解釋》（*Die vier kanonischen Evangelien nach ihrem ältesten bekannten Texte. Übersetzung und Erläuterung der syrischen im Sinaikloster gefundenen Palimpsesthandschrift*）；

西蒙於1885年出版的《中國城市》；梁宇皋（Y. K. Leong）和陶履恭（孟和，L. K. Tao）於1915年合著的《中國的鄉村和城鎮生活》（*Village and Town Life in China*）；《京報》。

　　西方的宗族（Sippe; sib）在中世紀就消失了，可是在中國卻完整地保留下來，甚至印度也無法比擬。宗族是最小的地方行政管理單位（locale Verwaltung der kleinsten Einheiten; the smallest political unit），也是一種經濟合股方式（Art der ökonomischen Assoziation; operation of economic association）。

　　韋伯認為中國的宗族有如下的特點：擁有土地、擁有政府不承認的懲罰成員的權力、強調祖先崇拜（擁有宗祠、家規、祖田）、在族人間濟弱扶困、對族人有信貸的服務、能放逐犯規的族人，必要時還施捨醫藥、包辦婚喪喜慶、照顧老弱婦孺、興辦義塾、同外族械鬥。韋伯也提到宗族內部長老的選舉是將世襲卡里斯瑪和民主原則融為一體，他們的職責是：收稅、經營祖產、分配收穫、管理祠堂、祭祖和義塾等事宜。宗族就是族人生活的一切。

　　此節的最後，韋伯轉往討論中國城市，他總結是：「『城市』是沒有自治的品官所在地（Madarinensitz; seat of the mandarin），『鄉村』則是沒有品官（Madarinen; mandarin）的自治區。」藉此，轉往下一節，討論鄉村自治。這是1920年版新增的話。

三、鄉村自治

　　這一節在1915年版的篇幅約只有一頁（Weber, 1915: 50-51），到了1920年版擴充到六頁（Weber, 1920: 381-386）。原先也

沒有腳注，1920年版則增加到十一個，其中的參考文獻有：盧公明（Justus Doolittle, 1824-1880）於1866年出版兩卷本的《中國人的社會生活》（*Social Life of the Chinese*）；伊萬諾夫於1906年出版的《王安石及其變法》；明恩溥（Arthur H. Smith, 1845-1932）於1899年出版的《中國的鄉村生活》（*Village Life in China*）。

韋伯接著說明鄉村和城市一樣都有防禦工事，但是鄉村的防禦是自己要負責的，這和城市不同。每個村子還有村廟，管理著村民的社會生活禮儀和法律事務。

村廟的事務由村民中的家長輪流負責，包括廟產的出租和收租。此外，村廟的管理也可延伸到日常生活事務，甚至可以進行不危及國家利益的小型審判。同時也管理交通設施和安全防衛，特別是在宗族管不了的事務上，村廟會接手管理，譬如喪葬事宜。這是韋伯認定的鄉村自治權。

不過，韋伯也指出這種對鄉村自治的放任，是中華帝國晚期的明清兩代才有的現象，古代中國的政府對鄉村的管理是比較嚴格的：漢朝設有「三老」的官職，王安石變法又增加了保甲制度。

韋伯還指出中國農民受到地方「光棍」[54]這種無產階級的暴力控制，所以他稱這種狀況為一種「農民布爾什維主義」（Bauernbolschewismus; peasant bolshevism）。

---

54 韋伯在1920年版將「光棍」誤拼作「kung kun」，根據施寒微（Weber, 1989: 270n48）的注解，明恩溥原書拼作「kuang kun」，英譯本做了更正（Weber, 1964: 94）。

　　地方也還有鄉紳階層（Honoratiorenschicht; honorific office holder）所組成的委員會主管一切的勢力，而牽制著這些鄉紳的則是沒有讀過書的村裡長老和族長（aliteralische Alter; a-literate old age *per se*）。這種老人政治才是鄉村事務最終的決定者。這些對於養成促進西方近代資本主義形成的那種「工作紀律」（Arbeitsdisziplin; work discipline）和篩選工人的自由勞動市場（freie Marktauslese der Arbeiterschaft; freely formed trade union）都是一種妨礙。

　　韋伯在這一節的總結是：宗族的傳統主義太過強大，使得官僚理性主義無法伸展。宗族的歷史功績只在於：中止了封建等級的養成（feudale Ständebildung; feudal estates）、造成粗放型的世襲官僚行政（Extensität der patrimonial-bureaukratischen Verwaltung; extensiveness of patrimonialism bureaucratic administration）， 以及家長制宗族的萬能（Allgewalt; omnipotence）和僵固（Ungebrochenheit; vigor）。這和「近代的」的民主沒有任何關係。在韋伯來看，和近代民主無關，也就是和近代西方理性的資本主義無關。

四、經濟關係的宗族制約[55]

　　1915年版的這個部分約占三頁（Weber, 1915: 51-54），有兩個腳注。1920年版則占四頁多（Weber, 1920: 387~391），刪去

---

55 英譯本的第四節正文比原版提早了兩段，符合原典的開始應該是英譯本第96頁以「Economic organizations」開始的那一段。

了原有的兩個腳注，另外增加了六個腳注，其中參考的文獻有：
黃伯祿於1902年在《漢學襍記》第廿一期發表的〈行政雜說〉
（Mélange sur l'administration）；明恩溥於1899年出版的《中國
的鄉村生活》；盧公明於1866年出版兩卷本的《中國人的社會生
活》。

　　也許正因為這一段是1915年就有的篇幅，所以有些部分
和1920年版新增的部分有重複，特別是韋伯討論到宗族共同體
（Tsung-tze-Gemeinschaft; the community of the tsung-tsu）的時候。
宗族共同體除了宗祠（Ahnenhalle; ancestral temple）和義學（Unter-
richtgebäude; school building），還有加工、貯藏的房舍、紡織和
其他生產工具，有管家管理，還有互助基金，以協助家境困難的
族人。另一方面，宗族共同體是一種典型的小資本主義（合作社
性質）的經營共同體（Betriebsgemeinschaft; entrepreneurial comm-
unities）。可是中國的這種經營共同體存在季節性的產業中，主要
目的在同舟共濟、度過難關。而且它們也具有民主的特性，扶持
個人的生存，反對無產化（Proletarisierung; proletarization）和資
本主義壓迫（kapitalische Unterjochung; capitalist subjection）的兩
種危難困境。

　　韋伯在1920年版補充說到，中國沒有出現私人的大型手工工
廠，沒有恆久的市場，也沒有大規模生產，只有絲綢和茶葉製造
例外。冶金工業也因為收益少而規模小。所以韋伯認為，中國的
工業純粹是小手工業，連小資本主義都談不上。

　　韋伯也提到中國類似種姓制度的階級安排，特別是一些不清
潔的職業來自固定的、祖傳的、賣身或政府的懲罰等管道。這些

下賤的階級不能與其他階級通婚、共居，也不能獲得封賞。這種下賤階級的存在凸顯了特權階級可以免除徭役和體罰，雖然也有可能因犯罪而被貶為平民百姓。

除了宗族（Sippe; sibs）、行會（Gilde; merchant guild）和同業公會（Zunft; craftguild），韋伯還注意到近代中國有個類似西方俱樂部組織的「會」（hwui; hui），中國人參加某個「會」也和美國人參加民主制的俱樂部一樣，都是受到名利欲的刺激，希望取得這樣的成員身分，獲得社會承認。

在本節的最後，韋伯又提出老問題：中國近代有許多有利於資本主義的制度，例如：旅行沒有強制攜帶身分證的做法，保證了遷徙的自由；沒有強制教育和義務兵役制度；沒有限制高利貸和財富交易的法規。可是中國卻沒有導致資產階級的產生，也沒有十分成熟的資本主義經營形式，問題全都在於國家的「結構」。

然後，韋伯就轉而論述中國社會結構中不利資本主義發展和資產階級產生的重要結構因素。

五、法律的世襲結構

1915年版的這個部分約占二‧四頁（Weber, 1915: 54-56），沒有腳注；到了1920年版增到四頁左右（Weber, 1920: 391-395），有三個腳注，其中徵引到的參考文獻有：帕克於1908年出版的《古代中國簡介》（*Ancient China Simplified*）；《京報》；普倫格（Johann Plenge）於1915年出版的《戰爭和國民經濟》（*Der Krieg und die Volkswirtschaft*）。

先要提醒一下，韋伯在這一節中提到了幾種資本主義：產業

資本主義（gewerblicher Kapitalismus; industrial capitalism）、以市場為主的商人階級的資本主義（der rein ökonomische, d.h. vom "Markt" lebender Kapitalismus des Händlertums; purely commercial capitalism）、理性產業的資本主義（der rationale geweblicher Kapitalismus; rational industrial capitalism）、政治的資本主義（politischer Kapitalismus; political capitalism）、掠奪的資本主義（Beutekapitalismus; booty capitalism）、海外貿易的資本主義（Überseehandelskapitalismus; overseas capitalism）和殖民的資本主義（Kolonialkapitalismus; colonial capitalism）。除了產業資本主義、以市場為主的商人資本主義和理性產業資本主義是同義語，大概都不是他一貫要研究的「西方近代理性的資本主義」：也就是具有可以算計的理性功能的行政和司法，這正是朝向理性經營的產業所必須的基本條件。可是，在中國、印度和伊斯蘭，流行著「專橫破壞了國法」（Willkür bricht Landrecht; Prerogatives have precedence over common law）。[56] 原因乃在於兩點：沒有把城市當成政治實體的法人自治體（die korporative Autonomie der Städt als politischer Eiheiten; corporate political autonomy），以及沒有相應的保障特權和使其特權固定化的法律制度（die privilegienmäßig garantierte und fixierte Festlegung der entscheidenden Rechtsinstitutionen; decisive legal institutions, fixed and guaranteed by priviledge）。他提到《大清律例》中雖然有一些規章，但是缺

---

56 簡惠美譯本作「自由裁量高於一般法」（韋伯，1996：168），洪天富譯本作「專斷破壞國法」（韋伯，2010b：108）。

乏對於私法的規定，沒有保障人民的自由權利。這裡他又引用到戰國時期晉國的叔向寫給鄭國子產的信中所說的「民知有辟，則不忌于上」（如果人民知道法律，就會對上面不恭敬）。[57]而且，中國沒有類似英國的中央法庭，也沒有律師。甚至沒有戰爭帶來的國與國之間競爭的資本主義，也沒有海外殖民地這些掠奪資本主義的特色。

　　最後，韋伯的結論，也就是對於中國社會結構沒有產生出近代西方理性的資本主義的結論為：在行政、司法、俸祿化等方面的制度，缺乏讓資本主義產生的基礎，在思想方面則缺乏一種特殊的「氣質」（Ethos）因素。韋伯要討論的主題（unser eigentliches Thema; our central theme）才要正式揭開序幕。

第八節　儒生階層

　　1915年版這是第二節的前半部（Weber, 1915: 57-67），還有

---

57 這句話出自《春秋左傳・昭公六年》。我引用的白話翻譯是郁賢皓、周福昌和姚曼波注譯的版本（2002：1321）。原文只有「民知有辟」四字，但簡惠美譯本（韋伯，1996：170）和洪天富譯本（韋伯，2010b：108）都作「民知有刑辟」，多了個「刑」字。王容芬版本（韋伯，2012a：180）是正確的。「辟」有「法、刑法」的意思（《大陸版辭源》修訂本，下冊，臺北：臺灣商務印書館股份有限公司，頁3038）。韋伯的德文翻譯是「當人民能夠閱讀的時候，他們就會鄙視君上」（Wenn das Volk lesen kann, wird es seine Oberen verachten）。英譯本貼近德文原意：If the people can read, they will despise their superior.（Weber, 1964: 101）。這應該是對原文的誤譯。

從前面調過來的兩段正文（Weber, 1915: 43-45）。原來第二節的標題是〈儒教教養的「精神」和經濟〉（Der "Geist" der konfuzianischen Bildung und die Wirtschaft），分成下面六個小節：

〈社會學的教養類型〉（Soziologischer Typus der Bildung）

〈教養階層的經濟政治的信念〉（Wirtschaftspolitische Gesinnung der Bildungsschicht）

〈教養階層的宗教信念〉（Religionspolitische Gesinnung der Bildungsschicht）

〈社會倫理要素。缺乏自然法〉（Elemente der Sozialethik. Fehlen des Naturrechtes）

〈中國理性主義的普遍特質。世界的位置和人格〉（Allgemeiner Charakter des chinesischen Rationalismus. Die Stellung zur Welt und das Persönlichkeit）

〈經濟的和志業的位置。教養階層的傳統主義〉（Stellung zur Wirtschaft und zum Beruf. Traditionalismus der Bildungsschicht）

1920版的這一章只保留前面兩節，增加了新的內容，給了新的標題「儒生階層」（Der Literatenstand），然後又細分成下面九節：

〈中國人文主義的儀式和行政技術的導向。向和平主義的轉化〉（Ritualistischer und verwaltungstechnisch orientierter Charakter des chinesischen Humanismus. Die Wendung zum Pazifismus）

〈孔夫子〉（Konfuzius; Confucius）

〈科舉制度的發展〉（Entwicklung des Prüfungswesen; The Development of the Examination System）

〈儒教教育在社會學教育類型中的地位〉（Stellung der konfuzianischen Erziehung innerhalb der soziologischen Erziehungstypen; The Typological Position of Confucian Education）

〈儒生階層的等級特徵。封建和學者的榮譽〉（Ständischer Charakter des Literatentums. Feudalen- und Scholaren-Ehre; The Status-Honor of the Literati）

〈君子理想〉（Das Gentleman-Ideal; The Gentleman Ideal）

〈官員的威望〉（Ansehen der Beamten; The Prestige of Officialdom）

〈經濟政策的觀點〉（Wirtschaftspolitische Ansichten; Views on Economic Policy）

〈儒生階層的政敵。蘇丹制和宦官〉（Politische Gegner des Literatentums: der Sultanismus und die Eunuchen; Sultanism and Eunuchs as Political Opponents of the Literati）

　　葛斯的英譯本把這章譯作「The Literati」，整章是從葛斯與米爾斯兩人於1946年編譯的《韋伯文選》轉載過來的，原來標題作〈中國儒生〉（The Chinese Literati），而且分成八節，沒有譯出原文的第一節標題，雖然文本都在。

　　中譯本的標題翻譯有：「士人階層」（簡惠美譯本、洪天富譯本）、「士等級」（王容芬譯本、張登泰與張恩富合譯本）和「士

（知識分子）階層」（富強譯本、悅文譯本）三種譯法。為了強調
這些士人階層是受到儒教的影響，我覺得譯成「儒生階層」[58] 是
比較恰當的，雖然在下文中也會交替使用到「士大夫」或「知識
人」等相似詞彙。

　　我們可以把這章看成是韋伯的「中國儒生階層簡史」。

一、中國人文主義的儀式和行政技術的導向。向和平主義的轉化

　　這一節在1915年版中只有兩句，而且沒有腳注（Weber, 1915:
57），到了1920年版才擴充了將近七頁（Weber, 1920: 395-401），
而且還有十五個腳注，其中主要參考的文獻有：艾嘉略翻譯
的《御撰通鑑綱目》；羅斯同於1898年在《北京東方學會期刊》
（*Journal of the Peking Oriental Society*）發表的〈焚書〉（The Burning
of the Books）；孔好古於1910年收錄於普弗陸克－哈同主編的
《世界史》（*Weltgeschichte*）第三卷中《東方的歷史》（*Geschichte
des Orients*）中的〈中國〉一文；沙畹翻譯司馬遷的《史記》；彭
亞伯翻譯的《韓國史》、《秦國史》和《吳國史》。

　　韋伯一開始就說到從12世紀開始，中國的儒生就要透過學
習傳統的經典教育，參加科舉考試，獲得一官半職，以及相應
的社會地位。這些位居領導階層的士大夫階層，和基督教或是
伊斯蘭教的神職人員（Kleriker; clerics）、猶太教的拉比（Rabbi;
rabbi）、印度教的婆羅門（Brahman; brahman）、古埃及的祭司

---

58 黃進興（2014）最近根據演講紀錄整理寫成的書也用了「儒生」一詞。

（Priester; priest）、埃及與印度的抄寫員（Schreiber; scribe）的性格都不相同，具有其獨特性。[59]

中國的儒生階層被稱為「博士」，[60]受的是俗世教育，不是世襲的，也不排他，學問的傳承也是靠著文字而非口語，這些就和印度種姓制度下的婆羅門不同。只有精通禮儀這個部分雙方是相同的。這裡正反映了韋伯此書中比較「世界宗教」的脈絡，而不單單是「為了儒教與道教而研究儒教與道教」。不幸地這卻是許多中英譯本的讀者很容易得到的錯誤印象。

此外，韋伯也認為這些封建時代的知識人階層在「正確的」國家管理的問題上具有廣泛的實踐政治的理性主義（weitgehende praktisch-politischen Rationalismus der Intellektuellenschicht des Feudalzeitalters; far-reaching, practical, and political rationalism）。這和後世的傳統主義恰好成為鮮明的對比。這些等級本身也自認為是統一的，他們既有著等級的榮譽感，也是統一的中華文化，甚至是儒教的代言人。換句話說，他們是漢朝以後「獨尊儒術」的受益人。

韋伯最後一段轉向討論士大夫年齡和戰爭與和平的關係：不管在哪裡，戰爭是少壯派的事情，可是中國的士大夫卻都是老人，或是老人的代表。他特別舉了秦穆（繆）公因為聽信少壯派、沒有聽信老臣（百里奚和蹇叔）的建議而慘敗的故事，最後

---

59 韋伯在前一章〈導論〉中已經有過這樣的陳述。

60 韋伯在1920年版把「博士」拼作「puo tsche」（Weber, 1989: 286），英譯本改作「po-shih」（Weber, 1964: 108）。

懺悔不已。

　　韋伯最後一句話說（又似天外飛來一筆）：在向和平主義和傳統主義轉化過程中，傳統取代了卡里斯瑪。這裡呼應著〈導論〉最後提到的三種支配（或宰制）類型的其中兩種，可是和這一節所討論的內容似乎沒有太大的關聯。

二、孔子

　　1915年版的這個部分原先是在第一個部分（Weber, 1915: 43-45），沒有腳注，1920年版則調開「社會基礎」的部分而移到「儒生階層」的部分討論（Weber, 1920: 401-404），並且有四個腳注，其中參考的文獻有：《京報》和Etienne 徐（Zi (Siu)）[61]於1896年刊登在《漢學襍記》第九期的〈中國的武舉人考試實況〉（Pratique des examens militaires en Chine）。

　　出乎一般中文讀者意料之外，韋伯在這一章中並沒有參考到沙畹翻譯司馬遷《史記》中的〈孔子世家〉，這是最早有關孔子最完整的故事。嚴格來說，這節的內容和孔子的關係不大。

　　韋伯提到的是《詩經》和《春秋》，這些雖然不是孔子的著作，但是都是經過他修訂過的。韋伯提供的還是比較的觀點，他認為《詩經》和希臘荷馬的史詩或是日耳曼人的敘事詩不同，已不是個人英雄崇拜，而且《詩經》中描繪的軍隊也已經具有了科

61　這是從法國國家圖書館的影印本中看到的該書序的署名，只有提到姓徐，並沒有提到中文名字。參見http://gallica.bnf.fr/ark:/12148/bpt6k54373126/f7.image.r=etienne%20zi.langEN（2017年9月1日查閱）。

層體制的性質，不僅有紀律還有軍官。在《詩經》中，打勝仗的原因不是個人的英雄事蹟，而是獲得天道這種道德化的理由。到了孔子親自刪訂的《春秋》，這種道德化的評論又更加明顯。孔子特別是從「禮」的觀點來評論政治事件：聖君賢相受到老天保佑，否則要遭天譴。韋伯特別提到中國古代聖王堯、舜、禹的傳承並不是靠著血緣關係，也不是靠著君臣的庇蔭關係，而是靠著繼位者本身具有的可以讓眾人心服口服的卡里斯瑪特質。這就是卡里斯瑪型的宰制或支配類型。他也提到禹傳位給兒子啟而沒有傳給益，中止了這樣的繼位傳統。[62]

最後一段，韋伯轉往論述文士教育和武士教育分家之後，科舉也分別為文官和武將舉辦考試，只是武舉人的考試已經和軍人

---

62 韋伯這是根據結果來說。不過這個故事的評論有下面三種：根據《孟子・萬章上》的說法，禹之所以「傳賢不傳子」是因為人民的選擇，而非禹的事先指定：「禹薦益於天，七年，禹崩。三年之喪畢，益避禹之子於箕山之陰。朝覲訟獄者不之益而之啟，曰：『吾君之子也。』謳歌者不謳歌益而謳歌啟，曰：『吾君之子也。』」但是《韓非子・外儲說右下》則認為是「啟」奪權的結果，是政治鬥爭而非人民的選擇：「古者禹死，將傳天下於益，啟之人因相與攻益而立啟。」甚至認為是禹的「兩面手法」：「禹愛益，而任天下於益，已而以啟人為吏。及老，而以啟為不足任天下，故傳天下於益，而勢重盡在啟也。已而啟與友黨攻益而奪之天下，是禹名傳天下於益，而實令啟自取之。」司馬遷《史記・夏本紀》則強調益是讓國給啟：「十年，帝禹東巡狩，至于會稽而崩。以天下授益。三年之喪畢，益讓帝禹之子啟，而辟居箕山之陽。禹子啟賢，天下屬意焉。及禹崩，雖授益，益之佐禹日淺，天下未洽。故諸侯皆去益而朝啟，曰：『吾君帝禹之子也。』於是啟遂即天子之位，是為夏后帝啟。」

生涯的起點完全脫鉤。而且武舉人也一直無法和文人階層一樣受到重視，軍人和武將都是不受中國社會重視的。韋伯還特別指出這和近二百年來英國的情況一樣。

就這樣，韋伯結束了這個突兀和文不對題的章節。

三、科舉制度的發展

1905年版這一節原先只有大約兩段的正文（Weber, 1915: 57），沒有腳注。1920年版變成四頁左右（Weber, 1920: 404-408），而且有五個腳注，其中主要的參考文獻有：畢甌於1847年出版的《論中國的國民教育史及儒生集團》（*Essai dur l'histoire de l'instruction publique en Chine et de al corporation des lettrés*），以及畢甌引用到馬端臨的《文獻通考》。

韋伯先提到中國的各級文官都是透過科舉考試而獲得職位的，考試分成三等，通過第一等的是「秀才」，第二等是「舉人」，第三等是「進士」。他的官位品秩決定了他能否擁有祖廟，以及祖廟的規模，甚至他任官所在城隍的級別。這是他在後面一段提到的「7世紀科舉制全面推行以後的事」。

所以，在1920年版他就補充了三大段文字。首先他說明孔子的時代沒有科舉制度，官吏是由名門望族的人擔任。到了漢朝，因為開國的劉邦起於草莽之中，才開啟了聘用賢能人才擔任官吏的先例，雖然名門望族還是具有教育的優勢。

接著，韋伯追溯春秋時期秦國選拔人才是以軍事才能為主。《禮記》和《周禮》中的規定也注重人的才幹而不是他的出身。後漢光武帝中興之後，這種對人才的拔擢就更加重視。唐朝

以後還設立了專門培養人才的機構，例如：國子監和翰林院。
此外還在各村里設置學校，可惜因為國家沒有經費的挹注，所
以只是空文。明朝之後，國家開始發津貼給監生，監生的總數
固定下來，並規定只有通過科舉考試才有候補任官的權利。後
來文武官員都希望自己的官職能夠傳給下一代而產生了「蔭監
制」。之後甚至發展出「捐官制」，雖然有廢有興。明太祖曾在
1372年考慮廢除科舉制度，但也未能如願。科舉制畢竟能防止
門閥制度對於皇室的威脅，這也符合俄國專制政體的門閥制度
（Mjestnitschestwo des russischen Despotismus; the mjestnitshestvo of
Russian despotism）的經驗。

　　科舉制度創造了儒生階層，成為他們的「晉身之階」，也成
了皇權用來牽制貴族權力的最佳搭檔。

四、儒教教育在社會學教育類型中的位置

　　1915年版這節頗長，約占七頁（Weber, 1915: 57-65），有一
個腳注。1920年版擴充到十頁（Weber, 1920: 408-417），有十三
個腳注，其中出現的參考文獻有：衛三畏的《中央帝國：中華帝
國的地理、政府和文學調查》；Etienne徐於1894年在〈漢學襍
記〉第五期發表的〈中國文人考試的實況〉（Pratique des examens
littéraires en Chine）；哈樂茲於1889年編譯的《小學或是年輕人
的道德。附鄭玄注》（*La Siao Hio ou Morale de la jeunesse. Avec le
commentaire de Tschen Siuen*）；葛魯伯於1902年出版的《中國文
學史》（*Geschichte der chinesischen Litteratur*）；艾約瑟於1886年
的《北京東方學社期刊》（*Journal of the Peking Oriental Society*）

發表〈中國人算術概念的當地價值〉（Local Value in Chinese Arithmetical Notation）；施密特（J. U. E. Schmidt）翻譯提姆柯夫斯基（Georg Timkovski）於1825年出版的《1820年到1821年從蘇聯出發經過蒙古到中國的旅行》（*Reise nach China durch die Mongoley in den Jahren 1820 und 1821, aus dem Russ.*）；沙畹於1913年出版的《史坦因東土耳其斯坦的考古發現的中國文件》（*Les documents chinois découverts par Aurel Stein dans la sable du Turkestan Oriental*）；《京報》。

　　韋伯在這節首先提出教育的兩個不同目的：喚起卡里斯瑪以及專業訓練。前一種搭配〈導論〉說過的卡里斯瑪的宰制（支配）類型，後者則是理性法制的宰制（支配）類型。在這兩個極端之間還有著不同的類型，但是都是以等級制為考量的制度安排。

　　韋伯指出中西教育的不同就在於西方教育和考試的目的旨在培養專業技術人員，中國的教育和考試要確認的是儒生是否飽讀詩書，以及隨之而來的高雅的思維方式。除了這個比較粗略的比較，他還舉出印度教、猶太教、基督教和伊斯蘭教的教育分別掌握在婆羅門、拉比和受過職業訓練的神職人員以及盛典宗教的修道僧人的手中。這裡提到的都是〈導論〉一開頭所想要提及的「世界宗教」及其「傳人」。中國的儒生階層學習的是古聖先賢的一套理性的社會倫理系統，他們是由通過科舉而擔任官員和候補官員組成的階層，不是世襲的學者等級。

　　接著，韋伯簡短介紹了中國最早的高等教育，本質上和希臘的教育制度類似。他發現：這些都是非軍事化的經典教育，強調

的是修辭。後來他就轉向介紹宋朝朱熹編輯的《小學》一書。他指出，在該書的〈少年訓條〉中十分重視舞蹈和音樂，而且和西方教育不同的是，書中強調對父母和長輩的孝道和尊敬，另外就是修身的要求。

此外，他參考了葛魯伯的說法，認為中國語言和文字既不能作詩，也不能幫助思維，更不能演說，這些都是西方的希臘語、拉丁語、法語、德語和俄語都能做到。他還認為，中國語言雖然具有邏輯性，但是思維還停留在形象階段，而且他認為中國人尚未領悟邏輯、定義，和推理的威力。今天來看，這個誤解已經不必浪費口舌加以辯解。

最令韋伯感到訝異的是，中國的小學教育中沒有算術訓練。商人的算帳技術都是在帳房裡的實務中學到的。此外，也不教自然科學、地理和語言理論。

韋伯也比較了世界宗教的高等教育訓練的內涵，中世紀的基督教大學的神學院、伊斯蘭大學繼承了羅馬法律學校和基督教神學院、拉比教授法律注釋，以及婆羅門的哲學流派教授思辨哲學、禮儀和神聖法律。除了以上這些教育目的，獲取薪俸也是其目的之一。只有希臘教育是俗人教育，不受經典的束縛，更不受俸祿利益的影響。中國教育則是有俸祿而且尊重經典的俗人教育，強調禮儀，也強調傳統倫理，融合了希臘和其他世界宗教的教育特長。

韋伯也簡要地指出，中國教育和西方不同之處在於：中國哲學本身沒有思辨和系統的特徵，這點和希臘、印度和西方的神學教育不同；中國高等教育中沒有理性與形式主義的特徵，這點和

西方法學教育不同；中國高等教育中沒有經驗案例的教學，這點
和猶太教拉比的、伊斯蘭教或印度的教育不同；中國哲學因為沒
有講授邏輯學，所以沒有產生經驗哲學，這和以希臘文化為主的
西方教育和近東國家的教育不同。韋伯也提到中國司法，通常只
是一次定讞的審案，多半是書面辦案，沒有當事人或者代理人的
辯護。

　　最後一段，韋伯提到中國的官員經過科舉的考驗之後，就成
為具有卡里斯瑪的體現者。但是，官吏做錯事，也有上司或是御
史監督和批評，還有自責的規定。御史對於官員的評論每隔三年
會登載在《京報》上，這不僅和客觀因素有關，有和「精神」因
素有關。到這裡，轉往下面簡短的一章。

五、儒生階層的等級特徵，封建和學者的榮譽

　　這一節在1915年版原來只有一小段六行（Weber, 1915: 64-
65），無腳注。1920年版增為兩頁（Weber, 1920: 417-419），四個
腳注，所以這一節基本上是1920年版新增的部分，其中的參考
文獻有：明恩溥於1899年的《中國的鄉村生活》；哈樂茲翻譯
的《國語：國家的討論。西元前10至5世紀中國國家的編年史》
（*Koue-Yu. Discours des royaumes. Annales oratoires des états Chinois
du Xe au Ve Siécle A. C.*）；彭亞伯翻譯的《秦國史》；沙畹於
1913年出版的《史坦因東土耳其斯坦的考古發現的中國文件》
（*Les documents chinois découverts par Aurel Stein dans la sable du
Turkestan Oriental*）；《京報》。

　　韋伯在這章提到的是儒生階層的特權，就算沒有任官一樣

可以享受：一是可以免除徭役，二是可以免除笞刑，三是享受俸祿。

至於封建的榮譽，中國也和西方不同。中國強調人不會像西方人那樣在戀人面前下跪。古代史書強調官員要能夠「開誠布公」（Offenheit: frankness）、「公忠體國」（Loyalität; loyalty），武將甚至要「為國捐軀」。這些都是韋伯所謂的「封建的榮譽」。

這一節其實可以併入上一節，沒必要另立這麼一個短篇。

六、君子理想

這一節是1920年版全新增加的（Weber, 1920: 419-422），有四個腳注，其中的參考文獻有：米榭爾翻譯的《十六國疆域志》、高延於1912年出版的《中國的宗教》、哈根伯爵夫人（M. vom Hagen）於1915年編譯的《李鴻章回憶錄》（*Memoiren des Vizekönigs Li Hung Tschang*）、[63]陳季同（Tscheng Ki Tong, 1851-1907）1896年出版的《中國與中國人》的舒爾慈（A. Schultz）的德譯本、蓋沙令伯爵（Hermann Keyserling）於1919年出版的《一位哲學家的旅行日記》（*Das Reisetagbuch eines Philosophen*）。

這一節其實韋伯也沒有對於標題的「君子理想」大加著墨。他提到的是中國思想的幾個基本觀念：神和鬼、善靈和惡靈、陰和陽這幾方面的二元論。基於這樣的基礎，中國的教育就是要將人性中的「陽」的本質發揚光大。[64]因此，韋伯所謂的「君子

---

63 根據施寒微的注解，這本書已經被證明是偽作（Weber, 1989: 318n30）。

64 這裡王容芬的譯本錯把「陽」譯成「陰」（韋伯，2012a：206）。

理想」就是要讓自己能夠修身到止於至善的境界，特別是能實踐「仁」（Güter; beneficence）的精神，就可以得到神靈的保護。他還特別拿李鴻章當成例子，說明重要的是博學多聞和作詩的能力，而不是實際的治理經驗。韋伯認為這些都是儒學的典範。皇上靠著「風調雨順、國泰民安」證明自己統治的卡里斯瑪，而官員則進行實際的官員體制的管理。

七、官員的威望

　　1915年版此段有兩頁（Weber, 1915: 65-66），有一個腳注。1920年版增加成三頁（Weber, 1920: 422-424），腳注保留了原有的一個，另外還加上了四個，其中參考的文獻有：哈樂茲於1889年翻譯的朱熹的《小學》及拉高爾（Stanislas Le Gall）於1894年發表於《漢學襍記》第六期的〈朱熹的哲學：其學說及其影響〉（Le Philosophe Tchou Hi, sa doctrine, son influence）。

　　韋伯首先提到中國和世界其他地方一樣，都有不過問政治的態度（Apolitismus; apolitical attitude）。所以他們對於統治者的不滿和仇恨都集中到了和他們有日常生活接觸的下層統治者。

　　韋伯提到教育需要充分的經濟支援，這是一般家庭難以支持的，所以大部分人只念到朱熹編的《小學》就停止了。這部分半途而廢的儒生，和後來成為官員的儒生只是教育程度的差異，在教育的種類上並無二致。後來可以捐官，許多人也舉債弄到一官半職，藉著這樣的身分籌措更多資金。

　　韋伯接著也提到通過層層科舉考試的儒生具有神奇的卡里斯瑪，讓人民相信這些人是具有「天賜恩寵」才能達到這樣的境

地。這些高級官員的卡里斯瑪特質，不僅展現在他生前所寫的東西和他的印章，甚至在他死後都可以成為民眾膜拜的對象。也因此，他們成為除了皇上和商人之外，最容易發財的階層。民間戲劇中偶有將這些貪財的官員當成笑柄，不過經典教育的聲望一直是維持不墜的。

這章將經典的威望和儒生的威望分開來看，似乎有著對傳統儒生「知而不能行」的暗諷。如果是這樣，儒家對儒生的影響指體現在科舉考試過關上，而不是在日常生活上，更不是在儒生階層的經濟倫理。如果是這樣，在〈導論〉中儒生是儒教的傳人這樣的論斷，是否就應該修改一下？韋伯到底有沒有意識到這個問題？下一節，韋伯好像就要回答這個隱含的問題。

八、經濟政策的觀點

1915年版這部分約一・五頁（Weber, 1915: 66-68），沒有腳注。1920年版小幅增加到兩頁（Weber, 1920: 424-426），一大段正文，有兩個腳注，其中參考的文獻就只有沙畹翻譯司馬遷的《史記》。

韋伯認為，是儒生階層規定了他們這個階層的經濟政策，而這個階層一直具有宗教功利主義的福利國家（religiös-utilitatischer Wohlfahrtsstaat; religious and utilitarian welfare-state）的立場；而且中國的國家經濟政策往往是放任的，除非涉及軍事和軍事財政方面的利益，政府才會出手干預經濟政策，例如：獻金、壟斷和徵稅。可是隨著國家軍事主義的終結，經濟政策也付諸流水。除了宋朝王安石變法時期曇花一現過貿易壟斷的倡議，其他朝代都

沒有任何現代意義的有計畫的經濟政策。人民厭惡「國家干預」
經濟事務，政府高級官員也厭惡自由交換會引起的經濟上急遽的
兩極化，所以中國就維持著這種自給自足的經濟狀態。這和英國
的情況不同，中國沒有出現市民階層，也沒有驅使英國那種為了
資本主義而擴張的利益，所以縱使有商人組成的行會，也沒有發
揮英國那種促進近代西方理性的資本主義發展的作用。

九、儒生的政敵：蘇丹制（Sultanismus）[65]和宦官

　　這節的全文都是1920年版新增的，正文約三・五頁（Weber,
1920: 426-430），有九個腳注，其中主要的參考文獻有：米榭爾
於1891年翻譯的《十六國疆域志》；艾嘉略於1865年翻譯的《御
撰通鑑綱目》；布蘭德（John O. P. Bland）和巴恪思（Edmund
T. Blackhouse）的《慈禧太后統治下的中國》（*China unter der
Kaiserinwitwe*）的勞赫（F. v. Rauch）的德譯本。

　　韋伯提到儒生階層最早的死對頭是「門閥」（Großen Fam-
ilie），後來的對手則是「資本主義的捐官者」（kapitalistischer
Amtkaufer），不過最長期的死敵始終還是「獨裁的蘇丹制」和宦
官。這又和後宮制度有關，特別是為了皇子的繼承而鬧得更加血
腥。他甚至提到慈禧太后曾經試圖和宦官一起執政的實例。

　　韋伯認為這是統治者有意牽制儒生階層的做法，所以才利用

65　蘇丹（Sultan）原是伊斯蘭教國家的統治者，蘇丹制是這種統治的制
　　度。王容芬譯成「獨裁制」（韋伯，2012a：211），簡惠美譯本（韋伯，
　　1996：217）和洪天富譯本（韋伯，2010b：146）都譯成「蘇丹制」。

宦官和暴發戶。許多儒生也因為反對宦官而下獄，甚至死亡。他
提到了陶模（1835-1902）在1901年上書指責慈禧太后，以及御
史吳可讀「死諫」的事。[66]

　　韋伯也提到儒生階層對於軍事和軍人階層的敵意。

　　在這節，其實也是這一章的最後，韋伯問到：什麼是決定國
家行政和統治階層的正統倫理的實質性內涵呢？換句話說，這是
要轉往探討「儒教和道教倫理」。這就是接下來兩節的主題。

第九節　儒教的生活指引（Die konfuzianische Leben-sorientierung）[67]

　　這章標題說是「儒教的生活指引」，其實也就是簡化版的
「儒教倫理」。韋伯在此節的行文處，雖然主題是中國的制度和思
想，但常加入比較的角度來談論近東與印度的文明相同或相異的
狀況。這正是讀者應該特別注意的：韋伯的中國研究是放在比較
的觀點來做對比。

　　另外要特別指出，簡惠美的譯本在此部分增補了很多「譯
注」，將韋伯引用到的相關典故和文獻都一一檢索出來，非常方
便中文讀者的閱讀。這在眾多中譯本中是獨樹一幟的。

66　王容芬譯本漏譯了御史吳可讀「尸諫」的部分（韋伯，2012a：213）。

67　Lebensorientierung，英譯本作「life orientation」，王容芬譯本作「處世之
　　道」（2012a：215），簡惠美譯本作「生活取向」（1996：223）。

一、科層體制（Bureaukratie; bureaucracy）[68]與教權政治（Hierokratie; hierocracy）

首先要特別提醒：這節的標題並不能涵蓋文本的內容，和前面數節一樣是文不對題。

韋伯一開始就提到中國的「Patrimonialbureaukratie」，這是一個應該首先澄清的概念。根據英文維基百科對「Patrimonialism」的說法，這是屬於韋伯區分過的四種社會行動中的「傳統型社會行動」，主要指的是因為具有家長地位而獲得對家庭成員的統治權力，等同於「Patriarchy」（父權制）。現代政治將這種父權制的統治形式拓展到更廣大的國家層面。這又可以區分成兩種形式：一種是君王透過科層體制中各種官員的輔助而治理天下，像羅馬天主教會也是這樣層層分權的權力體制；一種是西歐歷史上的封建制度，在中央權威之外還具有其他的地方權威。[69]這不是世襲，[70]也和家產沒有直接關連，所以不管是王容芬翻譯的「世襲官僚制」，或是簡惠美翻譯的「家產官僚制」，似乎都不如「家長體制」來得貼切。

他認為，中國這種「家長體制」從來不曾受到「Hierokratie」（王容芬譯作「教權政治」，簡惠美譯成「教權制」）的影響。這是和古代近東、伊朗和印度擁有「先知預言」的特殊權力大不相

68　此字為避免通俗的「官僚（體）制」所蘊含的貶義，應以譯成「科層體制」為佳。

69　https://en.wikipedia.org/wiki/Patrimonialism（2017年4月4日查閱）。

70　韋伯在本文的後面提到：「Patrimonialbureaukratie」和「血緣世襲」（geburtsständische Gliederung）是相對立的。

同。他進一步提到，中國雖有道教，卻沒有發展出強而有力的
道教教士階層。所以科層體制就發展出一種「知性的理性主義」
（intellektualistischer Rationalismus; intellectualistic rationalism），
澈底擺脫西方歷史上天主教會統領政治的情況。他認為這種發自
內心蔑視宗教的知性主義立場是和其他文明相互呼應的。也因
此，家長體制基本上接受了俗民宗教對於祖先崇拜的信仰，並不
覺得對政權有所威脅而需要被壓制。

　　另外，韋伯也很清楚：中國的語言中沒有對相應於西方
「Religion」（宗教）的字眼。有的只是「Lehre」[71]（可譯為「一家
之學」或「流派」，如：「儒學」、「儒家」或「儒家者流」）或
「Riten」[72]（禮），特別是祭典所展現的神聖性。對於現代中文讀
者來說，前者容易理解，也可以消弭很多人爭議韋伯此書該譯成
「儒教」或「儒家」。因為這裡的「儒教」的「教」並不是「宗
教」而是「教化」，或者是在本章第四節開頭明白提及的「儒教
是一種倫理」（Ethik; ethics）。後者把「禮」當成與西方「宗教」
的「功能等同」（functional equivalence），其實需要對於中國的禮
做更多的引證和說明才更能說服人。

　　在這裡，韋伯也指出中國人受到儒家影響，重視的是此世，
而不是來生。這是和古埃及人剛好相反的。他提到從東漢的王
充，經過宋朝的朱夫子（熹），一直到康熙皇帝都保持著唯物論
者（Materialiste; materialist）和無神論者（Atheiste; atheist）的立

71　英譯本作「doctrine」（Weber, 1964: 144）。

72　英譯本作「rite」（Weber, 1964: 144）。

場。後來受到道教和佛教的影響，這種此世性才轉變為彼世性。

　　此外，中國人也期待「聖君明主」（Heiland-Kaiser; Savior-Emperor）出現，但是不像古代以色列人那樣，寄望著一個絕對的烏托邦天堂。中國人也沒有「末世論」（Eschatologie; eschatology）或「救贖教義」（Erlösungslehre; doctrine of salvation）。這種理性主義也展現在國家祭典的恭敬樸素特性上，排除了各種巫術方面的狂迷成分。他還舉了孔子生病時，拒絕子路為他禱告為例。[73]

　　韋伯還指出，儒教沒有「人類稟賦不平等」和「宗教恩寵狀態」的觀念。這種肯定人人平等的觀念是儒家倫理的特色。就算到了14世紀的明太祖朱元璋看不起一般老百姓是「愚民」，但是仍然相信教育具有決定性的力量。

　　最後，韋伯提到了儒家人性本善，惡由外生的觀念。他認為這觀點是典型的「沒有現世倫理神」的結果。這也展現在中國士大夫希望能以立德、立言、立功的個人功業垂名青史。

　　韋伯在本章中展現了不少閱讀前人研究的成果，不過他都沒有再註明出處，他在此節只提供了六個腳注。認真的讀者可以從簡惠美譯本多補充的五個長段的「譯注」得到適當的說明。他只提到自己《印度教與佛教》的研究，沙畹翻譯的《史記・封禪書》的部分，以及康拉迪（Konrady）對於屈原的研究。此外，他還交互徵引到第一章和第七章的內容。

---

73 簡惠美的譯本在此，特別有一個「譯注」，說明英譯者對於韋伯的更正，並引書《論語・述而》的原文，以及朱熹和《困學紀（簡譯誤作「記」）聞》的解釋，很有參考價值。

二、缺乏自然法和形式的法律邏輯

這一節韋伯的標題和內文的相關性就比上一節要高出許多。

韋伯先用比較的方式談論到儒教和西方對私有財產的不同想法。儒教強調的是物質上的財富並不是主要的誘惑，甚至還可以提升人民的道德。這和西方基督教派的想法是大不相同的。

他指出，中國人沒有西方人「自由」（Freiheit; liberty）的觀念，也沒有自然法所保障的個人自由的領域這回事。他舉例，英國克倫威爾（Oliver Cromwell, 1599-1658）在對「平等派」（The Levellers）發表過保障私有財產制度的聲明，可是中國理想中的井田制度雖然也有儘量要讓財產平等化的傾向，但強調的是實質的公道，而不是形式法律的保障。

西方從羅馬法開始，就開展了近代西方法律理性化（modern okzidentale Rechtsrationalisierung; modern occidental rationalization of law）的趨勢，這正是人民自治的商業生活的產物，也是羅馬法律望族法律理性化的產物，更是東羅馬帝國科層體制的產物。中國則缺乏相應的律師階層（Advokatur; class of lawyers），判案根據也缺乏伊斯蘭教的神聖法典，所以完全沒有伊斯蘭文明、印度文明和西方文明中神聖法律和世俗法律之間的緊張關係。

韋伯強調，西方近代法律的理性化和資本主義發展是息息相關的：首先，近代西方資本主義必須有著嚴格形式法律和司法程序才能夠在可以預先計算的方式下加以運作；此外，這樣的法律制度也需要有一群經過特別訓練的專業科層體制人員以及特殊的律師階層來支撐。中國的司法制度充其量只是一種神權政治式的福利公道（theokratische Wohlfahrtsjustiz; theocratic welfare justice）

的特色。

韋伯在此節表達的論旨，其實和他在《宗教社會學論文集》第一卷所寫的〈前言〉（Vorbemerkung）是相呼應的。

韋伯在此節中明白地提出了法律理性主義和近代西方理性的資本主義的關聯的論旨，可是在證據的提出上顯得十分薄弱。他只提供了一個不甚重要的腳注。簡惠美譯本雖然補充了三個譯注，可是也很難支撐韋伯的這個論旨。缺乏證據的論旨，充其量只是一個開端的假設而已，萬萬不可以當成結論。有心更上一層樓的讀者可以參考韋伯身後出版的西方和中國法制史[74]的研究成果。

三、缺乏自然科學的思維

這節的標題也簡要地彰顯出本節的內容。

韋伯首先指出，中國沒有開展出體系化的和自然主義的思維。這和西方以數學為基礎的自然科學的思維方式又是大相逕庭。西方的這種成就又是建築在理性的思維方式和實驗精神這兩個基礎上。

韋伯在此處特別說明，西方實驗精神的發展肇始於文藝復興的藝術領域。他也提到西方音樂也是這種趨勢的產物。[75]中國的藝術缺少這樣的理性主義。

---

74 例如：瞿同祖的《中國法律與中國社會》（1947）（1961年英譯本：*Law and Society in Traditional China*）一書中提供的各項資料就是很好的佐證。

75 這裡可以參考韋伯（2014）和Weber (1958)。

此外，韋伯也很斷然地整理了西方獨有而中國闕如的幾項：理性科學、理性的藝術活動、理性的神學、法律學、醫藥學、自然科學和技藝。這也呼應了《宗教社會學論文集》第一卷的〈前言〉的說法。特別是中國的科層制度停留在「實踐的理性主義」而沒有繼續向前發展。

韋伯在此節徵引了擔任過京師大學堂總教習的丁韙良（W. A. P. Martin, 1827-1916）所寫的一篇討論〈中國科學和藝術發現〉（Chinese Discoveries in Art and Science），其中特別說明中國人雖然發明了火藥，卻因為強調和平用途，而沒有走上西方洋槍洋砲的歷史道路。現代中文讀者應該可以參考李約瑟（Joseph Needham, 1900-1995）的《中國科技史》方面的著作來彌補韋伯此處論述的空疏。其他領域恐怕也需要更多的證據，否則充其量也只是韋伯的假說或刻板印象而已。

四、儒教的要義

這章雖然標題是以「儒教」為主，可是前幾節的論述，似乎又不專指儒教，而是泛指中國的情況。從這節開始，韋伯才算是正式進入討論儒教。

韋伯一開始就說到，儒教是一種倫理〔他舉出「道」[76]（Tao）的觀念為例〕，像印度的佛教一樣〔他舉出印度的「法」（Dhamma; dharma）的觀念為例〕。不過，佛教強調的是出世，

---

76 韋伯在此字下做了腳注：「此字多義難解，下文會繼續討論。」可見他並非完全無知。

儒教則是強調「入世的**俗人**倫理道德」（innerweltliche *Laien-sittlichkeit*; innerworldly morality of laymen）。儒家提供的是給受過教育的人一部政治和社會生活各方面的準則和規範，以便讓人更容易適應世界（Anpassung an die Welt; adjustment to the world）。這呼應著前面他所說中國沒有宗教的觀念，儒教充其量就是一種「教」（「教化」或是「學說」）或是「禮」。

韋伯接下來說明儒教認為宇宙秩序和社會秩序是息息相關的，人類的社會秩序應該仿效宇宙的和諧秩序，否則天災人禍就會降臨。他舉出19世紀清朝皇帝的詔書裡就表達了這種人謀不臧引起老天爺憤怒的例子。

當權者要善用自己的卡里斯瑪，為人民謀福利；人民也要充分發揮天賦的本然善性。儒家原則上是不相信有「本然的惡」（radicale Böse; radical evil）。不過，他也提到西元前3世紀的某位哲學家肯定人的原始性惡說。他雖然沒明說是「荀況」[77]（或「荀子」，西元前336? ～西元前236?），但是在韋伯的腳注中說明了「他們提出人的善是後天人為的產物」（Kunstprodukt der Kultur; artificial product of culture），應該就是《荀子・性惡》一開始說的：「人之性惡，其善者偽也。」此外，他還誤把「食色性也」當成孔子的說法，[78]認為這種經濟和性的利益是人類行為的

---

77 德文《韋伯全集》、《世界宗教的經濟倫理・儒教與道教》的編輯者施寒微教授，指出韋伯指的應該是「荀況」（Hsün K'uang）（Weber, 1989: 347n27）。中譯本都沒有這個「譯注」。

78 告子的說法見於《孟子・告子上》。孔子只在《論語・陽貨》中說過「性相近也，習相遠也」，並沒有「性惡」、「性善」或「食色性也」的

基本動力。

這一節韋伯雖然做了兩個腳注，可是並沒有列舉任何一本儒家的經典當成他論證的證據，這是十分粗疏甚至是不可取的做法。

五、形上學的自由和儒教的入世性（Innerweltlichkeit; inner-worldly nature）

這節延續著前面說到的儒教的入世性，申論到儒家沒有對形上學的興趣，也因此沒有科學的成就，特別是天文學要等到耶穌會教士將歐洲的天文器材介紹到中國之後才跟上了時代的腳步。植物學或藥理學也都保持在經驗層次，沒有上升到抽象的層次。歷史科學也是。就算是王安石想要在科層體制中創制一個司法階層，最終也功敗垂成。

然後從科學轉往巫術的討論。韋伯在此指出，儒教徒和猶太教徒、基督徒和清教徒一樣，都不相信巫術。儒教不認為巫術可以影響德行，人只要行的正，不必懼怕鬼神，倒是居上位的人無德則會讓鬼神有施力之處。

此外，韋伯也指出孔子不贊成玄思冥想，這是他和老子的不同，韋伯還引用「素隱行怪，後世有述焉」來證明。[79]韋伯最後也表明，儒教並不期待未來有個彌賽亞式的聖王出現，這點也和

說法。這到今天都還是常見的誤解。

79 這是《禮記・中庸》的話，韋伯忘了引用接下來很重要的一句：「吾弗為之矣！」

世界各地其他文明不同。

　　韋伯在這節徵引了四個腳注：第一個有關中國數學的論述，引用的是艾約瑟的研究；第二個是有關算術仍然是當時中國的考試科目；第三個是有關中國天文學方面引用的是拉克佩里（T. de Lacouperie）的「中國天文學源出巴比倫」的說法；[80]第四個是以《十六國疆域志》證明正文中「聖君出現時會有鳳凰出現」。

　　以上可以算是申論韋伯說明中國沒有宗教的字眼，有的只是「教」和「禮」。前面兩節敘述的是「教」，接下來就轉到「禮」。

六、「禮」（Schicklichkeit; propriety）的中心概念

　　韋伯將「禮」視為是儒教的基本概念，特別表現在君子「不重則不威」（《論語‧學而》）。[81]他說典籍中常常詳盡描述孔夫子的各種守禮行為，[82]這也成為君子（「有德者」或是「有位者」兩種意思）必須在生活各方面應該篤守不渝的理想。

　　從比較的觀點來看，中國君子彬彬有禮的文化和古代伊斯蘭教封建武士的熱情狂放恰成對比。中國君子的理想是喜怒哀樂都要符合禮節。[83]這也和佛教不同。儒教拒絕不合理的欲望，佛教

---

80 簡惠美在此做了一個很長的跨頁的譯注，引用《中國大百科‧天文學》解釋韋伯正文中的「歲差運動」。

81 韋伯和中譯者都沒有引用到這句話，但是我覺得應該是根據這句話而來的。

82 其實孔子的守禮行為在《論語‧鄉黨》中特別詳細。很可惜，韋伯和中譯者都沒提到。

83 韋伯和中譯者都沒引用到《禮記‧中庸》：「喜怒哀樂之未發謂之中，發

則要排除一切欲望；佛教這樣做是為了救贖，儒教倫理則沒有救贖的觀念。儒教徒肯定並接受此世的生命，順世順命，不像佛教寄望於否定此世，肯定來世，要靠輪迴才能救贖。

韋伯這節沒有徵引任何文獻。

七、孝（Pietät, *Hiao*）[84]

韋伯首先指出家長體制重視「孝」，對立於封建制度重視「榮譽」（Ehre; honor）。封建的忠誠常常被轉化為官吏之間的官官相護關係（Patronagebeziehung; patronage relationship），但是對父母的孝行一直是高於一切的。可是孝行後來卻也被轉化到其他所有從屬關係的領域中，韋伯雖然沒明說，但是中文讀者不難聯想到「移孝作忠」這樣的成語。

接下來韋伯轉往討論儒教經濟倫理，可是還是被錯誤地歸類在此節之下。其實應該改在下節之中。

韋伯提到孔子覺得「利」（Wirtschaft; things economic）是君子不屑去做的，儒教倫理也禁止官員與民爭利。不過，韋伯認為儒教並不反對生息，雖然有些皇帝明令反對高利貸。韋伯指出，儒教產生了具有現代意義的需求和供給、投機和利潤的理論。可是，很可惜，他並沒有徵引相關的文獻。

在這節中，韋伯在腳注中徵引了三個實例。簡惠美譯本則更是在相關段落補充了七則「譯注」，其中五則都是《論語》的文本。

而皆中節謂之和。中也者，天下之大本也；和也者，天下之達道也。致中和，天地位焉，萬物育焉。」這應該是韋伯整個意思之所本。

84 韋伯這裡說的是「孝」，拼法可能是受到當時法譯本的影響。

八、經濟信念（Wirtschaftsgesinnung; attitude toward the Economy）與忽視專門人才（Fachmenschentum; professional expert）

韋伯在此節一開頭就說，孔夫子認為求利（Gewinnsucht; acquisitiveness）是社會動亂的根源。[85]他指出中國人痛恨貪官汙吏，可是對於商人或是放高利貸者卻似乎仁慈許多。此外，他也認為844年唐武宗的毀佛之舉，[86]是儒教對於佛教讓人遠離了經濟勞動的反對。

接著，韋伯指出在傳統文獻中對於經濟活動其實是高度讚揚的。他引用孔子《論語・述而》的「雖執鞭之士吾亦為之」為證。他也從同一章中的其他字句「富貴如可求，雖執鞭之士吾亦為之；如不可求，從吾所好」來呼應他在開頭說的論點：求利會

---

85 韋伯並沒有註明出處。德國學者施寒微補充注釋，說明此語出自理雅各翻譯的《中國經典》中的《論語》第211頁（Weber, 1989: 355n52），可是我回查原書，該頁是〈子張〉第廿三章，全文中並沒有提到任何「求利」的事情。這應該是引用版本的不同。因為施寒微徵引用注54的「雖執鞭之士」（《論語・述而》）出自第198頁，我看到的Google版本卻在第62頁。我認為《荀子・王制》的話可能更符合韋伯正文的說法：「爭則必亂，亂則窮矣。先王惡其亂也，故制禮義以分之，使有貧富貴賤之等，足以相兼臨者，是養天下之本也」、「人生不能無群，群而無分則爭，爭則亂，亂則離，離則弱，弱則不能勝物」。甚至〈富國〉也有：「人之生不能無群，群而無分則爭，爭則亂，亂則窮矣。」荀子說的是「爭」應該也蘊含著「爭利」的部分。可是這不是孔子說的話，韋伯徵引有誤。

86 這應該是發生在唐武宗會昌五（845）年的事件，史稱「唐武宗滅佛」或「武宗滅佛」，佛教史則稱為「會昌法難」。

影響到心靈的平靜和和諧。他又引用孟子「無恆產者無恆心」的說法。[87] 儒家的君子理想不是精於各種「小道」的人，而是注重通才（Allseitigkeit; the cultured man）的養成。韋伯認為這是儒家不重視專業化的結果。韋伯認為王安石的改革，旨在走向專業化，就是要矯正儒家的弊病。他引用孔子說過的「君子不器」當成康德說過的「人的自身就是目的，而不只是為了達成某種目的的手段」。這和柏拉圖強調精通一藝是極大的反差。然後韋伯就呼應他對基督新教的看法，認為「儒教的理想和基督新教的志業（Beruf; vocation）概念之間存在著更加緊張的關係」。這是沒有讀過兩篇韋伯基督新教研究的人可能無法理解的。這也是我強調閱讀文本要注意思想脈絡或是出版脈絡的原因。

　　韋伯還是強調，儒教追求的是社會地位，而非求利。

　　韋伯在這節提出了重大的論題，可是他的唯一注解說明的是1905年廢除科舉的「時事」，而沒有更多舉證來支撐他的這些論題。讀者讀到這裡，應該也不會太訝異於韋伯這樣疏漏的做法。

九、君子理想

　　韋伯在此節一開頭就標舉出儒教對於職業生涯和財富的獨特態度有別於古代伊斯蘭教、佛教、印度教和清教。

　　他整理出儒教君子的理想：拒絕美的誘惑（韋伯引用沙畹翻譯的《史記・孔子世家》中的「吾未見好德如好色者」為證）；

---

87 韋伯並未徵引到孟子的原文，但是簡惠美譯本將孟子原文列在正文中。
　　王容芬的譯本則比較忠實於韋伯的原文，然後將孟子原文附在正文之後。

他還提到了「婦女同僕隸都是很難對付的；太過親近，會讓他們忘了保持分寸；太過疏遠，又會被他們怨恨」，[88] 當成是儒教嫌惡女子的證據。他也提到儒教容許納妾，但是妾生的庶子的地位遠不及正室生的嫡子。

接著他講到儒家的朋友關係：不要跟自己身分不相配的人來往，但是自己的仁心要擴及到其他人，而且朋友雙方還有篤守「互惠」的原則。他也提到孔子強調「以直報怨，以德報德」原則。還有要堅持「中庸」原則。最後強調「學而時習之」。

韋伯在這章雖然以「君子理想」為題，但是並不是有系統地從《論語》討論君子的部分來論述。不過，韋伯在此節引用的古籍不少：先是沙畹翻譯的《史記·孔子世家》，還有《國語》。另外，他在正文中引用了不少《論語》，卻都沒有引證出處，特別是理雅各的《論語》譯本。不過，簡惠美譯本和王容芬譯本都在此章有著詳細的補充。

十、經典的意義

韋伯先說經典教育的絕對權威性。但是文人經常以古非今，所以造成秦朝李斯的焚書坑儒的大災難。後來漢朝代立，獨尊儒術，保持了經典的正當性。

---

88 韋伯沒有提到這是出自《論語·陽貨》篇。簡惠美譯本有補充（韋伯，1996：251n35）。對於這句有爭議的話的現代解釋，可參考勞悅強（2007）和蔡錦昌（2011）。我認為重點在下一句「近之則不說（悅），怨之則遠」。所以我認為這句話，是強調對女子和小人都應該保持「不近不遠」的中庸之道。請參見我的《論語365》中的解釋。

他特別提到《書經》中君主做決定時，不僅要徵詢諸侯和「國人」的意見，還要引證幾種占卜方式。[89]可是，中國還是沒有出現韋伯極度重視的「先知預言」。

韋伯此處只論述了秦漢時期經典的重要性，對於經典的成立，以及後來被當成科舉考試的主要內容，這些方面韋伯都沒有提及。

十一、正統的歷史發展

韋伯在此節一開始就提到了荷蘭漢學家高延翻譯的「天人合一觀」（Universismus; Universism）。他也清楚地知道，這並不是儒教的專利，儒教只是眾多中國思想中的一種學說而已。

他提到先秦時期的百家爭鳴，一直到8世紀儒教才真正勝出。接著他先將老子擱置到下章，卻提到楊朱和墨翟。不過，他用西方哲學史上的類比，將楊朱說成是一個伊比鳩魯式的宿命論者，而且是反對儒教，並且貶抑教育的功能。這不是我們熟知的「楊朱為我」的利己主義。對墨翟的論述卻只淡淡地，而且有點讓人覺得不知所云地說墨子將自己從傳統中解放出來。之後，韋伯還提到「孫卿」（亦即「荀子」）的性惡論，以及名家和農家等流派。另外，他還提到崔寔的《政論》，[90]他認為這是嚴厲地反對

---

89 簡惠美譯本在譯注中補充引證了《尚書・洪範》的相關文字，見（韋伯，1996：256n45）。

90 簡惠美譯本指出韋伯此處所引的文本應該出自《群書治要》卷四十五所引用崔寔的《政論》。但是她也指出日譯者和英譯者的錯誤：根據日譯者細谷的考證，此處應該是出自徐幹的《中論》，英譯者葛斯將原文的

和平主義，警告社會承平日久，會導致風俗和道德的淪喪。最後他引用了司馬遷之父司馬談論「陰陽、儒、墨、名、法、道德」等「六家要旨」。[91]

韋伯標題中所謂的「歷史發展」，也就寫到這裡為止。後面的發展就隻字未提。

韋伯在這章徵引的是1914年庫恩（Franz Kuhn）發表過研究崔寔《中論》的論文，以及沙畹翻譯的《史記》。

十二、原初儒教的莊重（Pathetik; pathos）[92]

韋伯在這節只提到司馬遷的儒教觀：先提到他認為黃帝羽化登仙，這個故事帶有濃厚的道家意味。接著他也提到因為伯夷叔齊餓死首陽山這種「好人沒好報」的故事，而質疑到底有沒有「天道」（Vorsehung; providence）這回事？然後他歸納司馬遷在〈報任少卿書〉中提到自己隱忍苟活的四大理由：[93]

「Tschung Lun des Tsui Schi」英譯改成「Chung Lun of Chun（應作Chu）Hsi」也是錯上加錯（韋伯，1996：257n47）。

91 韋伯在此處的行文提到司馬遷和他屬於道家的父親，很容易讓譯者和讀者誤以為提出「六家要旨」的是司馬遷。從司馬遷的〈太史公自序〉原文脈絡來看，該處提到的「太史公」應該是司馬談。

92 簡惠美將此字譯為「激越」（韋伯，1996：259），王容芬翻譯成「悲歌」（韋伯，2012a：238）。根據上海譯文出版社出版的《新德漢詞典》（第三版）第992頁作「（不自然的、過分的）莊重、鄭重其事」。

93 這是韋伯歸納出來的理由。我看了幾遍《報任少卿書》，大致找到韋伯歸納的前三句話的對應文句，第四句實在不知對應的原文為何，我推測可能是他寫《史記》的動機「究天人之際，通古今之變，成一家之言」。

　　一是不讓先人受辱（「太上不辱先」）；

　　二是不讓自己的名聲湮沒（「鄙沒世而文采不表於後也」）；

　　三是不損及理性和尊嚴（「不辱理色」）；

　　四是不侵害「適用於所有人的規則」（für alle gültigen Regeln; the rules binding upon all）。

　　最後韋伯竟然引用歐洲中古阿伯拉（Abaelard）寫給哀綠以絲（Héloise）的情書，[94]來類比司馬遷的書信中冷靜的教誨態度。他認為這種冷靜的（kühle; cool）特質是儒教的真正特質。他也再度強調儒教透過閱讀經典所獲得的傳統知識的重要性，這是儒教和中國其他思想學派的重要區別之處。

　　韋伯在這章中引用的文獻比較多：艾約瑟研究〈早期道教黃帝地位〉（The Place of Hwang Ti in Early Taoism）的英文文章、沙畹翻譯的《史記》、沙畹研究漢代墓碑的資料。他的腳注中還提及中國人的祖先崇拜和鬼神信仰。

十三、儒教的和平主義特性

　　韋伯認為儒教主張「秩序的理性主義」（Rationalismus der Ordnung; rationalism of order）。[95]他引用陳季同（Tscheng Ki Tong,

---

94　這是在世界愛情史上有名的故事。阿伯拉的冷靜和哀綠以絲的深情剛好是個強烈的對照。有關阿伯拉和哀綠以絲的書信，可參考下面繁簡不同的各種中譯本：阿伯拉（2013）、阿伯拉爾等（2001，2013，2017）。

95　張德勝（1989）曾經提出儒家有「秩序情結」的說法。

1851-1907）在《中國與中國人》（*China und Chinese*）1896年的德譯本中的說法：「寧作太平犬，不作離亂民。」還有乾隆在《御撰資治通鑑綱目》中御批的「不嗜殺人者能一之」。[96]雖然孔子也主張「殺父兄之仇不共戴天」，[97]但是韋伯還是認為儒教是講求和平、入世，以及敬畏鬼神。

　　韋伯認為鬼神信仰是中國平民百姓的「大憲章」（Magna Charta），特別監察著人間社會的種種契約，尤其是拒絕強制而且不合道德的契約。

　　最後，他強調在中國是缺乏一種救贖宗教中才會出現的一種主要的有規律生活的**生活指引**的力量（die zentrale methodisch *lebensorientierende* Macht; central force of a salvation relition conducive to a methodical way of life）。這樣的論調在本書正文的最後一句還會再出現。不過，在這裡強調的「力量」，在那裡變成了一種「心志」（Gesinnung; mentality）。這種對「精神」層面的強調呼應著他在〈基督新教倫理和資本主義精神〉的中心主旨。要提醒讀者注意的是，這一段是1920年版本中新增的部分。我一直強調版本的重要性，在此應該不言而喻。

　　韋伯在這一節中引用了《論語‧衛靈公》中孔子自承的「軍旅之事，未之學也」，來旁證儒教的和平主義；還有《御撰通鑑綱目》的法文譯本；翟理斯的《中國與中國人》（1912）；帕克的《古代中國簡介》。

96　這話出自《孟子‧梁惠王上》。
97　原文是《禮記‧曲禮》：「父之讎，弗與共戴天。」

在1915年的〈儒教〉版本中，這就是文本第一部分的結束。〈儒教〉的第一部分包含第一、二節，第二部分則包含第三、四節。

第十節　正統與異端（道教）

一、版本

在韋伯1915年的版本（即〈儒教〉）中，從這裡開始是第二篇文章的開頭，當時還是冠以「儒教第三節」（Konfuzianismus III），標題是「正統和異端及其社會倫理的效果」（Orthodoxie und Heterodoxie in ihren sozialethischen Wirkung），下再細分六小節。到了1920年版，題目改為「正統與異端（道教）」（Orthodoxie und Heterodoxie (Taoismus); Orthodoxy and Heterodoxy）。在這個標題之下，韋伯還注解了一個相關文獻的腳注，其中提到了他參考過的文獻，當成他論證的「所本」：哈樂茲和理雅各翻譯的相關文獻，以及葛魯伯的遺著《中國人的宗教與教派》（*Religion und Kultus der Chinesen*, 1910）和高延所著的《天人合一論：中國的宗教、倫理、國體和科學的基礎》（*Universismus, Die Grunglagen der Religion und Ethik, des Staatswesen und der Wissenschaft Chinas*, 1918）。

二、中國的各家學說和禮儀（Lehre und Ritual in China; Doctrine and Ritual in China）

韋伯在這一章只引用了兩個腳注，引用了哈樂茲編譯朱熹的《小學》。

　　韋伯一開始就明白表示：國家祭典是為了共同體的利益而舉行的，祖先崇拜則是為了氏族的利益而舉行的。這兩種祭拜儀式中的真情部分都流失了，成了空洞的儀式行為。這是士人階層的堅持和一般民眾的慣行漸行漸遠的一種表現。這種祭拜的差異暗示著士人階層所屬的儒家和瀰漫在民間的道家之間的分野和隔閡。

　　韋伯覺得費解的是，孔子雖然強調不語怪力亂神，可是孔子生後的民間信仰卻是各種功能神祇瀰漫，孔子本身也被怪力亂神所「聖化」。

　　他認為中國這種儒家倫理學說和民間信仰的分野，就如同希臘哲學派別和民間神祇的關係。可是，希臘的哲學派別並沒有像儒家學說那樣成為欽定版的官方意識型態。儒家思想強調順應此世，貼合著當權者統治的需要，所以為歷代王朝所喜愛。

　　他也提到佛教在中國被統治政權所接受的情況和西方基督教會和官方勢力的結合有著極度的類似。不過，正由於儒家士人階層的反對，以及重商主義和貨幣本位制度的影響，造成了唐武宗會昌五年（西元845年）的「滅佛」事件。佛教因此對於中國的「經濟心態」（Wirtschaftsgesinnung; economic mentality）也產生不了太大的影響。

　　韋伯注意到這種對於民間神祇的重視出自於和儒家同源的道家思想，只是系出同源，卻漸行漸遠，甚至衍生為「正統」和「異端」的對立。於是他追溯道家的源頭老子。

三、隱居與老子（Das Anachoretentum und Lao tse; Anachor-
etism and Lao-tzu）

韋伯認為，中國的官僚理性主義（Beamtenrationalismus; bureaucratic rationalism）不追求個人神祕或是寡欲的救贖。這和印度不同。

此外，中國雖然不乏隱士的記載，但是老人過著隱居生活是不常見的。這也和印度不同。

韋伯指出孔子和老子、莊子這兩位神祕主義者雖然同樣隱居不仕，但是老莊是為了追求救贖而拒絕出仕，孔子則是不得志於官場。

韋伯在此舉了引用了彭亞伯等人的著作，提到「西元前6世紀」[98]的「仲雍」作為隱逸者的例證。這些隱士追求的是長生不老之術和巫術。可是韋伯沒指出的是，這種道家神仙思想和老子其實是沒有關係的。

以上兩節，韋伯雖然有五個腳注，其中引用了高延的《天人合一論》和彭亞伯翻譯的《吳國史》。1920年版修改了一些1915年版的文字敘述。

---

98 施寒微（Weber, 1989: 397n32）和簡惠美（韋伯，1996：272-3n12）都指出應該是「西元前12世紀」。不過，簡惠美在這個譯注中引用了日譯者木全德雄的意見，韋伯此處所說的仲雍應該是仲雍之曾孫周章的弟弟「虞仲」。

四、道與神祕主義（Tao und Mystik; Tao and Mysticism）[99]

這一節是韋伯於 1920 年新增的部分。

韋伯一開始先提到黃帝得道成仙的典故，之後又把隱居的處士當成是神祕主義者，他們的特點就是前面提過的「絕對不關心世事」（Weltindifferenz; indifference to the world）和追求「長生不老之術」（Lebensverlängerung; anchorets' striving）。此處他還提到「調息」的重要性。他也提到「至人」不生不死的境界，並且指出老子強調自身的「至聖」說和莊子的「寧願做一隻在汙泥中打滾的豬，也不願做一隻廟堂祭祀的牛」。[100]

韋伯在這一節中有兩個腳注，分別引證了高延的說法。簡惠美和王容芬的譯本都很認真地補充了韋伯文本中的原典根據。

五、密契主義的實際後果（Praktisch Konsequenzen der Mystik; The Practical Consequences of Mysticism）

接下來，韋伯將《中庸》中所說到的「中和」（Gleichgewichtzustand; the harmonic state）[101]的狀態類比成老子所說的「虛」

---

99 韋伯在目錄中將此節的開頭放在此頁，但此頁並沒有分段。所以此節的分段是根據文本的性質而做的。王容芬的譯本特別有說明此點。

100 這句話典故出自《史記‧老子韓非列傳》，說的是楚威王聽聞莊子有賢才，派使者請他當「相」時，莊子回答的比喻：「千金，重利；卿相，尊位也。子獨不見郊祭之犧牛乎？養食之數歲，衣以文繡，以入太廟。當是之時，雖欲為孤豚，豈可得乎？……」

101《禮記‧中庸》開頭一章就說到：「喜怒哀樂之未發謂之中，發而皆中節謂之和。中也者，天下之大本也；和也者，天下之達道也。致中和，天地位焉，萬物育焉。」從原典來看，「中和」講的是「以禮節來管理

（Leere; emptiness）或「無」（Nichtssein; non-existence），這是透過「無為」（Nichtstun; doing nothing）和「不言」（Nichtssagen; saying nothing）而達到的。這和世界各地的神祕主義並無差異。

另外，韋伯也提到老子的「養神」觀念，認為這是長生之法。[102]

韋伯提到儒家和道家都有「道」的概念，也都相信古代的神祇。不同之處在於道家還額外收編了很多儒家不承認的各種神祇。

這節的內容實在不符合標題所說的「神祕主義的實際後果」。

韋伯在這節中有三個腳注，參考了高延的《中國的宗教》一書來說明儒家的「禮」和「中」的手段和目的的關係。

六、正統與異端學派的對立（Schulgegensatz der Orthodoxie und Heterodoxie; The Contrast between the Orthodox and Heterdox）

韋伯這節的篇幅較長。對1915年的文字修訂處也不少，但沒有太多新增的部分。

韋伯開頭就用了「心醉神迷」（Ekstase; ecstasy）和「縱欲狂歡」（Orgiasmus; orgy）兩個名詞來區分儒家和道家的祭祀差

情緒」，也就是「情緒管理」，和韋伯此處比附的老子的「虛」和「無」是無關的。

102 簡惠美的譯注對此特別加以指正：「此處所謂的『神』，與『養神』的神字，所指的是與『精神』之意一樣，而不是神明的意思。」（Weber, 1996: 275n24）

異。但是他也清楚，老子當初並不是像後來道家這樣把這兩項當成是追求的目標。不過，他也認為這些被儒家斥為「異端」的神祕主義者比起儒家來還要更重視「現世性」（Diesseitigkeit; worldliness）和「長生術」（Makrobiotik; macrobiotics）。

韋伯的論述其實在條理上並不分明。以下是我個人閱讀整節文本之後的整理：

首先，韋伯闡述了前一節就說過的「儒道兩家同源」的「道」的概念：前者認為道是宇宙的永恆運行和秩序；老子則認為道是萬事萬物的根源，也就是神聖的整體和唯一。韋伯特別舉出一段老子的話，大意是：一個人只有完全擺脫世俗的關注和生理欲望，然後進入無為狀態，才能接近道。[103] 不過，老子和儒家不同，認為最高的救贖是一種類似基督宗教密契主義說的「神祕的合一」（unio mystica），這和西方寡欲主義（Askese; asceticism）[104] 強調的「從積極的行動來證明自己的恩寵狀態（Gnadenstand; state of grace）」不同。

其次，密契主義者具有一種他們奉行不悖的「博愛」（univer-

103　簡惠美（韋伯，1996：277n26）和王容芬（韋伯，2012a：252）的中譯本都認為此章出自《老子》（或《道德經》）第四十八章：「為學日益，為道日損。損之又損，以至於無為。無為而無不為。取天下常以無事，及其有事，不足以取天下。」我覺得第卅八章恐怕更合適：「道常無為而無不為。侯王若能守之，萬物將自化。化而欲作，吾將鎮之以無名之樸。無名之樸，夫亦將無欲。不欲以靜，天下將自定。」

104　這字通常被翻成「禁欲主義」或是「制欲主義」，我覺得中文的「清心寡欲」不錯，就採用這樣的譯法。

selle akosmistische Liebesgesinnung; universal acosmistic charity），[105]
這是一種天地大公無私、無條件的慈愛，近乎《老子》或《道德
經》第五章所說的「天地不仁，以萬物為芻狗，聖人不仁，以百
姓為芻狗」的想法。韋伯認為老子的這種想法是比儒家的「君
子」更高的「聖人」境界。而且這也是老子認為比儒家強調的禮
義要高出許多，儒家強調的算是他眼中的「小德」，和他主張的
「大德」是不可同日而語的。

　　第三，儒家強調的是靠著上層的中央集權和外在的理性科層
體制來管理人民；道家則主張下層人民的自給自足不受上層和官
僚的干涉。

　　第四，儒家強調的神聖是一種沒人能及的最高境界，需要
由教養來帶領人群適應這個世界；道家強調的把謙卑柔弱當成是
個人的救贖，強調的是自由放任，所以具有相當程度的政治冷漠
（Apolitismus; apolitical）。

　　第五，雖然儒家和道家都相信統治者具有卡里斯瑪天職
（charismatischer Beruf; charismatic qualification），但是道家期待
統治者和道要有「神祕的合一」，這樣才能普及所有臣民；儒家
則認為統治者有天命，並且具有道德，這樣就可以君臨天下。韋
伯強調，這兩家的想法和印度的思想一樣，都排除了上帝和被造

---

105 韋伯用了「akosmistische」一字，簡惠美譯作「無差別主義的」（韋
　　伯，1996：278），王容芬譯成「無宇宙論的」（韋伯，2012a：252）；
　　「Liebesgesinnung」一字，簡惠美譯成「慈愛心」（韋伯，1996：278），
　　王容芬譯成「仁愛心情」（韋伯，2012a：252）。我覺得傳統的「博愛」
　　簡單明瞭，就採用這個譯法。

物的對立，也因此無法發展出西方基督新教那樣的寡欲倫理。

第六，儒家基本上相信人的本性相近，沒有稟賦上太大的差異；密契主義者的道家則強調人有秉性上的差異，沒有悟性，就不能獲得恩寵。

第七，是孔子和老子之後的門派之爭，特別是子思和莊子的對立。簡單說，儒家強調「適應和改良現世」，道家則主張「漠視現世」。韋伯還以高延的書為根據，列舉了八項莊子突出道家和儒家的相異之處：[106]

1　追求「智慧」（Verstand; intelligence）是執著身外之物；

2　追求「理性」（Vernunft; reason）是執著文字語言；

3　追求「仁」（Menschenliebe; love of man）是混亂心性修養；

4　「義」（Pflichterfüllung; seeking to do one's duty）是違反「天道」（Naturgesetze; laws of nature）；

5　不可執著於「禮」〔Li（Regeln）; Li（rules）〕；

6　不可耽溺於「樂」（Musik; music）；

7　「絕聖」（Heiligkeit; sanctity）；

8　「棄知」（Wissen; knowledge）。

---

106 簡惠美譯本和王容芬譯本都沒有列出原典文本來補充莊子這種說法的出處。

　　韋伯特別強調以上的1、2、5、8四項[107]是和儒家最不相容之處。

　　最後，韋伯也指出，雖然儒道有以上的差異，但是儒教並沒有澈底將《道德經》或老莊思想當成是要排斥的「異端」。

　　韋伯這節的敘述主要是參考高延的著作。

七、道教的長生術（Die taoistische Makrobiotik; Taoist Macrobiotics）

　　這節又回到只有兩段文字的短篇幅。

　　韋伯認為，道教對於長生術的重視顯示了對自然生命本身的尊重，以及相信死亡是一種絕對的罪惡，因此道教理想的真人是可以避開死亡的。儒教的長生則強調修德和寡言，以及避免操勞。道教因此強調巫術，對於後世皇帝的後宮有深遠的影響；儒家則走向生老病死的理性化過程。

　　道教的信徒往往在城市之外群居，這和印度的情況類似。道教的這種情況和佛教也有扯不清的關係。道士就是離群索居的士人和入世的巫師行業的結合。16世紀藉由編纂《正統道藏》而讓道士躋身政界。

　　韋伯在這節的腳注中提到一個西元前3世紀的「Wan Fei」，施寒微教授在《全集本》中的校注引用高延的《天人合一論》一

107　其實第1、2、8三項都可以歸併在傳統的「知」（兼含智慧和知識雙重意義）之中。

書，認為應該是「Han Fei-Tzu」（韓非子）的誤植，[108]王容芬在此處直接譯成「韓非」（韋伯，2012a：260n1），簡惠美的譯本則說「不知所指何人」（韋伯，1996：288n36）。另外還有一個腳注提到《道藏》還沒有譯本。剩下的兩個腳注則無關宏旨。

八、道教的教階制（Die taoistische Hierokratie; The Taoist Hierocracy）

韋伯在這節中以江西的張天師這家世襲的卡里斯瑪為例，說明道教的教權制。此外，他也提到道教在四川建立的「教會國家」（Kirchenstaat; church state）。[109]道教藉著將許多人的神格化（Menschen-Apotheose; the apotheosis of men）而壯大了諸神的來源，並且成為道士的晉身之階，也成為宮廷中儒生階層的敵對者。不過儒生對於道士的態度基本上是容忍的。[110]韋伯認為這是因為道士並沒有侵犯到儒生階層念茲在茲的官職俸祿。明清兩朝時期，道教也因此在官僚體制中和佛教分庭抗禮。

韋伯這節主要參考的是葛洪的《列仙傳》、高延的文章、

---

108 在高延書的英譯本第88頁提到西元前3世紀的「Han Fei」，應是「韓非」無誤。這裡引到韓非的話是說：「Those men, though eminently virtuous, and even holy, could escape neither death nor bodily mutilation and injury; and why was this the case? Well, we, stupid men, can hardly explain it.」施寒微教授的譯本指出了對應於這段的德文原文，可是並未說明這段話的出處。

109 簡惠美的譯注（韋伯，1996：290n41）認為韋伯在此可能是將領導黃巾之亂的張角和在漢中建立政權的張魯混為一談。

110 韋伯引用到一件當時（1903年）榮祿支持義和團的時事為例。

沙畹的《史記・禮書》譯本和他的一篇有關南昭王碑銘的研究文章，還有邁耶斯（William F. Mayers）於1896年發行第三版的《中國政府》（*Chinese Government*）。另外，韋伯也提到一篇他沒看到的論文，于雅樂（Camille Imbault-Huart）於1884年發表在《亞洲學報》（*Journal Asiatique*）上的〈第一位道教教主的傳說與張天師的家族史〉（Le legend de premier pape taoiste et l'histoire et l'histoire de la famille pontificale du Tchang）。

九、佛教在中國的一般地位（Allgemine Stellung des Budd-hismus in China; The Central Posittion of Buddhism in China）

韋伯在此岔題稍微提到佛教在中國政治上的發展和道教的相近性：一種便利朝廷施行教化的行政力量，也是馴服民眾的一種重要手段。

後宮的宦官在此擔任了關鍵性的角色。他們不僅是道教的庇護者，也是佛教的庇護者，特別是在明朝。[111]

他認為佛教不能澈底被排擠的原因除了風水因素，還有佛教在喪禮方面提供的重要服務是無法被儒家所取代的。

在這裡，韋伯藉著商人圈和道教的密切關係，認知到一項事實：一個階層的宗教意識型態絕對不是只有經濟條件所決定的。

---

111 韋伯原文把明朝的統治期間作「11世紀」，施寒微的全集本已經校正為「15世紀」，簡惠美譯本認為應該是「15或16世紀」，王容芬譯本並沒有更正。從韋伯對該腳注的引用的四個年代來看，應該是「15世紀」才對。

這呼應了他在〈（世界宗教的經濟倫理之）導論〉中的看法，也是他和庸俗馬恩「歷史唯物論」或「唯物史觀」劃清界線的宣示。所以有些學者就抓著這點說韋伯是在對抗馬克思或馬克思主義。[112]其實耐心看到下節，就會發現韋伯有驚人的「髮夾彎」。

　　最後，韋伯認為道教已經走向絕對非理性的地步，以低等的長生和治病等巫術幫人消災解厄，找不到與「市民倫理」相近的任何特性。言外之意就是不能使近代西方理性的資本主義在中國歷史的發展上發揮基督新教式的精神力量。

　　這節錯誤提到了「11」世紀的明朝（Weber, 1920: 480），《全集本》已更正為「15」世紀（Weber, 1989: 401），簡惠美譯本也在括號中補正「按：應是15或16世紀」（韋伯，1996：294），英譯本（Weber, 1964: 195）和王容芬譯本（韋伯，2012a：264）都跟著錯。

　　這節還是參考了《御撰通鑑綱目》、邁耶斯的《中國政府》和沙畹的《史記》譯本。值得注意的是，他在前面的「反馬克思主義」段落中，提到自己的前幾篇清教研究的論文。[113]

---

112 我覺得「歷史唯物論」不是馬克思一個人獨創的，恩格斯的貢獻其實也不少。大家都沒有注意到馬恩兩人所發展出來的許多不同版本，請參考孫中興（2013）。

113 施寒微認為這裡指的是韋伯參加「新教倫理論戰」所寫的幾篇文章（Weber, 1989: 402n30）。我覺得應該是前面兩篇收錄在《宗教社會學論文集》第一卷的「基督新教研究」的兩篇論文和新教倫理論戰的文章。

十、巫術的理性系統化（Die rationale Systematisierung der Magie; The Systematic Rationalization of Magic）

韋伯首先重複前節所說的儒教正統和道教異端對於巫術都持容忍的態度。此外，道教對巫術又特別護持，所以才能讓巫術在中國社會茁壯。

中國雖然在經驗知識與技術方面有理性化的傾向，可是「巫術的世界圖像」（magisches Weltbild; magic image of the world）還是影響著發展的方向。這點是呼應他在世界宗教的經濟倫理的〈導論〉中所說的：

> 由「觀念」所創生的「世界圖像」（Weltbilder; world images; Worldviews），卻往往又像鐵道的轉轍器（或譯「道岔」，Weichensteller; switchmen; switches），決定了受利益推動的行動的動力（Dynamik; dynamics）。（Weber, 1989: 101; Gerth & Mills, 1946a: 280; Whimster, 2004: 69；韋伯，2012a：54）

他舉的例子先是天文曆法之學（Astronomie; astronomy），除了科學的成分之外，後來的發展都轉變成占星術（Astrologie; astrology）。其次是占星術，或者更精確地說是「巫術占候術」（magische Meteorologie; magical "meteorology"），也影響到氣象學的發展。而藥劑學（Arzneilehre; medicine）或藥理學（Pharmakologie; pharmacology）也一樣逃不過巫術的影響。五行之說也影響到「養生導引術」（Gymnastik; gymnastics）和講究呼吸的吐納術，但是還是要應用符咒才行。風水堪輿之術

（Geomantik; geomancy）更是如此，特別是後來「形勢派」占了上風。近代的開礦就被這派人士認為會激怒神明而橫生阻礙，道路和鐵路建設也常因此而要繞道開發。

值得注意的是，這一節中韋伯把以上各種道家的巫術都稱為「上層建築」（Überbau; superstructure），他認為這些實際上受到民眾態度以及巫師的「營利需求」（Erwerbsinteresse; profit interests）的影響，其中儒生階層在這個理性化的過程中也扮演著決定的因素。這裡韋伯不僅展現了和馬克思有共識之處，這和他在上一節的「反馬克思主義」對照，難免不讓人有「驚人的髮夾彎」之感。此外，韋伯也強調了儒生這個階層的關鍵地位，呼應了他前面儒生階層那章所埋下的伏筆。這裡也同樣呼應著前面引用的那段「利益」和「世界圖像」的話，也就是說，儒生所創發的儒家思想這樣的世界圖像可以改變行動的方向。

韋伯接著提到中國的五行學說並不是從巴比倫所引進的，而是中國本土產生的有關大宇宙和小宇宙合一的「天人合一」觀。韋伯認為這讓中國人把世界看成是一個「巫術花園」（Zaubergarten; magic garden）。這裡是絕對沒有認為奇蹟是靠著「倫理理性」（ethische Rationalität; ethical rationality）而創生的。

韋伯總結道教和儒教的主要差異：道教具有非教養的、非理性的特性，比儒教更加符合傳統主義的特質；他沒有自己的「意索」（Ethos）；[114] 巫術決定人的命運，而不是儒教那種「生活指引」

114「Ethos」可以譯成「倫理、道德、風俗、氣質、性格」，簡惠美譯
　　成「精神」（韋伯，1996：300），王容芬譯成「倫理」（韋伯，2012a：

（Lebensführung）。

道教和儒教共同之處展現在鼓勵「諸惡莫作，眾善奉行」的善書上。不過，儒教的影響主要在儒生這樣的知識階層，道教的影響力則是對平民教士階層；前者鄙視民間信奉的神祇，道教則發展出民間深信不疑的萬神系統和祭典儀式。

道教對神性人物的崇拜也因為歷史上的政治原因而不再被朝廷容忍，尤其道教往往結合的是宦官和後宮的勢力。就算是11世紀[115]以來就有專門為道教舉辦的科舉，但是因為儒教人士認為是和他們爭搶俸祿，而遭排擠。

韋伯這一節參考的主要的還是高延的《天人合一論》和《中國的宗教》以及1878年6月24日的《京報》。

十一、道教的倫理（Ethik der Taoismus; The Ethic of Taoism）

韋伯這一節雖定名為「道教的倫理」，可是內容基本上離題。

他一開始說明了道教為了迎合商人圈而有財神，迎合軍人而有戰神，爭取考生而有文昌帝君，特別還有主管長生不老的神明。而且，道教還強調中國人在乎的福祿壽以及輪迴報應說。韋伯認為道教和儒教都強調國君應該配合宇宙秩序而修身，可是道

269）。我覺得此字原為希臘字，字義很廣，為了不和韋伯也用過的「Geist」（精神）和「Ethik」（倫理）兩字混淆，我覺得還是音譯成「意索」較好。

115 韋伯原文寫「11世紀」，可是簡惠美的譯注引用藤善真澄的研究成果，認為「道舉」從8世紀唐玄宗開元末年就已經有了（韋伯，1996：303n69）。

教的倫理基本上沒有章法，也沒有系統。

　　道教教義的吸引人之處也集中在養生術、長生術、煉金術和神仙術等方面，而儒生階層也往往因為這些思想適合庶民生活而加以容忍。

　　最後他又重複前面說過的，漢學家對於道教的教權制度、神明位階和祭拜的方式都受到佛教的影響，只是大家對影響的程度並沒有共識。

　　韋伯在這一小節並沒有引用參考文獻。

十二、中國正統和異端倫理的傳統特質（Der traditionali-stische Charakter der chinesischen, orthodoxen und heterodoxen Ethik; The Traditionalist Character of Chinese Orthodox and Heterodox Ethics）

　　韋伯在這節一開始就說，如果儒教是傳統主義的，那麼道教更是有過之而無不及。他指出，道教徒關心的是個人的利益，而儒教徒則強調君子的良知；道教徒關心的是「淨」與「不淨」，儒教徒關心的則是「正」與「不正」。兩者都缺乏邪惡的魔鬼勢力，讓人為了救贖起而應戰，因此兩者都和清教倫理有著明顯的差異。因此，兩者都認為神意和個人的實際命運並沒有任何關聯。

　　韋伯認為儒教有一種「命運前定論的非理性」（Irrationalität der Prädestination; irrational predestination）的信仰，這排擠了西方清教所展現出來的那種「入世的理性的神義論」（rationale innerweltliche Theodizee; rational this-worldly theodicy）。西方清教

徒的前定論信仰希望來世全能的人格神的救贖，儒教徒則不在乎
來世，除非是留名萬世，所以勇於以身殉道。儒教徒在乎的就是
榮譽感，強調是儒生身分的教養，這和西方強調的市民價值也是
大相逕庭。另外，基督教相信個人靈魂的救贖和自然社會秩序的
要求兩者會產生衝突，可是儒教徒沒有這樣的信念。這些比較儒
教和清教的段落，其實放在下一章是比較切題的。

　　相對於儒生階層，一般的貧民階層在消費行為上是精打
細算的，維持著糊口式自然經濟（naturalwirtschaftliche Bed-
argsdeckung; strong subsistence economy was maintained among the
poorer strata of the people by a masterful art of thrift）的傳統主義。

　　中國的「五倫」──夫婦、父子、兄弟、君臣、朋友──是
以互惠原則為主，沒有任何激情的因素。這種生活準則具有相當
的形式主義性格，特別是富有者具厚待賓客和慈善濟貧的義務，
這更是世界各宗教倫理所共通的。韋伯特別提到《禮記・禮運》
中說到的「大同」和「小康」的反差，他認為這和儒教的經驗性
社會思想架構以及儒教強調孝道都不相容，因此帶有一些道教異
端的影響。

　　儒教和道教的另外一個差別是：前者是樂觀主義的，相信個
人和制度的力量可以達到人世間的完美，特別是具有卡里斯瑪的
統治者可以決定人民整體的幸福和福利；後者主張無為，特別是
反對人力對於世俗事務的介入。

　　最後，韋伯總結正統和異端在教義和實踐上的兩種本質差
異：一是儒教是一種受過經典教育的科層體系所適用的階層身分
倫理；二是孝道和祖先崇拜是儒教這種家父長政治盡力維護的

制度。只要這兩項不受到威脅，統治階層對於異端的存在是容忍的。

　　韋伯在此節只有三個腳注，都是解釋性質，並不是註明引用參考資料：第一個說明佛教的「業的神義論」（Karman-Theodizee; doctrine of Karma）；[116]第二是進一步解釋正文中引用莊子所說「寧願當一隻在汙泥中的豬」，他認為儒家的真精神應該反映在司馬遷的〈報任安書〉和清末御史給慈禧太后的奏疏；[117]第三個腳注引證了1917年中國人張武（Wu Chang）[118]以德文寫成的博士論文，描述的是後來所謂的「標會」這一民間互助的經濟行為。這是韋伯在寫完初版之後才出版的相關著作，可見韋伯尋找資料的用心深細。

　　韋伯在這一節中對1915年版做了大幅度的修改。[119]

十三、中國的教派和異端迫害（Sekten und Ketzerverfolgung in China; Sects and the Persecution of Heresies in China）

　　韋伯指出，皇帝雖然也會參拜道教和佛教的寺廟，但通常只

---

116 請參考前一章〈導論〉的討論。

117 韋伯在此只提到「御史」並未指名，王容芬譯本填補了《陶模奏議》。可是陶模是當時的甘肅新疆巡撫，並不是「御史」。陶模在〈儒生階層〉那章的最後部分出現過。

118 這裡的名字是採用王容芬的譯本（韋伯，2012a：276n2），簡惠美譯本未譯出人名（韋伯，1996：312n78）。根據施寒微的資料，張武的博士論文題目是《中國的信用協會》（*Die chinesische Kreditvereinigun*）。

119 可以參考施寒微的校訂版（Weber, 1989: 421-424）。

是行鞠躬禮，只有到孔廟才行跪拜大禮。雖然獨尊儒術，但是並沒有因為宗教內容的不同而迫害異教。對於異端的迫害出自兩個重要的理由：巫術和政治。這種情況到了19世紀最為明顯。

韋伯提到早在1672年[120]康熙皇帝頒布的十六條「聖諭」中的第7條就規定要「黜異端以崇正學」。

韋伯認為獨尊儒教反對異端主要有三個理由：

首先，異教徒群聚修行，還私募資金，不尊重儒家的「五倫」之教，破壞了國家賴以存在的家父長制的原則，這在國家眼中是大忌。

其次，異教徒擁立領袖，宣稱是神明下凡，還宣揚來世的果報和靈魂的救贖，挑戰了儒教不語怪力亂神的「體制性卡里斯瑪」（Anstaltscharisma; charisma of the Confucian state office），而且還傷害到祖先崇拜的傳統信念，對政府威信的影響不言而喻。

最後，異教修行者往往離家修行，違反中國人的孝道的信仰，對國家的統治是一種危害。而且出家之人不耕不織，仰賴信徒的供養，還逃避了國家繇役和賦稅的義務，在儒教眼中是不事生產者，對國家沒有貢獻。國家容忍這些異教主要是因為它們具有馴服人民的政治功能。國家用發放特許憑證的方式管控這些異教徒的人數。

在這一節的末尾，韋伯提到了中國境內的喇嘛教、伊斯蘭

120　1672年是康熙十一年，王容芬誤作「康熙元年」（韋伯，2012a：282）。不過，康熙頒發十六條「聖諭」是在康熙九年（1670年），其中第七條是「黜異端以崇正學」。韋伯原來就寫錯年代，簡惠美譯本（韋伯，1996：319n87）和王容芬譯本都沒更正。

教、猶太教和基督教。可見他對中國的宗教狀況是有超越「中國宗教只有儒教和道教」的偏狹觀念，只是因為這些宗教都不具有「歷史的重要性」，所以他才沒有深入討論這些傳到中國來的「世界宗教」。

韋伯在此節的參考文獻有高延的〈中國的宗派主義和宗教迫害〉（Sectarianism and Religious Persecution in China）一文以及三則《京報》的消息。

十四、太平天國起義（Die Taiping-Rebellion; The T'ai P'ing Rebellion）

韋伯轉向太平天國各項制度的討論，目的在於證明中國人之所以沒有走出西方的宗教形式並不是種族因素使然。[121] 可是太平天國是雜揉了西方基督宗教和中國儒教的一種特殊的混合體：太平天國的軍事掠奪共產主義（militärischer Beutekommunismus; military booty communism）混參了基督宗教早期的博愛（Liebe-sakosmismus; acosmistic charity），此外還保留了儒教的命定論、職業美德和互惠原則。道教的巫術和佛教的偶像崇拜則被揚棄。雖然如此，韋伯還是認為太平天國還是沒有產生「理性的寡欲」（rationale Askese; rational asceticism）的精神。

最後，韋伯則強調婦女在各種救世論宗教信仰的重要地位，很可惜儒教沒有給予婦女公允的對待。

---

121 對於種族不能用來解釋資本主義興起的問題，韋伯曾經在《宗教社會學論文集》的〈前言〉結尾處強調過。

韋伯這節的主要參考文獻還是和前一節一樣。

十五、發展的結果（Das Ergebnis der Entwicklung; The Result of the Development）

這是本章的最後一節，只有兩段。

韋伯總結了中國的道教和佛教的特色：道教一直沒有擺脫巫術的影響，本身就是個巫師的組織；佛教也不像在早期印度那樣是一種救贖的宗教，反而變成以施行巫術和傳授祕法的僧侶團體。正因為如此，兩教都沒有發展出宗教的共同體（religiöse Gemeinbildung; religious community），還缺乏信仰司牧（Seelsorge; cure of soul）的觀念，更缺乏「教會紀律」（Kirchendiziplin; church discipline）。所以，佛教這種救贖宗教雖然在中國有些萌芽思想，但畢竟經過中國的轉換，已經失去了原有的意義。

最後一段，韋伯預告了後面對於印度佛教的研究。

小結

韋伯這一章雖然以「正統與異端」為題，他所謂的「正統」就是儒教，而「異端」主要是指「道教」，小部分論及「佛教」。

韋伯的論述方式並不像我們期待的那麼有條理，特別有些章節是文不對題，但主旨是清楚的：如果儒教的倫理沒有西方基督新教的寡欲倫理那樣可以促成近代理性的資本主義的精神動力，那麼道教和佛教更是沒能發展出另類的精神動力。雖然韋伯在行

文中還一度提到了其他在中國的世界宗教，但是終究沒能形成西方基督新教（或清教）似的氣候。

　　接下來，韋伯就要對比中國的儒教和西方的清教，以便證立西方清教在資本主義發展史上的獨特性。

第十一節　總結：儒教與清教（Puritanismus; Puritanism）

　　韋伯在此章所謂的「清教」，並不是一般特稱盛行於16、17世紀英國宗教改革運動中的「清教」，而是用來呼應他在《宗教社會學論文集》第一卷開頭的兩篇「基督新教研究」中所謂的「基督新教」（Protestantismus; Protestantism），或者他在後面段落中提到的「再洗禮派」、「孟諾派」、「教友派」、「寡欲的虔敬派」、「衛理公會」等教派。從這裡也可以看出要從思想脈絡和出版脈絡來閱讀韋伯的重要性。

　　韋伯在這結論章對照儒教和清教的主要差異，並且提出了他的「儒教沒有發展出近代西方理性的資本主義」的論旨，和前面各章主要是提出證據不同。不過，如果不考慮整本書的文本脈絡而光讀此章的話，固然可以簡要地看到韋伯的結論，可是對於韋伯提出的證據和論證的架構方面，恐怕就會落入斷章取義的陷阱。其次，結論中並沒有太多針對1915年版的文本修正，所以可以看出韋伯的修訂主要是在增訂文本的「所本」（證據），他的論旨並沒有重大的改變。再者，此章文本也沒有再細分成小節，這和前面各章的行文體例是不同的。不過，他的行文安排並沒有很

有條理。以下經過我的整理，用幾個韋伯行文中提到的比較項目來綱舉目張，應該會更容易彰顯他在本章的論點。

這章只有五個腳注，韋伯引用高延的《中國人的宗教》、沙畹翻譯的《史記》，以及克拉格斯（Ludwig Klages）的著作。[122] 1915年版只有提及克拉格斯的書這個腳注，其他四個腳注都是1920年新增的。

一、儒教與清教的異同

韋伯開宗明義指出，儒教和清教都可稱為是理性主義。兩者的不同可以從兩方面來看：一是對於巫術所抱持的態度，一是怎麼看待上帝和世界的關係。

寡欲的基督新教認為巫術是邪惡的，澈底排斥巫術，掃除所有儀式中巫術可能發揮的影響力。韋伯把這種情況稱為「世界的除魅」（Entzauberung der Welt; disenchantment of the world）。[123] 他們強調的是服從上帝和敬畏上帝。所以，清教徒自身面對世界時是處於一種緊張的關係。

相對來說，儒家對於自我和世界的緊張程度則是最低的。儒

---

122 韋伯在腳注中並沒有說出克拉格斯的著作，施寒微教授指出是他於1899年發表的〈人類的知識〉（Zur Menschenkunde）（Weber, 1989: 471n 36）。

123 除了在這裡，「世界的除魅」在「世界宗教的經濟倫理」〈導論〉中出現過一次，在〈間論〉出現過兩次（Weber, 1989: 114, 450, 512; 韋伯，2012a：63、294、340、345）。此外，在〈學術作為一種志業〉中也出現過。

教不僅強調適應宇宙秩序，也要求順從世俗的權力體制。儒教徒追求的是福、祿、壽、不朽。所以，儒教不寄望來世、不相信天堂、沒有「原罪」的觀念、沒有超越的上帝使命和塵世的肉體間的緊張。也因為肯認對於世界的順應，所以對於巫術雖然懷疑，但還是容忍的。也正因為如此，所以沒有出現倫理的先知預言。

中國人的倫理強調血緣共同體和個人關係的重要性：清教強調的則是信仰共同體和不講人情的關係。

儒教強調的自我控制是為了成聖成賢，清教對於自我控制的要求則是試圖了解神的意志。

在商業生活方面，儒教基本上彼此互不信任，清教徒則相信自己教派的兄弟。韋伯特別指出許多傳教士有關中國人的文獻都注意到這種彼此之間的不信任。

在語言方面，儒教徒的語言強調華麗辭藻和彬彬有禮；清教徒要求言簡意賅、實事求是。

在財富方面，儒教徒強調財富是為了生活儲蓄積財；清教徒則是為了榮耀上帝而意外致富。此外，，韋伯也注意到儒教對於財富的崇拜和西方文藝復興以來的經濟政策是可以比擬的。但是他也強調，這種「經濟政策」（Wirtschaftspolitik; economic policy）並沒有創造出近代西方理性的資本主義的經濟心態（Wirtschaftsgesinnung; economic mentality）。相對來說，清教則創造了市民生活的方法論（bürgerliche Lebensmethodik; a civic and methodical way of life），不過這純然是無心插柳的結果。[124]

---

124 莫頓在1936年寫了一篇名為「有意社會行動的意外結果」（unanticipated

在知識方面，儒教強調經典教養，清教徒則認為這是浪費時間，而且對宗教也有危害。儒教徒強調經典所教導的道德知識，清教徒則強調自然科學的經驗知識，認為這種知識是通往榮耀上帝的道路。

最後，雖然儒教和清教的共同點是理性主義，但是前者是由外部所制約的，強調「理性地適應世界」（rationale Anpassung an die Welt; rational adjustment of the world）；後者則是由內部發生的，追求「理性地宰制世界」（rationale Beherrschung der Welt; rational mastery of the world）。從此衍生出兩種不同的人的概念：儒教認為君子理想是為人的目標，而清教徒認為人只是上帝的工具。

二、近代理性的資本主義的出現條件

值得注意的韋伯論題是：中國不是沒有資本主義，至少出現過政治上取向的資本主義，但是中國卻沒因此發展出近代西方理性的資本主義。

政治取向的資本主義靠著下面幾種條件而運行：受到官方許可的高利貸、災荒時的借貸、御用商人批發交易的利得、產業規模較大的作坊。可是，韋伯認為中國因為缺乏下述社會結構條件而沒能走向近代理性的資本主義，茲整理如下：

---

consequences of purposive social action），描述的就是這種無心插柳的社會現象，參見 Merton (1936)。

1　缺乏西方中古後期的家庭代工制度（Sistema dome-
　　stico），所以沒有走向市民的資本主義；

2　缺乏西方中古後期的科技發展與商業經營類型，也沒有
　　歐洲模式的資本形成；

3　沒有真正提供商業消息服務的理性組織，更缺乏這種
　　組織該有的理性方法論（rationale Methodik; methodical
　　conception of matter-of-factness）；

4　沒有理性的貨幣制度，貨幣的發展落後；

5　沒有健全商業法律制度，只是開始萌芽而已；

6　鮮見科技發明運用在經濟目的之上；

7　沒有真正的、有價值的商業文書、計算和簿記系統。

不過，韋伯也不因此認為中國社會不具備對資本主義發展有
利的社會因素。我將他認為這些有利的社會文化因素整理如下：

1　宗教寬容；

2　商品貿易自由；

3　遷徙自由；

4　職業選擇自由；

5　製造方法自由；

6　對小商販的習性沒有禁忌。

只是徒有這些有利的因素，還是沒有出現近代西方理性的資
本主義。

　　韋伯特別強調近代理性資本主義的企業家需要具有一種特別的倫理特質：

1　澈底專注於上帝所昭示的人生目的；
2　寡欲倫理要求冷靜、無情而實用的理性主義；
3　專業經營強調實事求是、有條有理；
4　排除非法的、政治的、殖民的、掠奪的、獨占的等資本主義類型；
5　日常的商業經營中注重冷靜、合法以及有節制地使用理性的動力；
6　理性地計算，追求最佳策略和實際可行方案。

　　韋伯接著換一種方式再強調下面幾點都有助於這種理性特質的產生：

1　理性的寡欲（rationale Askese; rational asceticism）；
2　一種「入」（in）世卻不「屬」（von; of）世的功利主義。

　　韋伯認為這些都是儒教所拒斥的倫理特質。儒教雖也有著理性主義，但卻是由外部因素所制約的，不像清教是發自內心的。他強調只有清教徒這種「超越世俗的」（überweltlich; transcendental）取向（或以「榮耀上帝」為超越俗世為目標）的理性倫理才能澈底發揮在此世的（innerweltlich; inner-worldly）經濟的理性主義。所以就算是中國人具有營利欲和重視財富，卻因

為缺乏近代職志人（Berufsmenschentum; vocational man）所應具備的「資本主義的精神」（kapitalistischer Geist; capitalist spirit），而無法發展出近代西方理性的資本主義。這個部分無疑是重複了他在基督新教方面的研究成果。這也可以展現出韋伯的整套「宗教社會學」計畫是前後呼應的。

韋伯在這個節骨眼上也說了一句很多讀者都忽略的話：中國人比起日本人來，更有可能學會吸納近代展現在文化、技術和經濟上已經充分發展的資本主義。所以中國人的民族性不適合發展資本主義的種族主義說法就不攻自破了。由此看來，韋伯只是強調中國人在資本主義起始點的落後，並未排除迎頭趕上或是後來居上的可能。

最後，韋伯要強調的是：不論古代的西方和東方、印度教或伊斯蘭教，都沒有發展出近代西方理性的資本主義。但是這些地區，都並存著各種有利和不利於近代資本主義發展的各種社會和文化因素，最後影響發展方向不同的「轉轍手」就是「心態」（Gesinnung; mentality）這個關鍵要素，而這個思想要素在發展過程中是受到政治和經濟結構的共同決定。最後這句話大家往往把焦點放在「心態」，而忽略了「受到政治和經濟結構的共同決定」。

從這裡的論點來看，韋伯似乎又蘊含著馬克思主義的「基礎」（經濟）決定「上層建築」（政治和心態）的理論架構，而「心態」這個上層建築又是反過來影響「近代資本主義」這個基礎的重要「轉轍手」的這個說法，又擺脫了僵化的歷史唯物論。[125]

---

125 馬克思和恩格斯對於「歷史唯物論」或「唯物史觀」的看法比一般人所知道的要來得複雜，請參看孫中興（1993）。

所以，說韋伯是反對馬克思主義或是支持馬克思主義，恐怕都是太過簡略的說法。也許我們可以從兩個時間段來理解韋伯的論旨：在近代理性主義的發展過程中，前段是經濟和政治命運創造了「心態」，後段則是資本主義「心態」發揮了對經濟和政治的發展。這就是他的整體研究要從「社會基礎」（也就是他這裡所說的「經濟和政治的命運」）開始的理由。

補充一點，韋伯在此章中曾經區分了中國社會中的三個階層：統治階層、教養階層、平民階層，並指出教養階層全面影響了民眾的生活方式。這就呼應了在整個「世界宗教的經濟倫理」計畫的〈導論〉中所強調的文化傳人的關鍵地位。這也是為什麼他在儒教道教中要有一章專門討論儒生階層的原因。這個傳人的因素應該也是整個近代西方理性的資本主義發展，甚至是整個中華文化發展的重要「轉轍手」。這種對傳人因素的強調，也是馬克思主義歷史唯物論的盲點。

有這樣的理論架構當結尾，我們再回頭去看整個研究的章節安排，就知道這是相互呼應的。可惜的是，他在整本書中並沒有我整理得這麼清楚明白。

以上就是韋伯在1920年版的《儒教與道教》一書的整體面貌。

三、不是完了嗎？怎麼沒完沒了？

英文譯本和各個中文譯本都只翻譯到這裡，就逕自稱為《中國的宗教：儒教與道教》和稱為《儒教與道教》，只有王容芬的譯本例外。王容芬的譯本遵循著韋伯當初在《宗教社會

學論文集》第一卷以及《全集本》的做法，還包含了〈間論〉〔Zwischenbetrachtung（或譯〈中間考察〉或〈過渡研究〉）〕。

　　純就內容來看，〈儒教與道教〉應該在這裡結束。可是從韋伯整個「世界宗教的經濟倫理」計畫，甚至更大的「宗教社會學」的計畫來看，這個〈間論〉和前面為整個「世界宗教的經濟倫理」所寫的〈導言〉一樣，嚴格來說，或許不是「儒教與道教」計畫的一部分，但卻是如假包換的韋伯整個思想脈絡和出版脈絡的一部分。從思想脈絡和出版脈絡來看，〈間論〉像西洋歌劇的〈間奏〉（Intermezzo）一樣，〈間奏〉是介於兩幕之間的音樂，〈間論〉則是介於〈儒教與道教〉和〈印度教與佛教〉之間。

　　如果說〈間論〉是個作用不明的闌尾（俗稱「盲腸」），那麼接下來就讓我們花一點時間和篇幅來看看這篇的內容到底有沒有和〈儒教和道教〉可相互呼應之處。

第六章

文本及所本之（三）
算是文本還是闌尾的〈間論〉

一、作為轉轍手的〈間論〉

　　作為韋伯「世界宗教的經濟倫理」系列以及「宗教社會
學」計畫的一個轉折部分，〈間論〉有著相當關鍵的地位。包嘉
登（Eduard Baumgarten）認為這是「韋伯作品中最經典，或許最
不朽的文章」（施路赫特，1986：157；2013：219所引）。貝拉
（Robert N. Bellah，1999：279）也認為這是韋伯整體著作中一篇
最關鍵的文本。田布魯克（Friedrich H. Tenbruck，1980）則認為
這是韋伯的「急就章」，所以不能代表他思想的精華。因為韋伯
修訂完本文不久就去世了，所以也有人稱為這是韋伯的「最後的
定論」（施路赫特，1986：159；2013：221）。

　　韋伯從前面提到的儒教的「順世觀」，亦即「對於世界的適
應」，轉而要討論〈印度教與佛教〉的「拒世觀」，亦即是標題
上的副標題──〈宗教拒世的階段與方向（的理論）〉（Theorie
der) Stufen und Richtungen der religiösen Weltablehnung; Religious
Rejections of the World and Their Directions; Theory of the Stages

and Directions of Religious Rejection of the World）。[1]

二、全文的總結構

韋伯將本文分成五節：

1　理性建構拒世動機的意義（Sinn einer rationale Konstruktion der Weltablehungsmotive; Motives for the Rejection of the World: the Meaning of Their Rational Construction; The Motives of World-Rejection – Towards the Rational Construction of Their Meaning）

2　寡欲和密契的類型學（Typologie der Askese und Mystik; Typology of Asceticism and Mysticism）

3　拒世的方向：經濟的、政治的、美學的、性愛的、知性的領域（Richtungen der Weltablehnung: ökonomische, politische, ästhetische, erotische, intellektuelle Sphäre; Directions of the Abnegation of the World: The Economic Sphere, The Political Sphere, The Esthetic Sphere. The Erotitc Sphere, The Intellectual Sphere; Directions of World Rejection: economic, political, aesthetic, sexual love, intellectual sphere）

4　拒世的階段（Stufen der Weltablehnung; Stages in the Rejec-

1　此處英譯先後參考Gerth & Mills (1946b) 和Sam Whimster. Ed. (2004)。

tion of the World）

5　三種理性的神義論形式（Die drei rationale Formen der
Theodicee; The Three Forms of Theodicy）[2]

根據《全集本》，這兩個版本的文本內容並沒有太大的變
動，特別文本的主旨並沒有差異。

1915年版全文就只有四個腳注，1920年版完全照舊。這些
腳注都只是補充說明正文的不足之處，完全沒有列舉任何參考文
獻。

施路赫特在〈關於韋伯〈中間考察〉一文的考證〉中指出本
文和韋伯的〈學術作為一種志業〉在形式和內容上「尤其相近」
（施路赫特，1986：157；2013：219）。貝拉（Bellah, 1999: 284）
則指出和《政治當作一種志業》在引用到佛陀、耶穌和聖方濟各
時，有頗多雷同之處。但是，我覺得更值得注意的應該是本文
和韋伯的《經濟與社會》中的〈宗教社會學〉部分有更多雷同；
許多地方，〈宗教社會學〉的論述反而是比較完整和清楚的。此
外，讀者往往對於本文會有「急就章之嫌」的印象（Tenbruck,
1980；施路赫特，1986：157；2013：219），因為韋伯在各小節
中對於該主題的敘述也往往詳略不一，如果能參照〈宗教社會
學〉的相關章節，或許可以彌補這個遺憾。因此，我懷疑這篇文
章恐怕是《經濟與社會》中〈宗教社會學〉部分的錯簡。

2　Sam Whimster. Ed. (2004) 未譯出這一部分。

三、文本結構之一：理性建構拒世動機的意義

韋伯在還沒進入第一節的討論之前，一開始就先說明即將討論的《印度教和佛教》與前面討論過的《儒教與道教》有天壤之別，他特別指出寺院制度、典型的寡欲和冥想的技術，都是發軔於印度。這就是「間論」的實質意義。嚴格來說，比較像是對《印度教和佛教》的前導，而不是對於《儒教和道教》的續論。

他在這一段提到寺院制度、寡欲和冥想的技術的「理性化」（Rationalisierung; rationalization）都是印度宗教性在世間邁向其終極目標所經歷的過程。

韋伯在文本中用了「世界的否定」（Weltverneinung; world abnegation; world-denying）一詞，下一節還用了「遁世的」（Weltflüchtig; world-fleeing）和「避世」（Weltabwendung; rejection of the world），這些應該都是和「宗教拒世」（Weltablehnung; world-rejection）一樣，把此世當成一種過渡，要透過各種修行手段而加以拒斥和否定，終極目標則是彼世的極樂世界或天堂。

標題的「理性建構」（rationale Konstruktion; rational construction）在正文中以「建構類型」（konstruierter Typus; constructed type）和「理性類型」（rationaler Typus; rational type），這應該就是韋伯所說的「理念型」（Idealtypus; ideal type）表述，也就是研究者根據研究的需要，建構出一種研究概念的工具，來掌握歷史上出現過的現象，不過，在現實生活中很難找到剛好對應的現象。[3]

---

3 有關韋伯的「理念型」（張旺山譯成「理想典型」），可以參考韋伯的

　　韋伯還是希望這種從理論上建構出來的類型能夠運用到實際現象的研究上。簡言之，宗教社會學最後要能夠建構出有用的理性主義的類型學和社會學（Typologie und Soziologie des Rationalismus; typology and sociology of rationalism）。

　　有著這樣的期待，韋伯就先做了「寡欲」（Askese; asceticism）和「密契」（Mystik; mysticism）的類型學。

四、文本結構之二：寡欲和密契的類型學

　　韋伯將寡欲和密契當成兩種理念型。他指出他所說的世界宗教中，猶太教和伊斯蘭教都只有密契而沒有寡欲的部分。

　　接著他對寡欲和密契〔在下文又作「冥想」（Kontemplation; contemplation）〕做了一個基本的區分：前者是人將自己當成是神的「工具」，後者是人將自己當成是神的「容器」。另外，韋伯沒有明說但似乎暗示著：前者是偏向理性主義，而後者是偏向「非理性主義」或「傳統主義」。

　　除了「寡欲」和「密契」這個向度，他又添加了「入世」和「遁世」這個向度，進而由這兩個向度構成了一個四個分類的概念類型學，我的整理如下：

　　1　「入世寡欲」（innerweltliche Askese; innerworldly asceti-

〈社會科學的與社會政策的知識之「客觀性」〉（韋伯，2013：216-218；Weber, 2013: 124-137）。

cism）：這是人靠著天職觀，在此世勞動，清心寡欲，防止墮落，以榮耀神；

2 「遁世密契」（weltflüchtige Kontemplation; world-flight contemplation）：靠著極端的逃離此世的勞動和生活來展現自己的神性；

3 「遁世寡欲」（weltflüchtige Askese; world-fleeing asceticism）：人靠著清心寡欲，以防墮落，並從冥想生活中獲得神的救贖；

4 「入世密契」（innerweltliche Mystik; innerwordly mysticism）：留在世俗中實踐冥想的生活。

　　韋伯雖然做了這樣的四種「理念型」，但是他也馬上補充說明，以上兩兩對立的類型，在現實生活中可能是不存在的，反而往往會出現一種混合的形式。這也是「理念型只是一種理論上的構想，在現實生活中很難找到對應」的重申。不過，韋伯作了這種分類之後，並沒有將他所說的「世界宗教」一一分派到這些類型之中。從韋伯的研究成果來看：基督新教可以歸類到「入世寡欲」；儒教就很難歸類，絕對不能說是「密契」或「冥想」，可是硬說是「入世禁欲」，又和基督新教有別；道教似乎也可以歸納到「遁世密契」；印度教和佛教可以歸到「遁世密契」之類；猶太教和伊斯蘭教雖然都被韋伯歸類於「密契」，但是他並沒有區分哪一個「入世密契」，哪一個是「遁世密契」。也許正因為這些世界宗教不能符合互斥和窮盡的分類原則，所以韋伯才沒做這樣的搭配。

　　韋伯在此又再度提到了在「世界宗教的經濟倫理」系列的〈導論〉中「模範先知」（exemplarischer Prophet; exemplary prophet）和「使命先知」（Sendungsprophet; emissary prophet）的分類。[4]這些預言的內容往往都和「生活指引的取向」（Orientierung der Lebensführung; Orientation of the conduct of life）或「生活指引的理性系統化」（rationale Systematisierung der Lebensführung; rational systematization of the conduct of life）有關。

　　然後韋伯強調寡欲的雙重性：一是避世（Weltabwendung; the rejection of the world），一是控制世界（Weltbeherrschung; the mastery of the world）。然後提到救贖宗教（Erlösungs-Religion; religion of redemption）產生的兩個歷史條件：一是救贖觀念和先知救世的觀念發展成為一種理性的倫理，二是內心的宗教濟世財富發展成為救世的手段，也就是擺脫了「禮儀主義」（Ritualismus; ritualism）轉向「心志信仰」（Gesinnungsreigiosität; religiosity based on convictions）的發展。

　　不過，這種救贖宗教的發展在幾個生活領域中都會碰到阻礙，產生緊張關係。

　　在《經濟與社會》的〈宗教社會學〉中第十節[5]中也有關於「寡欲」、「密契」和「救贖」的討論。

　　韋伯將「寡欲」定義為對於為了達成某些宗教的救贖，而過

4　在〈導論〉中提到的是「先知預言」和「模範預言」

5　這裡是以英譯本的章節為主，德文第一版和第五版的分章方式和英譯本不同。

著嚴謹的生活，行動者自認自己是上帝的工具（Weber, 1968: 541；韋伯，2010d：677）。他也區分了「拒世寡欲」（Weltablehnende Askese; world-rejecting asceticism）和「入世寡欲」（innerweltliche Askese; inner-worldly asceticism）：前者是拒絕家庭的連繫、物質的財富、政治的、經濟的、藝術的和性愛的活動（這和〈間論〉下面要討論的方向是相同的）；後者則認為自己有責任要根據自己的寡欲理想來改造世界，因此這是根據自然權利為基礎的一種理性的改革家或革命家，例如：克倫威爾、美國賓州的教友派（Quakerstaat; Quaker）、激進的虔敬派、祕密集會的共產主義（Konventikel-Kommunismus; conventicle communism）。

　　雖然韋伯沒有結合「入世／拒世」和「寡欲／密契」來再區分成四種類型，但是他討論了不少後者的區分：他認為兩者都不肯定這個世界。寡欲者拒斥世界造物的經驗特性，也拒斥倫理上的無理性，以及耽溺肉體的誘惑，所以也排斥自然的歡愉和禮物；同時，寡欲者肯認個人在世界制度架構中的理性活動，肯認自己的任務就是不辜負保證上帝恩寵在自己身上展現的責任。密契者則認為在世上制度架構中的活動誘惑著他脫離上帝的恩寵，因此要避免世俗的活動；對密契者而言，世俗的成功對於他們的救贖是沒有助益的，所以他要謙卑謙卑再謙卑，以防止墮落成世界的犧牲品。

　　總之，韋伯在《經濟與社會》的〈宗教社會學〉中對於寡欲和密契的對比討論比起〈間論〉的同樣題目來說，要更詳盡明白。

五、文本結構之三：拒世的方向：（宗族的）、經濟的、政治的、美學的、性愛的、知性的領域

　　韋伯題目上說的拒世的「方向」，其實講的是「宗教」，或是「救贖宗教」，甚至是更精確的，救贖宗教的「博愛倫理」（Bruderlichkeitsethik; brotherliness），和幾種「秩序」（Ordnung; order）或「領域」（Sphäre; sphere）之間在歷史發展上的緊張關係。

　　韋伯忘了列在標題中卻是第一個提到的生活領域是「宗族共同體」（Sippengemeinschaft; kinship community），[6]這些包括：村落、宗族、行會、航運、狩獵和軍隊等共同體。他們共有的兩個基本原則：一是嚴格區分內部道德和外部道德（Binnen- und Außenmoral; in group morality and out-group morality）這樣的二元論；二是對內道德要求：彼此相親相愛相幫助，有福同享，有難同當；對外道德則是討價還價和長期奴役。這和基督宗教強調要愛鄰人、濟貧病救孤寡，甚至要愛你的敵人這些「無對象的宇宙大愛」[7]（Liebesakosmismus; acosmic love without object）的要求是相互衝突的。

　　在《經濟與社會》的〈宗教社會學〉第十二節〈宗教倫理和世界：經濟〉（Religious Ethic and the World: Economics）[8]中，韋伯

6　貝拉（Bellah, 1999: 282）稱這段為「親屬領域」（The Kinship Sphere）。

7　其實這也可以簡單翻成中文的「博愛」。這和《禮記・禮運》所揭櫫的「大同」社會是相近的。貝拉（Bellah, 1999）認為這個名詞可以英譯成「避世之愛」（world-denying love）。

8　以下各段，德文第一版收在第四章〈宗教社會學〉第十一節〈宗教倫理

也提到家族內的孝悌關係、鄰里的敦睦和合力抵禦外侮，以及對世人的博愛、施捨、慈善和保護弱小。討論的內容都比這裡詳細。

接著是宗教博愛倫理和經濟領域的緊張關係。韋伯提到，財富一直是各種古代宗教追求的目標之一，而經濟領域則隨著貨幣的發展，出現了強調計算的「理性化」和「最不講人情的東西」（Unpersönlichste; impersonal）。西方天主教的發展雖然也厭惡財富，但是對於收高利貸卻是採取姑息的態度。這和真正的救贖宗教對經濟的態度是不一樣的。這些強調理性寡欲的救贖宗教，自己創造了自己憎恨的財富，這些財富反過來造成了救贖宗教的緊張關係。這種弔詭的現象其實就是馬克思所說的「異化」（Entfremdung, Entäußerung; estrangement, alienation）。

在《經濟與社會》的〈宗教社會學〉第十二節〈宗教倫理和世界：經濟〉（Religious Ethic and the World: Economics）中，更詳細地談到世界各宗教對於高利貸的迎拒態度：基督新教是採取排斥高利貸的態度；儒教順應世界，沒有禁止；印度教的居最高位的兩個種姓排斥；猶太教不准在同族人之間放高利貸；伊斯蘭和古代基督教原先只禁止同教的人之間的高利貸，後來才變成無條件禁止。

韋伯認為放高利貸並不反映著自然經濟的一般情況下資本缺乏利息，這是歷史唯物論者可能會有的錯誤想法。歐洲中古的教

與「世界」中，第五版收在第五章〈宗教社會學〉第十一節〈宗教倫理與「世界」〉中；英譯本收在第六章〈宗教團體（宗教社會學）〉第十二節到第十四節；林榮遠中譯本同德文第五版；閻克文中譯本同英譯本。

皇在那個自然經濟時期還是收取高利貸的，他們也寬恕其他收高利貸的人。教會對於高利貸的禁絕反而是伴隨著海外貿易的資本主義興起而產生的結果。韋伯認為，這就是倫理的理性主義和經濟領域的理性主義在原則上的鬥爭。這種商業上不講私情的經濟理性特質正是和強調倫理的宗教格格不入。可是，經濟的不講私情具備了一個自身的法則，違背這些法則的就會慘遭被歷史淘汰的命運。因此，宗教達人越反對經濟的理性化，到頭來就會產生反經濟的拒世態度。

　　韋伯也強調，基督新教的入世寡欲首先產生了資本主義倫理，可是這純然是在意料之外的事，這也開啟了讓最虔誠和倫理上最嚴謹的基督徒走上了商業之途。生意上的成就變成了理性生活方式的成果。這樣的結果就讓喀爾文教派徹底摧毀了傳統的慈善行為；喀爾文教的信徒相信，神祕的上帝讓世上的財富分配不均是有道理的；一個人必須靠著自己的努力工作以證明自己是上帝的選民；好手好腳不做事的閒人的悲慘命運是他自己造成的；慈善要照顧的是那些無法工作的人，例如：孤兒和跛子，這樣做也是為了更加榮耀上帝。

　　第三個是宗教和政治領域的緊張關係。古代宗教的地域神、氏族神和司法神都和團體的政治利益是合一的。可是政治一旦發展出理性化的科層體制，以及對於合法暴力的壟斷之後，宗教的博愛倫理就讓位給了國家提出的「正義」。保衛國家而戰，甚至戰死沙場，回到了「你死我活」的生存邏輯，這和「愛鄰人」和「愛敵人」的宗教博愛倫理更是無法相容。至於「宗教聖戰」更是讓政治滲入宗教，甚至主宰宗教，更是違背了宗教的博愛倫理。

　　韋伯在最後的部分提到了「有機的社會倫理」（organische
Gesellschaftsethik, organische Gesellschaftslehre, organische
Sozialethik; organic social ethic），他認為這是一種非常保守的反
革命勢力，特別是基督徒常見的「只管行義，不顧後果」的「心
志倫理的昇華」（gesinnungsethische Sublimierung; sublimation of
the ethic of conviction）。可惜，這一段他對於「有機的社會倫理」
界定不清，所以舉例也讓人很難看出關聯性。不過，宗教的博愛
倫理和目的理性的社會行動兩者之間處於緊張的關係這個論旨卻
是十分清楚的，甚至可以繼續延伸到下面要討論的美學的和性愛
的領域。

　　在《經濟與社會》的〈宗教社會學〉第十三節〈宗教倫理和
世界：政治〉（Religious Ethic and the World: Politics）中，韋伯認
為，宗教和政治有著緊張關係。

　　從歷史發展來看，各地都有政治神明，主要是為了保護信徒
社群的政治利益。基督宗教的上帝也仍然被視為戰爭和父祖的神
明，和古代城邦的神明一樣。各種世界宗教，如中國、印度、猶
太的經驗，這些巫術宗教（magische Religiosität; magical religion）
並沒有宗教戰爭的概念，因為對敵人的政治的勝利是神明的保
佑和恩賜，也因此有了「義戰」和「不義戰」的區分。後來隨著
教會會眾的宗教（Gemeindereligion; congregational religion）的興
起，政治就讓教士控制人民，被統治者也因為信奉宗教價值而更
加馴服。因此，人民越來越反對政治，發展出博愛的宗教倫理，
放棄對彼此暴力相向。基督教的愛的教義之所以能發揮力量，就
是因為完全放棄了對世俗的關心。這種轉變發生在西元1、2世

紀的羅馬帝國時期，發生的原因不只是被統治階級的奴隸反叛，
更是受教育階層對於政治越來越不關心的結果。於是，真心投入
宗教展現在殉道行為上，而政治的暴力工具和宗教的博愛倫理
是格格不入的。最後，入世寡欲就和政府控制極小化產生了親
近性，出現了「曼徹斯特學派」的自由放任學說（Minimisierung
der Staatstätigkeit ["Manchestertum"]; laissez-faire doctrine of the
"Manchester School"）。

　　於是韋伯就分別檢討了儒教、伊斯蘭教、喀爾文教派、印度
的佛教和耆那教（Jainism）中，宗教和政治的衝突與妥協，特別
是教會會眾宗教（congregational religion）的棄絕暴力以及美國獨
立戰爭，都是宗教對於政治的影響。雖然宗教宣布放棄暴力，有
時會和政治發生衝突，特別在服兵役問題上。結果有兩種：一是
被動受制於外來政權或是絕不參與暴力活動，最極致的表現就是
個人殉道，路德絕對放棄宗教革命和宗教戰爭也是一個例證；一
是極力反抗，運用暴力對抗宗教，例如宗教革命。喀爾文教派就
有義務為了保護信仰對抗使用武力的暴政。

　　第四個和宗教衝突的是美學領域。韋伯先提到巫術宗教性具
有的「風格」（Stil; style）展現在偶像、聖像、各種宗教藝術品、
音樂、舞蹈和建築各方面。此外，藝術重視「形式」，但這不是
救贖宗教所重視的方面，甚至是要刻意疏遠的領域。

　　在《經濟與社會》的〈宗教社會學〉第十四節〈宗教倫理
和世界：性與藝術〉（Religious Ethic and the World: Sexuality and
Art）第三小節中，對於藝術的討論篇幅也不多。

　　韋伯認為，在一開始的時候，宗教和藝術的關係是極為密切

的。宗教成為藝術表現的泉源，特別展現在各種偶像和聖像。還有宗教祭典所搭配的音樂，也具有讓人心醉神迷的效果。除了巫師的藝術活動，宗教建築及各種祭器也是藝術和手藝的展現。可是隨著藝術的發展，出現了自身的價值法則，和宗教或倫理領域所要求的就漸行漸遠。歷史上宗教和藝術衝突的最高潮就是在真正的寡欲宗教，為了生活指引的理性系統化而完全放棄了追求美學價值。

一方面宗教對於藝術的貶抑同時也受到經書宗教（Buchreligion; scriptural religion）世俗和神聖教育的影響。另外一方面，宗教仍然肯認藝術成就具有神聖性。群眾宗教往往往因為經濟利益而販售聖像，例如拜占庭的僧侶。還有縱欲的宗教（orgiastische Religiosität; orgiastic religion）喜歡歌曲和音樂，強調儀式的宗教（ritualistische Religiosität; ritualistic religion）重視繪畫藝術，主張愛的宗教（Liebesreligiosität; religions enjoining love）傾向發展詩歌和音樂。總之，寡欲的宗教達人比起密契的宗教達人對於藝術是比較敵視的。

最後，韋伯提出反對美學的宗教有猶太教、早期的基督宗教和寡欲的基督新教。這表明了理性對於教徒生活指引越來越深的宗教影響。

第五個和救贖宗教衝突的是性愛的領域。和其他的領域相比，這是韋伯著墨最多的段落，也是歷史敘述相對最完整的部分。可以算是一個精簡版的西方愛情歷史社會學。

韋伯先誇獎性愛領域是最偉大的非理性生命力量。

他首先提到從賣淫到婚姻的發展，中間經過了多樣化的種種

形式。婚姻制度被設計來保護婦女和子女的經濟繼承權，而且也是祖先崇拜和繁衍子孫的制度。因為婚姻關涉的是一個人來世的命運，所以和寡欲就不相干了。

性已經很容易被視為只受魔鬼控制的現象，所以也容易和初期基督宗教教會要求保持童貞的理性生活指引產生緊張關係。

接著，韋伯強調性愛本身的價值的程度和方式，在歷史上是變動不居的。在希臘時期，女人成了發動戰爭的主因，也有的認為是命運的力量。他還特別提到莎芙（Sappho）的性愛經歷為許多當時的男子所難望其項背。他也認為，希臘在性愛方面的「實事求是」（nüchtern; plain）[9]要遠勝過中國的儒生階層的想法。此外，他還提到古希臘性愛中對於「夥伴」（Kamerad; comrade）和「男童」的追求，不過柏拉圖的性愛觀強調一種克制的（tempertiert; restrained）感情，所以並沒有接受「放蕩不羈的激情之美」（Schönheit der bacchantischen Leidenschaft; the beauty of the bacchanalian passion）。

西方中世紀產生的「騎士愛」（Ritterminne; troubadours）更是結合了基督教的寡欲，讓他們的求愛對象不是少女，而是陌生的有夫之婦。他也知道這只是理論。這也讓希臘時代的男性主義（Maskulinismus；masculinity）把男人要在同性之前面臨愛情的目標轉向女士。

---

9 王容芬將此字譯成「清醒」。根據《新德漢詞典》此字有六種解釋：(1)空腹的、餓著肚子的；(2)未醉的、清醒的；(3)冷靜的、客觀的、不誇張的、不歪曲的、實事求是的；(4)平淡的、乾巴巴的；(5)平凡的、無聊的、無詩意的、普普通通的；(6)（地區）（舊）淡而無味的、不好吃的。

到了文藝復興時代出現了「沙龍文化」（Salonkultur; salon culture），韋伯認為從《葡萄牙人書信》（*Letters Portugaises*）[10]之後，真實女人的愛情問題（Liebesproblematik; love as a genuine problematic）就變成了一種市場產品，女人的愛情書信也變成一種文學的文類。這是知性文化（intellektualische Kultur; intellecturalistic cultures）對性愛態度的最後一次躍升。值得特別注意的就是在這一句話的下文中，韋伯說在這種理性文化單調的生活中，特別是跳脫了古老、簡單、有機的農民生活循環（Kreislauf; routine of the everyday），婚外情（或外遇，ehefreies Geschlechtsleben; sexual life liberated from marriage）就變成了人民和自然泉源（Naturquelle alles Lebens; natural source of all life）的連繫。在某些既定的條件下，性愛關係才是愛情要求（Liebesfordeung）的不可踰越的高峰，也就是說，直接暴露了人和另一個人的靈魂。這句話真是可以給外遇的人一個很好的藉口。而這正是宗教博愛倫理所敵視的。

他也提到婚姻和性愛之間的關係，特別是基督宗教的婚姻觀：婚姻強調生兒育女，反對耽溺性愛。基督宗教的「彼世的理性寡欲」（außerweltliche rationale Askese; extra-worldy rational asceticism）或「主動的僧侶的寡欲」（aktive Mönchsaskese; active asceticism of monks）走到極端，就是連理性的婚姻制度都要拋棄，更把一切和性有關的事物都看成是魔鬼的力量（diabolische Macht; diabolical power）。

在這裡，他以貴格會的彭威廉（William Penn, 1644-1718）

---

10 根據施寒微的注解，這本書是1669年匿名者出版的一本書信小說。

寫給妻子的信件為證。[11]同時他也提到了「白頭偕老」（bis zum Pianonissimo des höchsten Alters; up until the 'pianissimo of old age'）的俗世婚姻理想，強調的是夫妻之間相互的倫理責任，而不是性愛。這個名詞也是韋伯在《宗教社會學論文集》第一卷開頭寫給他太太的獻詞。

在《經濟與社會》的〈宗教社會學〉第十四節〈宗教倫理和世界：性與藝術〉（Religious Ethic and the World: Sexuality and Art）的第一、二小節中，分別談論了「狂歡與貞潔」和「婚姻與女人」兩個部分。沒有此處討論的深入。

韋伯一開始就說，宗教和性的關係非常密切，有些是有意的，有些是無意的。首先，他提到「性陶醉」（sexueller Rauch; sexual intoxication）是「狂歡」（Orgie; orgy）的典型要素，也是一般人在原始狀態的宗教行為，特別是在跳舞時容易發生。在某些現代教派中還存有這樣的現象，但也有必除之而後快的教派，特別是在寡欲宗教。這種狂歡的性陶醉現象可以昇華成為對於神明或是救世主的一種情色的愛（erotische Gottes- oder Heilandsliebe; erotic love for a god or savior），認為性的奉獻是一種宗教上的功德。

至於敵視性的宗教往往要求教派成員守身如玉，神職人員也要在從事聖事之前暫時禁欲。被認為具有卡里斯瑪特質的神職人員或是宗教達人常常要永久守貞，藉以證明自己的行為高過一般

---

11 韋伯原文並沒有注解，施寒微的校訂版補充了這封信（Weber, 1989: 510n37），王容芬譯本有中譯（韋伯，2012a：339n1）。

人，也正是他具有卡里斯瑪的徵兆。後來西方基督宗教要求神職人員守貞出於兩個原因：一是希望神職人員的倫理成就能夠高過和尚；一是避免神職人員將自己的封地或薪俸傳給自己的子嗣。

對於密契者來說，敵視性可以讓自己的遁世更加容易獲得救贖；對於寡欲者來說，對於性的理性警覺、自我控制和嚴謹的生活方式可以讓性不致影響到理性組織。

其次，韋伯談論到女人和婚姻。

韋伯認為，宗教規定和合法的婚姻可以杜絕隨便的性關係。他還舉了穆罕默德為例，在一則「聖訓」中，他就規定過自己能娶的婦女的最多數量。在伊斯蘭教成立之前有著各式各樣合法的婚外情和娼妓制度，後來都一掃而空。韋伯認為，這是世界其他地方所罕見的成就。印度的遁世先知也拒絕所有的性關係，以達到完整的救贖。講究順應世界的儒家倫理也排斥不正常的性關係，並把婦女看成是難以理喻的造物，以免擾亂了君子內心的平和。通姦在摩西十誡和印度的神聖法中都是被禁止的行為。耶穌也宣揚絕對而且不可分離的單偶婚制，並把姦淫和嫖妓看成是重大的罪惡。

各家先知對於女人的態度不太一樣，端視他們預言性質而定，特別是他們對女人情緒的看法。他舉例：佛陀喜歡聰明的女人坐在他腳邊聽他講道，他也派他們到處去宣講佛法；中國有不少教派的領袖是女人；在瑣羅亞斯德教和猶太教，女人從一開始就沒有扮演任何角色。

韋伯指出，法律規定的婚姻的主要目的不在於它的性愛方面的價值，而是一種傳宗接代、生養後代的經濟制度，也是勞動

力，同時也是祭拜祖先的傳人。這是西方希臘和羅馬時期的看法。除了傳宗接代，其他性愛的表達是被嚴格禁止的，猶太教、羅馬天主教和寡欲基督新教就是如此，甚至把計畫生育看成是一大重罪。

此外，猶太教、儒教、印度的吠陀和印度教倫理都一致認為生兒育女是很重要的。保羅則認為絕對的守貞是一個宗教達人的個人卡里斯瑪的確證。基督宗教的平信徒和路德也都這麼相信。

韋伯還認為，對於性的敵視是一種普遍的信仰，不獨基督宗教為然。隨著生活條件的理性化，性在日常生活中也越趨不重要。他舉例說，原始人就把性交看作是很特別的事情，就算有觀光客在旁觀看，他們也絲毫沒有羞恥感。可是性（sexuality）昇華成性愛（eroticism）卻超越了日常生活的需求而擁有了獨特的價值。

最後，韋伯強調，近代倫理對於性關係的約束正是娼妓制度得以產生的根源。到處都有宗教的、軍事的或經濟的禁娼規定，可是娼妓制度卻是從古代就隨處可見。

第六種的緊張關係發生在宗教和現代經驗知識之間。宗教原先和巫術及冥想的密契漸行漸遠，而走向理性的理智論。不過，對於經驗知識的追求，讓自然科學的知識朝向理性主義不斷進展，宗教也因此被擠向了非理性或反理性的超人力量。這就是韋伯說的「世界的除魅」（Entzauberung der Welt; disenchantment of the world），也就是以經驗知識排除了宗教的非理性因素。除了中國和古代地中海的文明在教育制度中排除了教士階級的影響，宗教和知性論基本上是合為一體的，這不僅符合了教士階層的利

益，也順應了宗教倫理對於合理性的要求，同時配合了知性論對於救贖的需求。所以才出現了「因為荒謬，所以相信」（Credo non quod, sed quia absurdum; I believe not what is absurd but *because it is absurd*）[12]這樣的想法。

韋伯在《經濟與社會》的〈宗教社會學〉中，並沒有對此方面有過討論。不過在1917年他所發表的〈學術作為一種志業〉的演講末尾，他說到了和此處相同的主題（Weber, 1922b: 610-611; 1946c: 153-155; Whimster, 2004: 285-287；韋伯，1991：162-165）。

韋伯認為知性化（Intellektualisierung; intellectualization）和理性化的並進，顯示出沒有一股神祕不可計算的力量在背後運作著，一切知識都是可以計算的，這就是他所謂的除魅，或是「世界的除魅」，而韋伯認為正是他那個時代的特徵。

他指出神學和教義在許多世界宗教中都存在，但是只有西方神學的發展才具有歷史的意義。神學代表著神聖價值的知性上的理性化（intellektuelle Rationalisierung; intellectual rationalization）。神學假定著世界都是有意義的，重點就是要從知性的角度詮釋世界的意義。神學認為這是科學所無能為力的。宗教達人就是這樣做出了「知識的奉獻」（intellectual sacrifice）。韋伯也引用「因為荒謬，所以相信」。這就造成了神聖領域和學術領域不可彌補的裂縫。

---

12 這是從德爾圖良（Tertullian，約西元155-240）在〈論基督的肉體〉（De Carne Christi）中所改寫而成的話。

以上，韋伯詳略不一地討論了和宗教發生緊張關係的六個領域。題目上雖然有著「方向」一詞，但是他在行文中說的「方向」並不明確，反而很容易讓讀者「迷失方向」。

六、文本結構之四：拒世的階段

韋伯認為救贖宗教是世界理性化（或是「世界的除魅」）[13]的過程，如果套上標題上「階段」的概念，就可以說是從「非理性的宗教」或是「理性和半理性參半的宗教」走向「理性的宗教」。

救贖宗教的起源是因為對人世間充滿著不公正的苦難問題而出現的。這也是要解釋苦難或幸福的分配正義問題。特別是人所碰到的苦難往往被視為是上帝對人的懲罰或是規訓。這也是所謂的「神義論」（或「神正論」）。到了理性的宗教倫理，就相信宇宙的世界是具有某種「意義」的。而理性的宗教倫理與理性和半理性參半的價值之間是相互衝突的。佛陀、耶穌、聖方濟各所強調的「對所有人的博愛」（akosmistische Brüderlichkeit）[14]就被「某些人才能得救」的「宗教救世的貴族主義」（Heilsaristokratismus）[15]所取代。這也許就是韋伯題目中所標舉的「拒世的階段」。

「神義論」就是解釋哪些人可以獲得救贖的理論。這大概就

13　王容芬譯成「世界的脫魔」（韋伯，2012a：63、294、340、345）。

14　威姆斯特沒有譯出原文的這一段。

15　威姆斯特沒有譯出原文的這一段。

是1920年版韋伯將此章標題加上「理論」的原因。

七、文本結構之五：三種理性神義論的形式

韋伯在「世界宗教的經濟倫理」系列的〈導論〉中就提過了這裡討論的「神義論」。在《經濟與社會》的〈宗教社會學〉中，還有一節專門討論和此節相同的三種「神義論」。[16]不過，討論的內容比這裡要更詳細。

首先是瑣羅亞斯德教（Zarathustrismus）中所表現的「二元論」（Dualismus）：強調光明、真理、純潔、仁慈與黑暗、謊言、汙穢、狠毒之間的並存與對立；這其實也只是從善靈和惡靈的精靈多元論（magischer Pluralismus）加以系統化蛻變而來的。這種善惡二元論後來又變成了普世常見的天堂和地獄的觀念。不過，他認為信徒很少，所以並不多討論。

第二種神義論是基督宗教中的「預選說」（或譯「預定論」）。韋伯因為在《基督新教的倫理與資本主義的精神》第四章中已經詳細討論過了，所以他在此處只略微點到為止。這種理論認為人的得救與否是上帝已經預先決定好了的事情，人力難以

---

16 收在德文第一版第二部分第四章第八節，第五版第二部分第五章第八節，題目都是〈神義論問題〉（Das Problem der Theodizee），英譯本第二部分第六章第八節，題目是〈神義論、救贖和重生〉（Theodicy, Salvation, and Rebirth），林榮遠中譯本收在第二部分第五章第八節，題目是〈神正論問題〉，閻克文中譯本收在第二部分第六章第八節，題目是〈神正論、救贖與再生〉。

挽回，所以這種信仰要求人們去接受一種自己無法改變的救贖命運。

最後一種是印度知識分子特有的神義論，[17]他是印度大師們結合了自我救贖和眾人救贖，結合了有機的社會倫理（organische Sozialethik）和拒世，以及結合了「世俗的職業倫理」（innerweltliche Berufsethik）和最高境界的冥想。

這篇〈間論〉就到此結束。「世界宗教的經濟倫理」系列就轉往《印度教與佛教》。這是《宗教社會學論文集》第二卷的整體內容。

小結

許多研究者將此篇文章作為韋伯的重要思想來源，有的稱之為「現代性的診斷」〔如布魯貝克（Rogers Brubaker）〕，有的稱為「現代性的弔詭」（如施路赫特），有的稱為「韋伯的宗教的歷史社會學」（如貝拉）。

貝拉（Bellah, 1999: 279）認為這章的主題其實不是——或不只是——宗教的拒世，而是韋伯所謂的價值領域（Wertsphären; value sphere）之間的分化（differentiation），以及宗教和這些價值領域之間越來越不可妥協的衝突，這些分化導致了現代性的「多神論」（polytheism），一種「諸神之戰」，這也正是韋伯最後

---

17 這就是《儒教與道教》第六章所提到的「業論」（Karmen-Theodicee；Weber, 1989: 419n38；韋伯，1996：309n75；2012a：275n4）

念茲在茲的理性化的整個過程。這就和韋伯在〈學術作為一種志業〉（Wissenschaft als Beruf；Science as a Vocation；The Vocation of Science）[18]的結尾部分相互呼應（Weber, 1922b: 608-609; 1946c: 151-153; Whimster, 2004: 284-285；韋伯，1991：156-157、162）。

從脈絡上來看，這篇文章之中卻有幾個部分和前面「世界宗教的經濟倫理」的〈導論〉是相互輝映的，也開啟了後面《印度教與佛教》的研究。

從內容來看，這篇文章和前面的〈儒教（與道教）〉雖有著銜接脈絡的關係，可是對於前者的說法是沒有任何補充的。不過，若是從內容提到的方向來看，我們可以嘗試按照韋伯對宗教和六個社會面向的緊張關係去做有關中國的研究。這是韋伯沒有做到的，有心的後人可以彌補。

---

18 韋伯夫人在1922年編輯韋伯的《科學學（方法學）論文集》中，將此文的發表時間訂為1919年，可是後來根據施路赫特的詳細考證，應該是1917年11月7日所做的演講（Schluchter, 1979: 113-116；施路赫特，1988）。

第七章

整理與重建

　　從以上我透過出版脈絡對於韋伯〈儒教（與道教）〉的四本的詳細介紹，我們這章在從思想脈絡的發展上對幾個韋伯書中的議題做個整理和重建。

一、韋伯的「所本」（參考文獻）分析

　　過去的研究者很少注意到韋伯寫作〈儒教（與道教）〉時所引用的參考資料。王水煥（2016）雖然別出心裁注意到，但很可惜只將關注焦點聚集在韋伯引用的中文翻譯文獻上，沒有同時談論到韋伯引用的其他文獻。下面，我們就先從他別出心裁地將這些翻譯文獻分成「經、史、子」三類開始，加入更多他沒有提到而韋伯卻引用到的各種文獻，以便做出一個更澈底而且完整的整理。我們可以從這些資料中看出韋伯這個漢學門外漢對這個主題的用心深細，不必簡單而且不負責地批評他不懂中國宗教，或是不懂儒家思想。

　　「經部」方面的文獻有：

理雅各英譯的《四書五經》（*The Chinese Classics, 5 Vols.,* 1861-1872）；[1]

畢甌法譯的《周禮》（*Le Tcheou-li*, 1851）。

「史部」有：

沙畹的《史記》（*Les mémoires istoriques de Se-ma Ts'ien, 5 Tomes*, 1895-1905）法譯本；

彭亞伯有關秦國、吳國、晉國和漢魏歷史的法譯本；

哈樂茲的《國語》（*Discours des royaumes. Annales oratoires des états Chinois du Xe au Ve Siècle A. C. 2 Parties*, 1895）法譯本；

米樹爾的《十六國疆域志》（*Chih Louh Kouoh Kiang Yuh Tschi. Histoire géographique des seize royaumes*）法譯本；

艾嘉略的《御撰通鑑綱目三編》（*Yu tsiouan Thoung kian kang mou: san pien; Histoire de la dynastie des Ming, Composée par l'empereur Khian-Loung*）法譯本；

畢甌將馬端臨的《文獻通考》節譯成法文的若干文章。

「子部」有：[2]

1　王水煥（2016）並沒有完整提供歐美語文的書名資料，這些都是我根據《全集本》補上去的。此外，他也沒注意到有些外國人有中文名字，我知道的都一律補上。

2　王水煥（2016：129）提到韋伯原注中有提到《管子》和轉引相關語句而未標出處的有《商君書》，其實，正確的說法應該是，韋伯引證彭亞伯翻譯的《秦國史》提到「管仲」和「商鞅」或「衛鞅」，韋伯並沒有引用到

史特勞斯（Victor von Strauß）的《老子道德經》（*Lào-tsè Tào-Tĕ King*）德譯本；

卡魯斯（Paul Carus）的《道德經》（*The Canon of Reason and Virture. Lao-tze's Tao The King*, 1913）；

衛禮賢的《莊子《南華真經》》（*Dschuang Dsi. Das wahre Buch vom südlichen Blütenland (Nan Hua Dschen Ging)*, 1912）、《孔夫子《論語》》（*Kung-Futse: Gespräche (Lun Yü)*, 1910）、《老子《道德經》》（*Laotse. Taoteking. Das Buch des Alten vom Sinn und Leben*, 1911），以及《列子《沖虛真經》》（*Liä Dsi. Das wahre Buch vom quellen-den Urgrund*, 1911）；

哈樂茲翻譯朱子的《小學》（*Le Siao Hio ou Morale de le jeu-nesse. Avec le commentaire de Tchcn Siuen*, 1889）。

王水煥沒有提到的子部譯本還有：

佛克（Alfred Forke）翻譯王充《論衡》（*Lun Heng. Philo-sophical Essays of Wang Ch'ung, 2 Vols.*, 1907, 1911）的英譯本；

庫恩翻譯《崔寔的中論・漢代儒家對於專制的辯護》（*Das Dschong Lun des Tsui Schi. Eine konfuzianische Rechtfertigung der Diktatur aus der Han-Zeit*）的德譯本。

上述的兩本書。各位可以根據《全集本》的索引用「管仲」的幾種不同拼法（Kuan Chung、Kuan Tse、Kuan tschong）或「商鞅」的幾種不同拼法（Shang Yang、Tschang Yang、Yang、Yong、Wei Yang）查對回去。中譯本都沒有索引（王容芬譯本只有〈譯名表〉），不方便這樣查對。

王水煥還提到韋伯書中引用到的中國研究的文獻：

馬仕的《中華帝國的貿易與行政》（*The Trade and Administration of the Chinese Empire*, 1908）及《中國的行會》（*The Guilds in China*, 1909）；

艾約瑟的《中國的金融與價格》（*Banking and Prices in China*, 1905）與《中國貨幣》（*Chinese Currency*, 1890）；

達吉恩的《中國人口》（*On the Population of China*, 1893）；

崗達爾的《帝國漕運‧歷史和描述研究》（*Le Canal Impérial. Étude historique et descriptive*）；

梁宇皋和陶履恭（孟和）的《中國的鄉村和城鎮生活》（*Villiage and Town Life in China*, 1915）；

陳季同由舒爾慈（A. Schulze）德譯的《中國與中國人》（*China und die Chinese* 2 Aufl., 1896）。

不過，在眾多徵引的眾多文獻中，還有一些王水煥沒有提到，卻是很值得注意的文獻，從這些文獻中我們更可以看出韋伯的博學是值得敬佩的。我們從下面幾個方面來說：

中國社會方面的文獻：

道格拉斯的《中國的社會》（*Society in China*, 1894）；

翟理斯的《中國與中國人》（*China and the Chinese*, 1902）；[3]

羅斯同的《中國人的社會生活》（*Das soziale Leben der Chi-*

---

3 這本書有中譯本，參見附錄六。

nesen, 1919）。

中國宗教方面：

道格拉斯的《儒教與道教》（*Confucianism and Taoism*, 1879）；

艾約瑟的《中國的宗教：包括對於中國人三種宗教的簡述並觀察他們歸順基督教的前景》（*Religion in China. Containing a brief account of the three religions of the Chinese: with observations of the prospects of Christian conversion amongst that people*, 3rd ed. 1893），以及《中國佛教》（*Chinese Buddhism*, 2 Aufl., 出版年代不詳）；

高延的《中國的宗教制度，其古代形式、進化、歷史和現狀，以及相關的禮節、習俗和社會制度》（*The Religious System of China. Its Ancient Forms, Evolution, History and Present Aspects, Manners, Customs and Social Institutions Connected Therewith*, 6 Vols., 1892-1910），《中國人的宗教》（*Religion of the Chinese*, 1910），以及《中國的宗教·天人合一論：研究道教和儒教的一把鑰匙》（*Religion in China. Universism: A Key to the Study of Taoism and Confucianism*, 1912）；

葛魯伯的《中國人的宗教與教派》（*Religion und Kultus der Chinesen*）。

中國經濟方面──這方面韋伯特別徵引了幾篇當時在歐美名校畢業的中國學生的博士論文：

張武的《中國的信貸合作社》（*Die chinesische Kreditvereini-*

gung, 1917），這是他在德國柏林大學的博士論文；

陳煥章的《孔門理財學》（*The Economic Principles of Confu-cius and His School,* 2 Vols. 1911），[4] 這是他在美國哥倫比亞大學的博士論文；

劉文顯的《中國土地地產分配關係及其企業方式》（*Die Ver-teilungsverhältnisse des ländlichen Grund und Bodens und dessen Betriebsweise in China,* 1919），這是他在德國大學的博士論文；

周毅卿的《寧波市的工商業的企業形式》（*Die gewerblichen Betriebsformen der Stadt Ninjpo,* 1909），[5] 這也是他在德國大學的博士論文。

魏文斌（彬）（Wen-Pin Wei）的《中國的通貨問題》（*The Curr-ency Problem in China,* 1914）這是他在美國哥倫比亞大學的博士論文。

中國哲學家傳記：

理雅各的《孔子的生平與思想》（*The Life and Teachings of Confucius,* 1867）；

德佛札克（Rudolf Dvorak）的《中國的宗教，I：孔子及其學說》（*Chinas Religionen, 1: Confucius und seine Lehre,* 1895）；

德佛札克的《中國的宗教，II：老子及其學說》（*Chinas Reli-gionen, 2: Lau-tsi und seine Lehre,* 1903）；

4　這本書大陸出版了至少有三個不同的譯本，參見附錄八。

5　這本論文有英譯本，請見Nyok-Chin Tsur（1983）。

法柏（Ernst Faber）的《孟子的思想或是以道德哲學為基礎的政治經濟學：中國哲學家孟子學說的系統摘要》（*The Mind of Mencius or Political Economy founded upon Moral Philosophy. A Systematic Digest of the Doctrines of the Chinese Philosopher Mencius*, B. C. 325, 2nd ed. 1897），這是哈奇遜牧師（Arthur B. Hutchinson）從原來德文本翻譯成英文出版的；

勒高（Stanislas Le Gall）的《哲學家朱熹，其學說及其影響》（*Le philosophe Tchou Hi, sa doctrine, son influence*, 1894）。

中國法律方面；
福蘭閣的《中國土地所有權的法律關係》（*Die Rechtsver-hältnisse am Grundeigentum in China*, 1903）。

傳教士方面的著作：
盧公明的《中國人的社會生活》（*Social Life of the Chinese*, 2 Vols., 1866）；[6]

明恩溥的《中國人的特質》（*Chinese Characteristics*, Rev. ed., 1894）、[7]《中國的鄉村生活》（*Village Life in China*, 1899）。[8]

除了以上幾類，他還參考過俄文的著作，如：伊萬諾夫的

6　這本書有中譯本，參見附錄八。
7　光是在博客來網路書店查閱，這本書有十數個中譯本，參見附錄八。
8　這本書有數個中譯本，參見附錄八。

《王安石及其變法》（*Van-An'Ši i ego reform*, 1909）。此外，他也查看《京報》（*The Peking Gazette*），對於當時晚清的政治情況可以從這裡得到一些消息。

　　因為這些文獻都是當時歐美人士要認識中國所能接觸到的主要著作，不能直接閱讀中文原典的韋伯能做到這樣，應該是盡了「洪荒之力」了。更何況，如果韋伯參考這些文獻還被認為有所不足，恐怕是中文的相關文獻沒有足夠且適當的英譯本所致，而不是韋伯自己怠惰不加參考。特別是現代許多中國研究者引用了很多沒有（現在沒有，未來也不一定會有）歐美語文譯本的冷僻歷史材料來證明韋伯論點的不當，實在「勝之不武」。

　　回頭想一想，我們這些閱讀中文文獻沒有障礙的現代研究者，我們在這個問題的文獻徵引上，又能比這個「漢學的門外漢」韋伯進步多少呢？

二、資本主義的多樣性

　　韋伯比較內行的，恐怕是他對資本主義的理解。可是，我們要全面對韋伯的資本主義概念有個了解，就必須從他的出版脈絡和思想脈絡上著手。

　　從讀者接觸到的出版脈絡上來看，韋伯的資本主義觀順序如下：

1　《中古商社史》（內含韋伯博士論文）；
2　《宗教社會學論文集》整套書的〈前言〉；

3　兩篇新教研究（只是側重其思想或文化面）及新教論戰
　　文章；

4　「世界宗教的經濟倫理」系列的〈導論〉；

5　〈儒教（與道教）〉；

6　《經濟與社會》的〈宗教社會學〉（韋伯身後由其夫人編
　　輯出版）；

7　《經濟史：社會經濟通史綱要》（韋伯身後由兩位學生從
　　課堂筆記中整理出版）。

從作者自己的思想或寫作脈絡來看，順序則有不同：

1　1889年的《中古商社史》；

2　1905年出版的〈基督新教的倫理與資本主義的精神〉和
　　1906年寫作的〈新教教派與資本主義的精神〉兩篇；

3　1907年至1910年的基督新教倫理論戰相關文章；

4　1911年至1913年寫作〈宗教社會學〉（後來在韋伯身後
　　由其夫人編入《經濟與社會》中）；

5　1913年寫作的「世界宗教的經濟倫理」的系列（〈導論〉、
　　〈儒教（與道教）〉，和〈間論〉）；

6　1919年整理《宗教社會學論文集》時所寫的總序〈前
　　言〉；

7　1919年在慕尼黑大學的「經濟史」課程（後來由兩位學
　　生整理出版成《經濟史：社會經濟通史綱要》）。

　　前面我們已經根據出版脈絡做了介紹，以下我們就要從他思想或寫作脈絡的順序[9]來一一檢視韋伯對資本主義觀念的發展。

　　首先，我們要先提醒一下韋伯在《宗教社會學論文集》所寫的〈前言〉對「資本主義經濟行動」（"kapitalischer" Wirtschaftsakt; "capitalist" economic act）的「較為精確的」定義（Weber, 1958a: 17-18; 2011: 237-238; 2016: 106-107；韋伯，2007：7；2008：23-24），我們可以整理如下：

> 1　基於利用交易機會（Tausch-Chance; opportunities for exchange）而追求利得的行為，亦即，基於（形式上）和平的經營機會（friedliche Erwerbschance; peaceful opportunities for acquisition）；
>
> 2　在理性的追求資本主義營利之處，相應的行為是以資本計算（Kapitalrechnung; calculation in term of capital）為導向。

　　接著，韋伯提到了世界上存在過許多種歷史上的資本主義（Weber, 1958a: 19-21; 2011: 238-240; 2016: 108-110；韋伯，2007：9；2008：25-26）。

　　在《宗教社會學論文集》的〈前言〉中，我整理出他列舉的幾種資本主義的類型和形式：

---

9 韋伯的新教研究以及新教倫理論戰的部分，我希望以後另寫一本書來分析，此書就略去討論。

1　貿易商人型的資本主義；

2　戰爭型的資本主義；

3　掠奪型的資本主義；

4　冒險家型的資本主義；

5　贊助型資本主義；

6　殖民型的資本主義。

（Weber, 1958a: 20-21; 2011: 239-240; 2016: 109-110；韋伯，
2007：9-10；2008：25-26）

〈儒教與道教〉的第四章第五節〈法律的世襲結構〉中列出
了七種資本主義，我整理出下面幾種：

1　產業資本主義；

2　以市場為主的商人階級資本主義；

3　理性產業的資本主義；

4　政治的資本主義；

5　掠奪的資本主義；

6　海外貿易的資本主義；

7　殖民的資本主義；

同樣在〈總論：儒教與清教〉的結尾，他又提出五種類型的
資本主義，和前面有三種重複：

1　非法的；

2　政治的；

3　殖民的；

4　掠奪的；

5　壟斷的；

在《經濟與社會》的第二章第卅一節〈盈利的「資本主義」取向的典型方向〉中，韋伯條列了下面四點世界各地都有的資本主義形式，用的是比較冗長的描述：

1　以營利機會為取向
(1) 通過貨幣種類的交易與投機，接受形形色色的支付工具，製造支付手段；
(2) 通過職業上提供信貸；
A. 為了消費目的；
B. 為了營利目的；

2　以政治團體或以政治為取向的團體或個人現時的戰利品掠奪機會為取向：通過貸款和提供物資，為戰爭提供資金，或為革命提供基金，或為政黨領袖提供資金；

3　依仗暴力、由政權保證的統治，以持續的獲利機會為取向；
(1) 在殖民地（通過採用強迫供貨或強迫勞動的種植莊園的盈利，壟斷的和強迫的貿易）；
(2) 在國家財政方面（通過包收捐稅和賣官鬻爵獲利，在本國或在殖民地都一樣）；

(3) 以通過日常之外（向）政治團體提供貨物的獲利機會
為取向。

（譯文根據林榮遠譯本，文字和順序略有更動，參見
Weber, 1968: 164-165; 1972: 95-96；韋伯，1997：191-
192；2010e：269）

以上的第一項類似〈儒教（與道教）〉中所說的第二項「以
市場為主的商人階級的資本主義」；第二項包含了〈儒教（與道
教）〉中所說的第四項「政治的資本主義」和第五項「掠奪的資
本主義」；第三項則包括了〈儒教（與道教）〉中所說的第六項
「海外貿易的資本主義」和第七項「殖民的資本主義」。也正因為
歷史發展上有這麼多不同型態的資本主義，所以韋伯才要一再強
調「近代」「西方」「理性」的資本主義才是西方特有的產物。這
也是他身為歐洲文明之子關心的出發點。

三、近代理性資本主義的結構和特徵

因為韋伯在全書的最後強調了「心態」的關鍵地位，再加上
大名鼎鼎的〈基督新教〉強調精神層面的因素，因此許多後來的
研究者也就「聽其言而信其行」，緊抓著這方面的討論不放，而
忽略了他在書中花了大篇幅討論中國的結構或制度以及儒生階層
的影響等方面。[10]

---

10 韋伯在《宗教社會學論文集》的〈前言〉（Vorbemerkung）、《世界宗教

我們可以把韋伯在其他書中的研究當成佐證。

在《經濟與社會》的第二章第卅一節〈盈利的「資本主義」取向的典型方向〉中，韋伯條列了下面兩點西方獨特的資本主義形式：

1. 以營利機會為取向：
   (1)　在自由的（形式上不強迫的，實質上至少相對自願的）交易的情況下，採取持續的市場營利和銷售（「商業」）等；
   (2)　在持續生產貨物的企業裡採用資本計算；
2. 以營利機會為取向：
   (1)　通過把具有典型特徵的商品或有價證券書面確認的股份，向企業進行純粹投機的大宗交易；
   (2)　通過處理政治團體的持續支付業務；
   (3)　通過向被爭取到的投資者銷售有價證券的形式，為新興企業提供資金；
   (4)　通過各種資本主義企業和經濟團體組織，投機性地提供資金，目的是有利可圖增加所得，或者是掌握政權。
   （主要參考林榮遠譯本，參見Weber, 1968: 164-165; 1972: 95-96；韋伯，1997：191-192；2010e：269）

的經濟倫理》的〈導論〉（Einleitung）和《儒教（與道教）》一書中都強調階層的因素。

這些條列式的說法其實就是我們在前面提過的韋伯在《宗教社會學論文集》的〈前言〉所說的「資本主義的經濟行動」的詳細版。

在「世界宗教的經濟倫理」的〈導論〉中，韋伯強調了各宗教中都有某個階層承擔著經濟倫理的傳承角色，這種對階層的強調也呼應了他在《宗教社會學論文集》的〈前言〉，以及在〈儒教（與道教）〉中專章討論〈儒生階層〉。

此外，如果從韋伯在研究中提到對資本主義發展有利的社會結構因素中，我們還是多多少少可以抽離出中國社會結構中的一些和近代西方理性資本主義發展相關的因素。例如：

1　由貴重金屬的發掘使用所帶來的財富（Weber, 1951: 12, 63; 1989: 147, 227；韋伯，1996：41、117；2012a：90、144）；

2　人口的快速增長（Weber, 1951: 12, 63; 1989: 147, 227；韋伯，1996：41、117；2012a：91、144、307）；

3　沒有強制攜帶通行證，受教育和服兵役的義務（Weber, 1951: 100; 1989: 278-279；韋伯，1996：167；2012a：179）；

4　沒有限制高利貸和類似商業行為的法律（Weber, 1951: 100; 1989: 279；韋伯，1996：167；2012a：179）；

5　受到現世功利主義影響而產生的斤斤計較心態和量入為出的節約，以及相信財富的價值是達成道德完美的普遍手段（Weber, 1951: 242; 1989: 469；韋伯，1996：356；2012a：307）；

6　頻繁的國內貿易（以及偶爾發生的國際貿易；Weber,

1951: 242; 1989: 470；韋伯，1996：357；2012a：308）。

　　如果再從反面來看阻礙近代理性資本主義發展的要素，就更加周全，茲整理如下：

1　缺乏固定的、公認的、正式的和可靠的法律基礎來保護工商業的自由發展（Weber, 1951: 20, 85, 100-101, 104; 1989: 158, 257, 277, 284；韋伯，1996：52、148、167、173；2012a：97、166、179、183）；

2　文官階層的特性和心態（Weber, 1951: 55, 104, 249; 1989: 218, 284, 478；韋伯，1996：107-108、173-174、365；2012a：137、183、313）；

3　同業組合（Kartellierung; cartellization）削弱了合理的算計（這是資本主義的靈魂）（Weber, 1951: 62; 1989: 226；韋伯，1996：115；2012a：143）；

4　沒有競爭的大一統帝國（Weber, 1951: 62, 137; 1989: 226, 326；韋伯，1996：115、216；2012a：143、211）；

5　沒有出現類似西方中古城市的新興市民階級（Weber, 1951: 85, 137; 1989: 257, 326；韋伯，1996：148、216；2012a：166、211）。

6　經濟上合理的「就事論事」（Versachlichung）（Weber, 1951: 85; 1989: 257；韋伯，1996：148）；[11]

---

11 簡惠美譯為「切事化」，王容芬譯為「物化」。

7　城市缺乏政治上的自主性（Weber, 1951: 101; 1989: 279；
　　韋伯，1996：169；2012a：180）；

8　由於大一統世界帝國無須戰爭公債，故無由戰爭而導
　　致的資本主義現象（Weber, 1951: 103; 1989: 283-284；韋
　　伯，1996：173；2012a：182-183）；

9　無海外殖民地（Weber, 1951: 104; 1989: 284; 韋伯，1996：
　　173；2012a：183）；

10　沒有合於理性的行政和司法制度（Weber, 1951: 104; 1989:
　　284；韋伯，1996：173；2012a：183）；

11　捐官制度的結果（Weber, 1951: 104; 1989: 284; 韋伯，
　　1996：173；2012a：183）；

12　道家把世界看成巫術花園（Weber, 1951: 227; 1989: 450；
　　韋伯，1996：338；2012a：294）；

13　工業界中沒有合於理性的資本主義企業（Weber, 1951:
　　242; 1989: 470；韋伯，1996：356；2012a：308）；

14　資本的形成是靠文官斂財（Weber, 1951: 242; 1989: 470；
　　韋伯，1996：357；2012a：308）；

15　沒有合理的組織企業方法（Weber, 1951: 243; 1989: 470；
　　韋伯，1996：357；2012a：308）；

16　沒有商業消息的服務機構（Weber, 1951: 243; 1989: 470；
　　韋伯，1996：357；2012a：308）；

17　技術發明沒用在經濟用途上（Weber, 1951: 243; 1989:
　　470；韋伯，1996：357；2012a：308）；

18　沒有真正的商業文書、會計和簿記制度（Weber, 1951:

243; 1989: 470；韋伯，1996：357；2012a：308）。

　　從以上的敘述中，我們也可以看出中國確實曾經出現過其他形式的資本主義，可是卻沒有韋伯念茲在茲的西方的、近代的、理性的資本主義。

　　在《宗教社會學論文集》的〈前言〉中，韋伯則提到和資本主義發展有關的因素，我將其整理如下：

1　合理的資本主義勞動組織（Weber, 1958a: 21; 2011: 240; 2016: 110；韋伯，2007：10；2008：26）；

2　近代理性的資本主義企業（Weber, 1958a: 21; 2011: 241; 2016: 110-111；韋伯，2007：10；2008：26）；

3　家計和營業分離（Weber, 1958a: 21-22; 2011: 241; 2016: 111；韋伯，2007：10；2008：26-27）；

4　合理簿記的採用（Weber, 1958a: 22; 2011: 241; 2016: 111；韋伯，2007：10；2008：27）；

5　商業化（Weber, 1958a: 22; 2011: 242; 2016: 112；韋伯，2007：12；2008：27）；

6　公民的概念（Weber, 1958a: 23; 2011: 243; 2016: 113；韋伯，2007：12；2008：28）；

7　資產階級與無產階級的對立（Weber, 1958a: 24; 2011: 243; 2016: 113-114；韋伯，2007：12；2008：28）；

8　技術能力的發展（Weber, 1958a: 24; 2011: 244; 2016: 114；韋伯，2007：13；2008：28）；

9　行政和法律的合理結構（Weber, 1958a: 25; 2011: 244; 2016;
115；韋伯，2007：14；2008：29）；

10　實用理性的生活指引（praktisch-rationale Lebensführung;
organize their lives in a practical-rational manner）的能力
和性向（Weber, 1958a: 26; 2011: 246; 2016: 115；韋伯，
2007：15；2008：30）。

這10項因素，除了常被注意到制度面（第1、2、3、4、5、
6、8、9項）和精神面（第10項）（這也就是我們熟知的「新教
倫理」）之外，還有階層面（第7項）。

最後在《經濟史：社會經濟通史大綱》第四章第一節〈近代
資本主義的概念和前提〉中，韋伯也提到了六種資本主義的構成
要件（Weber, 1923: 239-240；韋伯，2006：174）。我覺得，卡爾
柏（Lutz Kaelber, 2003: 28-29; 2010: 34）根據對該書其他部分的
補充是比較完整的說法：

1　追求利潤的私人企業；

2　資本會計和簿記；

3　家戶和商業的分離；

4　形式上的自由勞動；

5　市場上的自由貿易；

6　企業對於所有生產方式的挪用；

7　經濟生活的商業化；

8　生產的機器科技；

9　可以計算的判決法律行政；

10　生活準則中運用理性的資本主義倫理。

柯林斯（Randall Collins, 1980: 931）根據韋伯兩位學生筆記整理而成的《經濟史：社會經濟通史大綱》，將韋伯的最後資本主義理論整理成一個圖表，這個圖表橫向分成四個欄目：

1　理性化資本主義的要素（components of rationalized capitalism）

　　(1) 資本的企業組織

　　(2) 理性化的科技

　　(3) 自由勞動

　　(4) 不受限制的市場

2　中介條件（intermediate conditions）

　　(1) 可計算的法律

　　(2) 嚴謹的非二元論的經濟倫理

3　背景條件（background conditions）

　　(1) 科層體制國家

　　(2) 公民權

4　終極條件（ultimate conditions）

　　(1) 文官行政人員

　　(2) 有利的交通狀況

　　(3) 書寫和記錄工具

　　(4) 硬幣

⑸ 統一供應的武器

⑹ 自我提供武器和有紀律的軍隊

⑺ 希臘的公民崇拜

⑻ 猶太的預言

⑼ 基督教的改宗和宗教改革的教派

最後還有別立一欄的「教會法和科層制」。

柯林斯的四個欄目的因果關係，是從最後一項往前面的三項逐一發展。這個圖表能將韋伯的理論中的多因、多層次和多階段的特色表達出來。我認為這是重建韋伯資本主義理論最接近理想的方式。

四、從韋伯〈儒教（與道教）〉或其思想脈絡重建其近代理性資本主義理論

最後，我們可以從〈儒教（與道教）〉的文本重建韋伯的資本主義理論。第一個層面就是他所提到的「社會的基礎」，或者是政治和經濟的社會制度，從文本的標題（或目錄）上看就是：

貨幣制度

城市

行會

君侯行政

封建國家和俸祿國家

科層體制
財政制度
軍事制度
農業制度
氏族組織
村落
法律

其次是文化或思想層面（韋伯稱為「心態」），在〈儒教（與道教）〉中也就是「儒教經濟倫理」和「道教經濟倫理」，這些都正是和「基督新教倫理」的內涵對反的經濟倫理。

最後，最重要的，卻也是最常被忽略的，那就是傳承儒家思想的儒生階層。儒生階層所創生的儒家思想這種世界圖像，對於社會、政治和經濟結構中影響近代理性資本主義發展的方向有著「轉轍器」（或「道岔」）的地位。

因此，一個比較完整的理論應該是像柯林斯提出的那樣，是一種多層次，多因的因果鎖鏈關係。如果配合上韋伯在「世界宗教的經濟倫理」的〈導論〉說的「利益（物質的和精神的）影響行動」和「世界觀可以決定行動的方向」來看，我們可以綜合得出韋伯可能具有這樣的想法：

1　社會結構或制度是決定近代理性資本主義發展是否出現的第一層因素，其中有些是有利的因素，有些是不利的因素；

2 宗教傳人這種階層居間成為第二層因素，由他們所創生
的各種「世界圖像」（亦即各種世界宗教或思想流派），
影響了近代理性資本主義發展的方向；

3 第二層因素是受到第一層因素的影響，然後隨著時間進
展，又會回過頭來影響第一層因素。[12]

總而言之，我認為：要建構韋伯的近代理性的資本主義理
論，必須配合上韋伯整體宗教社會學和經濟社會學的思想脈絡和
出版脈絡，以及四本的詳細分析，才可以完整地看出他的宏大
計畫。從本章所臚列的韋伯各種說法，就可以知道光守著〈儒
教（與道教）〉的讀者，特別是只守著一本翻譯本（不論中英譯
本），是難以窺見韋伯宗教社會學思想的豐富。就算是從〈基督
新教倫理與資本主義精神〉來搭配〈儒教（與道教）〉就想了解
韋伯資本主義的理論，其實還是有侷限的。

五、我們的功課

韋伯有著他對他所處時代的關懷，他的宗教社會學和經濟社
會學就是他對他所處時代的解析。但是他對於自己置身的資本主
義到底是持怎樣的態度，在這些研究裡是看不出來的。我們身處
在這個和韋伯遠遠不相同的時代與地點，我們對待我們的時代與

---

12 也就是韋伯在〈儒教（與道教）〉最後提到的，「心態」是受到政治和經
濟因素的制約。

世界，又要做出怎樣的回應呢？這大概是我們大家都逃不了的功
課。

　　韋伯在〈學術作為一種志業〉的結尾提及：我們應該做些什
麼來解決「當務之急」。

　　我們這個時代的當務之急恐怕要算是關乎全人類存亡與共的
「全球倫理」問題，也就是從韋伯的「世界宗教的經濟倫理」之
後，他的弟弟阿爾弗雷德‧韋伯（Alfred Weber, 1935）的《文化
社會學當成文化史》（Kulturgeschichte als Kultursoziologie）[13] 接踵
而起，經過兩人的得意弟子雅斯培（Karl Jaspers, 1949: 1953；雅
斯貝爾斯，1989；雅斯貝斯，2003）的「軸心（或樞軸）時代」
（Aksenzeit; axial age），[14] 一直到艾森斯塔（S. N. Eisenstadt編，
1986）等人的「軸心（或樞軸）時代文明」（axial age civilization）
和孔漢思（Hans Kühn, 2012）的「全球倫理」（global ethic）。[15]
這是我們身為東方文明之子應該努力的方向。

13　這本書沒有英譯本卻有中譯本，參見阿爾弗雷德‧韋伯（2006）。
14　出現在其《歷史的起源與目標》一書中，參見Jaspers (1948; 1953) 和雅
　　斯貝爾斯（1989）以及雅斯貝斯（2003）。
15　最簡單的入門，可參考孔漢思的《世界倫理手冊》。

第八章

文獻回顧

　　有了前面幾章對於韋伯〈儒教（與道教）〉的仔細檢視之後，我們可以簡要回顧針對韋伯《儒教與道教》的後續研究。我覺得有了對於韋伯比較仔細地認識之後，再來回顧相關的研究文獻，可以讓韋伯自己的想法來對應研究者的說法，我這個研究者就可以省說很多得罪人的話。這就是本書將「文獻回顧」放在最後而不照一般學術慣例放在研究開端的原因。

　　過去針對韋伯〈儒教（與道教）〉的專門研究並不多見。我們下面的討論還是要集中在和〈儒教（與道教）〉有關的後續研究上，並不會廣泛論及以韋伯〈基督新教倫理和資本主義精神〉為主而延伸的二手研究。在選材上，雖然力求周全，但還是難免掛一漏萬，會有疏漏之處。

　　討論資本主義問題除了作者能力不及的德文專輯[1]之外，我們大致可以將後續學者的研究方向分成幾個方面：

1　這就是 Schluchter (1983)。

一、注重脈絡和文本的稀缺

　　在後續的研究中，重視《儒教與道教》文本和脈絡的學者並不多見，儘管馬洛伊（Stephen Molloy, 1980）和施路赫特（Schluchter, 2014）[2]早就有這方面的提醒。施路赫特（Schluchter, 2014: 97）提到韋伯從博士論文開始就對資本主義的發展產生興趣，他又特別提到「世界宗教的經濟倫理」和《經濟與社會》的宗教社會學部分可以相互參照（Schluchter, 2014: 301）。他也是唯一積極想要重建韋伯宗教社會學的學者，特別展現在他的英文作品《理性主義、宗教和宰制：韋伯觀點》中。[3]

二、韋伯的「所本」或引證文獻的分析

　　讀《儒教與道教》的人都會注意到韋伯自己承認不是漢學家，寫作當時也沒漢學家可以相互切磋琢磨，而且當時的歐美漢學界對於中國的研究也才剛開始，所以他所引用的文獻好像就這麼被忽略掉了。可是韋伯的論證就是植基在這些文獻上的。不對

2　施路赫特的原書於1998年出版，我這裡引用的是2014年林端翻譯的中譯本。

3　這本英文版是將他的幾本德文書的章節重新整理翻譯而成，其中包括原1988年出版的《宗教與生活準則》（*Religion und Lebensführung*）第一、二、四至八、十一至十四章，1985年再版的《科層宰制的方面》（*Aspekte bürokratischer Herrschaft*）第二、三章，以及《世界宰制的理性主義》（*Rationalismus der Weltbeherrschung*）第四章。

這些文獻有一些了解，恐怕對於韋伯的中國知識的基礎就不會有一種溫情和敬意，而容易先入為主的產生「韋伯不懂中國、不懂儒教與道教」這種無濟於事的偏見。

王水煥（2016）的〈韋伯《儒教與道教》引用有關中國文獻略考〉一文是難得一見的對韋伯「所本」的討論。[4]作者用傳統中國的「經史子」[5]分法將韋伯引證的中文資料的歐美語文譯本做了整理，不過韋伯引用的文獻不只是這些中文經典的譯本，還有許多當時相關的研究。可惜王水煥的文章都沒有提到。

三、全面的介紹與評論

大體上來說，韋伯的〈儒教（與道教）〉是他的「世界宗教的經濟倫理」中的一環。換句話說，討論的是「世界宗教」和「資本主義」之間的關係。許多後來的評論者都有意無意地忽略這樣的脈絡關係，而選擇從自己的專業出發，很少有全面的評論。楊慶堃（C. K. Yang）在1964年替漢斯・葛斯的英譯本所撰寫的導讀可以算是最早也最周全的一篇。[6]許多人恐怕都是閱讀此篇條理清晰的導讀來代替讀晦澀的正文。

楊慶堃認為這本書的主題有下列幾方面：首先，韋伯認為中

---

4 感謝南京大學社會學博士生趙超越同學提供這篇文章的資訊。

5 韋伯沒有引用到「集」部的資料。

6 這篇〈導論〉被選進簡惠美的譯本中：1989年版遵循者英譯本的做法，放在正文前面（楊慶堃，1989），1996年修訂版挪移到全書之後當作「附錄一」（楊慶堃，1996）。大陸各個譯本都沒有楊慶堃的這篇「導讀」。

國沒有發展出「理性的資產階級的資本主義」（rational bourgeois capitalism）；其次，這本書主要是支持韋伯的主要論點：理性的資產階級資本主義在歐洲得以發展就是因為出現了寡欲的新教倫理作為其動力。之後，他還很詳細地敘述了韋伯在這本書中對於中國社會結構、儒教傳統主義，以及道教異端的缺乏創新等方面的討論。他總結了韋伯論證的三個步驟：首先，論證中國社會結構這種物質條件中有著有利和不利於資本主義經濟發展與資本主義精神的因素，因此結構因素並不是中國不能發展出資本主義的決定因素；其次，儒教作為中國的主要價值系統一直都是傳統主義的，只求適應世界而不是改變世界；還有，道教作為異端也一直強調來世的密契和自己的巫術傳統。結果，儒教的傳統主義和儒生無心於經濟生產事業，才沒有讓中國走向西方資本主義的道路。他認為韋伯問了一個很好的問題：為什麼中國有悠久的歷史和文化表現，卻沒能發展出工業資本主義？可是他的答案卻不令人滿意。他認為儒教的性質可以有不同的解釋方向，他以「道」和世俗關係為例，兩者之間可以成為儒教理性主義和寡欲主義之間的緊張關係。他還認為當時的材料不能讓學者對中國社會結構做出結論，還有韋伯仰賴的材料也不夠充分，不過他讚揚韋伯對於材料的洞察力是很夠的。他的〈導讀〉基本上是對韋伯全書的整理，沒有太多的補充。楊慶堃的導讀在英語世界扮演著舉足輕重的角色。有些人幾乎把他的整理當成韋伯對於儒教和道教的唯一解釋。由下面我們還要提到的各種批評意見，就可以想見後續的研究者其實是不滿意他的導讀。

史普連科（Otto van der Sprenkel）於1964年在《歷史與理論》

（*History and Theory*）發表的〈韋伯論中國〉（Weber on China）一文是首次見諸英文世界對於《儒教與道教》在學術期刊上的討論。這篇文章一開頭就指出韋伯的研究有幾個缺失：方法有誤、資料有限、推論失準、文風艱澀、章節凌亂等。這篇文章主要是彌補韋伯這幾個方面的不足：中國歷史上中央政府的科層體制、科舉制度、仕紳階層（gentry class）和氏族組織（lineage organization）。雖然如此，這篇文章的結論還是認為韋伯的想法可以激發後續新的研究，韋伯的功勞終究多過了這些缺點。這可以看成是西方漢學家遲來的回應。

　　馬洛伊於1980年在《英國社會學刊》（*British Journal of Sociology*）發表〈韋伯和中國的宗教：有走出迷宮的路嗎？〉（Max Weber and the Religion of China: Any Way out of the Maze?）。文章開頭是引用麥克雷（D. G. Macrae）的說法，主張韋伯的研究是個迷宮，也和迷宮一樣，基本上「在其核心是空無一物的」（at their hearts there is often nothing）。他也指出《儒教與道教》的二手研究往往提供了更多的混淆，這是因為這些研究者沒能正確地區分這篇論文和脈絡的關係。他提到〈導論〉和〈間論〉的重要性，也詳細列出韋伯《宗教社會學論文集》對應的英譯本。不過，他也不諱言韋伯文章的晦澀難明，讓人望而卻步（dauntingly opaque）。除此之外，《儒教與道教》還有下列缺失：缺乏清楚的分析結構，這顯示在實質內容與方法工具方面。他還特別注意到英譯本在德文脈絡上分成三部分的加油添醋。他也用了兩對觀念：唯心論和唯物論、實踐倫理和經濟倫理，製成一個二維四格表，嘗試走出韋伯的迷宮，這算是這篇文章的創見。這篇文章有

一個讓我不解的瑕疵，那就是每次引用到《社會科學與社會政策學報》（*Archiv für Sozialwissenschaft und Sozialpolitik*）時都誤作《社會研究學報》（*Archiv für Sozialforschung*）。

簡惠美在翻譯韋伯這本書之前，先在1988年出版了她的碩士論文《韋伯論中國：《中國的宗教》初探》。這本碩士論文注意到了韋伯的宗教社會學論文集的出版脈絡，整本論文也是順著韋伯原書的章節脈絡而發展，分別討論國家型態、國家的精神理念、國家的社會經濟運作、國民的精神意態這幾個方面。她還繪製了一幅中國社會結構圖（簡惠美，1988：127），整理了韋伯在書中討論過的幾個重要變項。在結論中，她指出，韋伯對西方近代資本主義全面性的文化因素的側重，除了常被提及的「一種特殊的精神意態」，還包括了很多人都忽略的法律、行政、司法等方面。她也提到韋伯對於中國、印度和伊斯蘭的研究隱含著黑格爾式的「東方主義」。她發人深省地指出：「透過比較研究，韋伯的確做到突顯近代歐洲理性主義之獨特性與刻畫出近代西方人性格之文化背景的著述目標；而我們則應該要能自韋伯的比較研究中，了解到在其對比之下，自身的歷史文化與理性特質為何，或者到底基於何種因素而導致了這樣的對比」（簡惠美，1988：178）。她的整本論文多處都以《中國的宗教》來稱呼韋伯的《儒教與道教》，這顯然是遵循英譯者的做法。這本首發的碩士論文雖然是一個「初探」，但是已經參考了歐美日相關的研究成果，算是難得之作。可惜的是收錄在「國立臺灣大學文史叢刊」中，流傳不廣。

1989年簡惠美的中譯本問世，這是中文世界期待已久的盛

事。這個譯本中將康樂的〈導言〉列在楊慶堃的〈導論〉之前。康樂的文章先指明了韋伯《宗教社會學論文集》三冊的目錄，強調《儒教與道教》是韋伯「世界宗教的經濟倫理」的起首部分。[7] 他也注意到韋伯對於中國歷史中不變與變的因素的並重，對於理念型的運用，以及所引用中文文獻的問題。他甚至將韋伯對中國社會結構的關係整理繪製成一張圖表（康樂，1989：14；1996：15）。[8] 最後他還延伸強調中西雙方在家族倫理方面的差異。總結來說，康樂的〈導言〉彌補了楊慶堃〈導論〉的不足。不過，他側重的還是韋伯有關中國歷史和社會結構的部分，對於資本主義方面的概念則沒有任何評論。他也和簡惠美一樣，以《中國的宗教》來稱呼《儒教與道教》。

　　黃樹仁（Su-Jen Huang）於1994年在《行為科學史期刊》（*Journal of the History of Behavioral Sciences*）發表的〈韋伯的《中國的宗教》：一種詮釋〉（Max Weber's *The Religion of China*: An Interpretation）一文，首先指出韋伯的《中國的宗教》一書有四方面的重要性：1. 開展了韋伯想像中的社會學；2. 說明了韋伯觀念中關於政經與宗教發展之間的因果關係；3. 展現了近代歐洲的發展；4. 韋伯自己矛盾的解釋：中國沒有近代理性資本主義的原因在宗教因素上，可是他又說明在中國的政治和法律條件上會妨礙中國近代理性資本主義發展的條件。接著，他一一討論中國

7　康樂的說法並不精確。嚴格來說，韋伯寫在《儒教與道教》之前的〈導論〉（Einleitung）才是這個「世界宗教的經濟倫理」系列的開頭。

8　這個圖表顯然和簡惠美碩士論文中修改而繪製的圖表有不少雷同處。

的政治─社會─經濟狀況：和平的世界帝國、家父制科層體制、儒生階層、傳統主義、城市、法律制度、家父制世界帝國的經濟結果、鄉村和農業、綿延不斷的宗族。然後他分別討論儒教和道教。最後，他整理繪製了一張韋伯書中展現的制度和宗教緊張關係的圖表（Su-Jen Huang, 1994: 15）。這張圖表在形式上和前述的康樂與簡惠美的圖表類似，但是在內容上及因果關係的方向上大不相同。

延續著韋伯的中西比較研究，高健龍於2014年出版的《天道與政道：17世紀中國儒家思想與清教主義對比研究》，雖然從副標題上看來只從思想層面比較17世紀中國和英國的發展，其實內容上還比較了該時期兩國的政治制度。他在書中沒有特別說明這是從韋伯的〈基督新教的倫理和資本主義的精神〉和〈儒教與道教〉所啟發，可是他在書中所做的思想和政治制度的比較恐怕更彰顯了韋伯原來想要的比較研究，而且他的比較研究也比韋伯要更清楚、更有條理。只是，高健龍的重點和韋伯不同，他的重點是區分中國的「天人合一」和英國的「神人相分」的天道觀，以及中國對於專制的緘默和英國革命觀的政道觀。

四、中國社會史和經濟史方面的補充

在回應「韋伯論旨」方面，有一部分是在彌補韋伯於中國經濟史方面的不足。特別不可不提的就是余英時的《中國近世宗教倫理與商人精神》（1987初版，2010年二版）。引發余英時回應的是韋伯的《中國的宗教》和〈基督新教的倫理與資本主義的精

神〉中的論點。他的中心問題是：「中國儒、釋、道三教的倫理觀念對明清的商業發展是否曾發生過推動的作用？」（余英時，2010：55）

余英時首先從儒、釋、道三教的「入世轉向」說起，並從宋明儒學中發現儒家倫理的新發展，特別是強調韋伯認為中國沒有的「彼世」觀和「入世苦行」。在「商人精神」方面，他提出明清儒家的「治生」論，以及由士商關係變化所產生的「棄儒就賈」的趨勢。他還指出，明清商人倫理中強調勤（industry）和儉（frugality）、誠實不欺，以及「賈道」中出現的商業帝國觀念和「夥計」專業角色的出現，其中也出現「薄利多銷」和「工具理性」的做法。這些都是韋伯認為中國缺乏的倫理項目。余英時透過筆記小說及後人編纂的商人資料彌補了韋伯對於中國經濟發展了解的不足。不過，恐怕會令讀者懷疑的是：如果中國當初都有這些西方理性資本主義發展必須的精神要素，為什麼還是沒有發展出韋伯所說的近代理性的資本主義呢？余英時顯然沒有注意到這方面的問題。此外，余英時對於商人精神的討論也是韋伯書中缺少的部分。余英時（2010：10）在〈序論〉的結尾處聲明：「這部專著的積極目標是在開拓中國史研究的新領域，不是消極地與韋伯辯難……韋伯的某些『灼見』（insight）卻歷久而彌新，在今天仍散發著光芒。」這也是讀者應該特別牢記在心的作者初衷。

杜恂誠於1993年出版的《中國傳統倫理與近代資本主義：兼評韋伯《中國的宗教》》一書，雖說是「兼評」，其實只是花了前面30頁的篇幅將韋伯的《儒教與道教》做了摘要，然後提出幾

點質疑和看法：儒、清比較是否合理？倫理是決定性的因素嗎？
中國傳統倫理並不簡單地等同於儒學、中西倫理差異的相對性和
絕對性，以及以儒家文化圈的經濟起飛質疑。後面的部分則是對
於19世紀中國買辦經濟、企業組織、租界體制、法律措施和商業
習慣的詳盡介紹。他大概企圖以中國近代資本主義的起飛來回應
韋伯研究的不足。這和韋伯〈儒教與道教〉著力的時間點是不一
致的，不過，若是撇開和韋伯的對話不談，本書資料豐富，讓人
對近代中國資本主義的開展，獲益良多。

　　順便要提到一個和本書相關的是「中國資本主義萌芽問題」
的研究。不過這些研究都是在馬克思主義和毛澤東思想的指導下
所做的歷史材料證明。根據石錦（1987：143）的說法，這方面
的研究先後出版了三次討論專輯：一是1957年出版的〈中國資本
主義萌芽問題討論集〉；二是1960年出版的《中國資本主義萌芽
問題討論續編》；三是1981年出版的《明清資本主義萌芽研究論
文集》。石錦（1987：144）很簡要地指出這些討論文章都有一種
固定的模式：「先引段馬克思的理論，然後去找幾條中國的資料
去證明中國就是這樣。在中國史料不足的地方，馬克思論還可以
代替史料去說明歷史發展的過程。」嚴格來說，這方面的研究和
韋伯無關。不過，石錦（1987：174-180）在文章結尾提供了一個
和韋伯論旨相關的具有建設性的指引。他指出研究明清經濟發展
應該考慮下面八個因素：1. 財產關係的變化；2. 倭寇之亂和東南
沿海地區的農民運動；3. 國際貿易和國內市場；4. 商業資本的投
資途徑；5.「農副合一」經營方式的形成；6. 農業與資本主義出
現的關係；7. 政府的角色和資本主義的出現；8. 就明清資料的性

質設計衡量中國經濟發展和變化的客觀尺度，如量化資料等。

　　布魯（Gregory Blue）於1999年發表在《中國與資本主義：漢學知識的系譜學》（*China and Historical Capitalism: Genealogies of Sinological Knowledge*）一書中〈「中國」與近代西方社會思想〉一文，很詳盡地將韋伯的〈儒教與道教〉放置在一個近代西方思想家研究中國的脈絡中。文中他對韋伯的著墨並不多，但都能掌握重點：他認為「許多他在中國與西方之間所做的對比太過強烈，他的部分分析仍然值得尊重」（Blue, 2004: 109）。他除了注意到韋伯的做法是一種比較研究，還能獨具慧眼地指出韋伯提供了中國歷史停滯的結構性解釋：一是皇帝和個人隨扈之間的對立，以及皇帝和文官體系之間的對立；二是國家和國族或是家族團體之間的對立；三是傳統主義是社會秩序和貨幣經濟成長之間的對立（Blue, 2004: 122-123）。這篇文章對於了解「韋伯論旨」提供了一個清晰完整的西方思想史脈絡。

　　另外也值得注意的是卜正民（Timothy Brook）於1999年發表在《中國與資本主義：漢學知識的系譜學》一書中〈資本主義與中國的近（現）代歷史書寫〉一文。卜正民的文章對於19世紀以來中國和日本知識界對於資本主義和現代性的回應與研究有非常簡要的描述。雖然沒有提到韋伯《儒教與道教》一書的要領，但是對於其他和韋伯之外的中國近（現）代經濟史和社會史的研究，可以補充對同一主題的不同研究路徑和成果，開拓研究中國近代資本主義的更寬廣視野。

五、西方資本主義的研究

　　許多中國歷史學者的後續研究都在補足韋伯對於中國經濟史發展的認識不足，而西方的歷史或社會學者則多從西方資本主義的方向來和韋伯對話。談論西方資本主義起源的書籍很多，限於筆者的能力和本書的研究旨趣，我只能對下面幾篇文獻略作討論，讀者如要深入討論，就得另求高明。[9]

　　前述石錦的文章中的第一部分，就是整理了西方馬克思主義者對於資本主義起源和發展的理論，他詳細地提到了季登斯（Anthony Giddens）的看法，也提到了范恩（Ben Fine）、史威濟（Paul Sweezy）、賀頓（R. Hilton）、華勒斯坦（Immanuel Wallerstein）、道布（Maurice H. Dobb）、布來納（Robert Brenner）、安德生（Perry Anderson），以及合作出版《工業化前的工業化》（*Industrialization before Industrialization*）的克蘭德（Peter Kriedte）、麥迪克（Hans Medick）和休倫邦（Jürgen Schlumbohm），與孟德斯（Franklin Mendels）、柯曼（Donald C. Coleman）、狄安（P. Deane）。對於不熟悉這方面領域研究成果的讀者而言，這是一篇很簡要的介紹。

　　黃仁宇（1918-2000）是中國學人中有資格討論中國與西方資本主義發展的旅美學者。他於1987年發表的〈西方資本主義

9　光是談論資本主義起源的書籍，近幾年出版或再版的就有下面幾本：厲以寧（2014）、科卡（Jürgen Kocka, 2017）、伍德（Ellen Meiksins Wood, 2016）。另外，對於西方思想家如何看待資本主義，也可以參考穆勒（Jerry Z. Muller, 2016）。

的興起：一個重點上的綜合〉一文，除了夾雜著回憶他和中國科技史研究泰斗李約瑟（Joseph Needham, 1900-1995）的一段研究往事，並注意到韋伯在重視「資本主義的精神」之外，並沒有忽視社會組織，特別是「企業和家庭的分離、記帳有組織和條理、公司財產和私人財產在法律面前分離、貨幣和信用經常連繫……法律的重要」（黃仁宇，1987：98-99）。在西方資本主義的興起上，黃仁宇指出了馬克思、宋巴特、皮楞（Henri Pirenne）、布勞岱（Fernand Braudel）等專家都承認西方資本主義歸根溯源始於14世紀前後的義大利，特別是威尼斯。16世紀荷蘭繼威尼斯之後而起，17世紀英國的光榮革命（Glorious Revolution）也厥功至偉。他強調「一切能用數目字管理」（黃仁宇，1987：111）是資本主義簡單的開頭。這其實也是韋伯強調的理性主義中的「可計算性」（calculability）。

韋伯之後研究資本主義最著名的學者之一就是以「世界體系」聞名的華勒斯坦（Immanuel Wallerstein）。他整理了三個資本主義的研究方向：1. 資本主義的獨特之處；2. 資本主義世界的歷史建構；3. 西歐社會結構的兩種解釋：文明性的解釋和機緣性的（conjunctural）解釋。這篇文章是一個對西方資本主義研究很簡要的文獻回顧。他的結論有兩點，都很發人深省：1.「16世紀時，資本主義／「現代的」歷史體系絕對不是必然地在任何地方都會出現；當前的『危機』也沒有什麼必然的結果」；2.「西方發展出這個奇特的體系……在實質上是如此地非理性，這個體系最終是站不住腳的。接下來，端賴人類現在是否能創造出一個更為理性的體系」（Wallerstein, 2004: 72）。

六、儒家思想方面的補充

前面余英時的《中國近世宗教倫理和商人精神》已經對16世紀以來儒、釋、道的轉向做了簡要的描述。可是對於儒家思想（特別是先秦時期）和韋伯的關係的討論，不得不提到葉仁昌於2015年出版的《儒家與韋伯的五個對話》。

基本上，葉仁昌和許多前輩的立場一樣：「韋伯有錯，但仍站在那裡！」葉仁昌從政治哲學的專業，集中在五個方面：1. 經濟倫理的對話：入世抑或出世？2. 財富思想對話：無限利潤心？3. 支配類型的對話：道德行正當性；4. 理念類型對話：義利的四種模式（取代模式：以利斥義；條件模式：先義後利；化約模式：義即公利；因果模式：義以生利）；5. 決策倫理模式：何不曰利？葉仁昌引證了先秦兩漢政治思想史相關的文獻，提供了一個韋伯知識程度所不及的思想世界。不過韋伯本來就不打算從著名思想家的思想中來證立近代理性資本主義發展的關聯性，如此辛苦的論證，固然可以圖利當代讀者，但對韋伯來說，恐怕是「雞同鴨講」。作者期待中的對話，恐怕會淪為「聾子的對話」。

七、20世紀80年代對「儒家倫理與經濟發展」的研究[10]

　　金耀基（1992）[11]算是強調「儒家倫理有助於經濟發展論」的代言人。他認為：「韋伯的《中國的宗教》一書可以說是現代西方學人對中國社會及其主導的價值系統（儒家倫理）系統性研究的第一部代表著作……在此書中，韋伯判定儒家倫理是傳統中國社會阻礙資本主義發展的最主要原因」（金耀基，1992：129），但是韋伯的論斷「正在受到巨大經驗現象的挑戰」。金耀基的文章在很簡要且精準地介紹了韋伯在新教倫理和儒教與道教的研究之後，批評韋伯對於儒家的誤解，特別是在「禮」方面，儒家重和諧，而不是像韋伯所說只是重外表或面子。此外，他還引用狄百瑞（Wm. T. de Bary）與墨子刻（T. A. Metzger）的研究，強調儒家倫理重個人及其道德自主性。因此，他推論韋伯的「儒家倫理阻礙資本主義發生」的論點是站不住腳的。金耀基認為，更重要的挑戰是來自於「日本、臺灣、南韓、香港、新加坡」所造成的「東亞經濟奇蹟」。他引證了當時不少西方學者研究東亞的成果，其中包括：霍夫漢茲（R. Holfheinz）和凱德（K. E. Calder）

---

10 我記得當時的報紙和文化期刊都有不少這方面的文章，我只挑選這兩篇當作正反兩種立場的代表。

11 金耀基的文章原來在1983年8月同時在臺灣和香港兩地的月刊上發表（《聯合月刊》，第25期，頁70-79；《明報月刊》，第212期，頁23-30）。我參考的是他1992年的修訂版，收錄於《中國社會與文化》（香港：牛津大學出版社）一書中。

的《東亞之優勢》，卡恩（H. Kahn）的「儒家後期文化」（post-
Confucian culture）、艾勒塔斯（S. H. Alatas）的〈東南亞的宗教
與現代化〉，以及伯格（P. Berger）的〈世俗性：西方與東方〉
一文中提出的「庸俗化的儒家思想」。他發現許多研究者，包括
韋伯，其實都是同樣重視從「制度論」和「文化論」兩方面來看
待經濟發展的要素。可是，金耀基認為制度論並不足以對東亞現
代化提供全面的解釋，必須補以儒家思想這個文化論的因素。雖
然他在文章一開始說過他在這篇文章中「主要是指出問題，而非
答案」，但是文章中好像已經把「儒家思想促進經濟發展」當成
答案定了調。

　　韓格理（Gary G. Hamilton）和高承恕（1987）的文章，與
一般正面頌揚「儒家倫理有助於經濟發展」的說法是唱反調的。
一開始就注意到1915年的〈儒教〉一文和後來的〈儒教與道教〉
的不同版本，但是卻誤把1915年的〈儒教〉一文當成是構成後
來英譯本《中國的宗教：儒教與道教》（*The Religion of China:
Confucianism and Taoism*）的後半部。兩位作者認為正是因為儒
家順應世界的做法，使得中國人被逼迫著去同化並快速接受資本
主義。最後，他們提出三點結論：1. 他們認為不應該誇大當代東
亞社會的規範價值的效力；2.「東亞四小龍」在歷史上也許可以
稱為「儒家社會」，不過，儒家倫理和各地的政治結構有不同的
融合，而且各地文化和科學的發展也和儒家價值有同樣的重要
性，所以應該注意韋伯強調的價值整合和制度化（integration and
institutionalization of values）。研究者不應該將價值的重要性視為
理所當然，而應該好好加以研究；3. 除了注意東亞工業化的成功

案例，也應該同樣注意到工業化所碰到的限制和困境。東亞發展內部的多樣性應該要多加重視。

有意思的是隨著1990年代東亞經濟的蕭條，這種「儒家倫理和經濟發展」的言論也逐漸和經濟發展一樣消失於無形。儒家倫理依舊在，經濟發展卻已經是明日黃花。

八、方法

韋伯在本書中提到自己對本書主要概念使用的是「理念型」的方法工具，布斯（Andreas Buss, 1999）還特別注意到韋伯在研究比較宗教社會學時所引用的「適當的原因」（adequate causation）的概念。

他指出，韋伯的因果觀念是受到克里斯（Johannes von Kries）的影響，特別是後者在1888年出版的《論客觀可能性的概念》（*Über den Begriff der objektiven Möglichkeit*）。客觀可能性的前提是研究者不清楚一個事件的發生與否的所有條件和外在環境，如果清楚這些條件和環境，就不能適用客觀可能性的概念。所以，大體來說，只有在一種普遍或是部分界定的條件之下，根據我的經驗或法則知識（nomological knowledge），我們才能確定一個事件的發生與否的客觀可能性。所以，只要某些因素出現在一個環境中可以產生某種效果，而同樣的因素不出現就不會產生同樣的效果，那麼這就可以確定因果關係。克里斯區分兩種因果關係：適當的原因（adequate causation）和機運的原因（chance causation）；前者是在大多數情況之下都能夠產生某種結果的原

因，後者是相對立的情況，也是不重要的原因。可是，這兩種區
分往往也是讓人混淆不清的。

　　以韋伯的研究來說，基督新教的倫理就是近代資本主義精神
的一種適當原因，而不是一個原因，或是唯一的適當原因，甚至
不是最重要的適當原因。布斯認為這是韋伯比較宗教社會學的主
要概念。不過，韋伯在研究比較宗教社會學時發現：儘管基督新
教倫理沒有出現就不會有近代資本主義，可是其他文化地區類似
教派的理性─倫理的影響，雖然沒有產生近代資本主義，卻對經
濟組織和發財致富有重大影響。此外，科技的進步、貴重金屬的
輸入和理性法律制度的建立等等，雖然不是沒有關聯，卻不被韋
伯認為是近代資本主義的適當原因。其他因素諸如：人口增長、
自主城市的發展、商業道路等等，可能都是近代資本主義發展的
重要原因，可是韋伯並沒有好好地加以比較研究。他主張韋伯
在〈基督新教的倫理與資本主義的精神〉中發現的兩者具有一種
「選擇性親近」（elective affinity）的關係，到了「世界宗教的經濟
倫理」系列，韋伯企圖建立一種「適當原因」的關係。也就是把
前者當成一個「控制組」，把其他世界宗教的經濟倫理當成「對
照組」。

　　這其實呼應著帕森斯早在1937年出版的《社會行動的結構》
一書中就說過的，韋伯從〈基督新教的倫理與資本主義的精神〉
一書使用了米爾（John Stuart Mill）所說的「取同法」（method of
agreement），到了「世界宗教的經濟倫理」卻轉用了「取異法」
（method of difference）（1968: 533）。

　　楊君實（1987：237）也有一個比較類似但比較清楚的說法：

在〈基督新教的倫理與資本主義的精神〉中，他的因果分析是「有A因才有B果」，在比較歷史的部分則是要證明「無A因則無B果」。他認為，韋伯到世界五大宗教中去找的就是「反證」。

附錄一　韋伯的時代、生平與著作年表

年　代	生　平　與　著　作
1864年	4月21日：生於德國圖林及亞（Thuringia）的愛爾福特（Erfurt），是八個小孩家庭中的長子 父親也叫同名的馬克斯・韋伯（1836-1897）；母親叫海倫妮・韋伯（1844-1919），娘家姓法倫斯坦
1866年（2歲）	罹患腦膜炎（meningitis）
1867年（3歲） 卡爾・馬克思《資本論》第一卷出版	
1868年（4歲）	在比利時目睹火車出軌事件
1870年（6歲） 8月2日瑪莉安娜・施尼特格爾（Marianne Schnitzger）出生	進入柏林夏洛登堡（Charlottenburg, Berlin）的私立多柏林（Döbbelin）學校就讀
1871年（7歲） 德國統一 1872年（8歲） 父親被選為國家自由黨在帝國議會的代表	
1875年（11歲）	最鍾愛的妹妹克拉拉（-1953）出生
1877年（13歲）	寫作有學術水準的論文，論述德國歷史上的皇帝與教皇，以及從君士坦丁到大遷徙的羅馬皇帝
1880年（16歲）	妹妹莉莉（-1920）出生
1882年（18歲）	進入海德堡（Heidelberg）大學法律系，兼習歷史、經濟學、哲學和神學 參加學生社團Alemannia，參加過決鬥及其他儀式

年　代	生　平　與　著　作
1883年（19歲）	在海德堡念了三個學期之後，到史特拉斯堡（Strasbourg）服一年兵役，先當士兵，再當軍官和舅父包嘉登家過從甚密
1884年（20歲）	復學，先後進入柏林大學和哥廷根（Göttingen）大學
1887-1888年（23-24歲）滕尼斯（Ferdinand Tönnies）出版《社區與社會》	在阿爾薩斯（Alsace）和東普魯士參加軍事演習 參加「社會政策聯合會」（Verein für Sozialpolitik），這是由施穆勒（Gustav Schmoller）所創立，受到搖椅社會主義者（Kathedersozialisten；Socialists of the Chairs）所把持 和表妹艾美（Emmy）過從甚密
1889年（25歲）	獲得柏林大學法律博士，論文題目是《中古商社史》（*Zur Geschichte der Handelsgesellschaften im Mittelalter*） 學習義大利文和西班牙文
1890年（26歲）	受「社會政策聯合會」委託調查東普魯士農民
1891年（27歲）	在麥曾指導下出版教授資格論文（Habilitationsschrift）《羅馬農業史對國家法和私法的重要性》（*Die römische Agrargeschichte in ihrer Bedeutung für das Staat- und Privatrecht*），作為升等論文 在論文辯論時和毛姆森教授（Theodor Mommsen）對話，並因此在柏林大學法律系謀得教職，從此展開大學教授生涯
1892年（28歲）齊美爾（Georg Simmel）出版《歷史哲學的問題》	春季：瑪莉安娜到韋伯家長住，兩人關係變得密切 夏季：接替他在柏林大學的老師哥德斯密特上課 秋季：到德國南部探訪因精神耗弱而住院療養的表妹艾美（她自認是韋伯的未婚妻） 服完最後一段兵役 出版調查報告《德國易北河東部農民情況》（*Die Lage der Landarbeiter im ostelbischen Deutschland*）

年　代	生　平　與　著　作
1893年（29歲）	1月11日：瑪莉安娜拒絕Paul Göhre的求婚，因此和韋伯的母親產生衝突 和瑪莉安娜訂婚 9月20日：和瑪莉安娜在厄靈豪森（Oerlinghausen）結婚 受聘傅萊堡（Freiburg）大學經濟學和財政研究正式教授，但是阿爾托夫還努力希望柏林大學能聘他擔任商法的教授
1894年（30歲）	秋季：轉往傅萊堡大學擔任政治經濟學教授 出版《易北河東部農民情況的發展趨勢》（*Entwicklungstendenz in der Lage der ostelbischen Landarbeiter*）
1895年（31歲）	5月13日：在傅萊堡大學發表就職演講〈民族國家和國民經濟政策〉（Der Nationalstaat und die Volkswissenschaftspolitik） 8至10月：遊歷英格蘭、蘇格蘭和愛爾蘭
1896年（32歲）	轉往海德堡大學任教，接替柯尼斯遺缺 因為嚴厲批評新的證券交易法獲邀到邦議會（Bundesrat）演講，並獲邀成為穀物貿易委員會委員 出版《古代文化沒落的社會原因》（*Die sozialen Gründe de des Untergang der antiken Kultur*）
1897年（33歲）	夏季：韋伯一家遷往海德堡 7月14日：和父親激烈爭吵 8月10日：父親逝世。不久，韋伯一家人到西班牙旅行 拒絕擔任薩爾布呂根（Saarbrücken）議會候選人

年　代	生　平　與　著　作
1898年（34歲） 俾斯麥過世	春季：發現精神病徵兆，到日內瓦湖畔治療〔或作1897年，見Aron (1968: 305)〕 夏季：無法正常工作，到康斯坦斯（Konstanz）的診所治療 年底前：疾病復發。 為治病散心，遊歷瑞士
1899年（35歲）	免除教學職務，但仍需負擔學術義務 橫越阿爾卑斯山到威尼斯 秋季：恢復上課。但不久又復發 冬季：辭職
1900年（36歲） 齊美爾《金錢哲學》出版 佛洛伊德《夢的解析》出版	7月2日：在烏拉赫（Urach）精神診療所治療
1901年（37歲）	3月：遊歷羅馬及義大利南部 夏季：遊歷瑞士 秋冬：回到義大利
1902年（38歲） 宋巴特出版《近代資本主義》第一版 李凱爾特（Heinrich Rickert）出版《自然科學概念建構的限度》	3至4月：從羅馬轉往佛羅倫斯 4月20日：回到海德堡慶祝38歲生日 12月：遊歷義大利里維拉（Rivera） 恢復在海德堡大學上課，但已經不復往昔活躍 寫作批判羅雪和柯尼斯的方法學論文

年　代	生　平　與　著　作
1903年（39歲）	夏季：遊歷羅馬、荷蘭和比利時 10月：重遊荷蘭 10月1日：辭去教職，轉任榮譽教授（Honorar-professor） 和宋巴特、雅飛接收《社會立法與統計學報》（*Archiv für soziale Gesetzgebung und Statistik*）改名為《社會科學與社會政策學報》（*Archiv für Sozialwissenschaft und Sozialpolitik*） 開始撰寫〈基督新教倫理與資本主義精神〉（Die protestantische Ethik und der »Geist« des Kapitalismus） 發表〈羅雪和柯尼斯以及歷史經濟學的邏輯問題〉（Roscher und Knies und die logischen Knies und die logischen Probleme der historischen Nationalökonomie）第一部分（第二部分1905年發表；第三部分1906年發表）
1904年（40歲）	8月：受到哲學家兼心理學家閔斯特堡（Hugo Münsterberg）之邀和特洛爾奇（Troeltsch）、滕尼斯遊歷美國，參加在聖路易（St. Louis）舉行的萬國博覽會中的世界學術會議，對新世界印象深刻 在聖路易發表〈德國農民問題的今昔〉（German Agrarian Problems in the Past and Present）的演講 12月：返回德國 和宋巴特、雅飛擔任《社會科學與社會政策學報》的編務 參加「Eranos圈」 發表〈社會科學和社會政策知識的「客觀性」〉（Die"Objektivität" sozialwissenschaftlicher und sozialpolitischer Erkenntnis）

年　代	生　平　與　著　作
1905年（41歲） 1月9日俄國聖彼德堡爆發革命，史稱「血腥週日」	2月23日：在Eranos圈提出「基督新教倫理」的報告 9月27日：參加在曼海姆（Mannheim）舉行的「社會政策聯合會」（Verein für Sozialpolitik）會議，替年初魯爾區礦工罷工辯護 俄國革命激起對沙皇帝俄的興趣，開始學習俄文，以便閱讀原始文件 發表〈基督新教倫理與資本主義精神〉（Die protestantische Ethik und der »Geist« des Kapitalismus）第一部分〈問題〉（Das Problem） 發表〈基督新教倫理與資本主義精神〉第二部分〈禁欲新教的天職觀〉（Die Berufsidee des asketischen Protestantismus） 發表〈羅雪和柯尼斯以及歷史經濟學的邏輯問題〉第二部分
1906年（42歲）	10月：參加社會民主黨大會，注意到該黨小資產階級的本質 11月：遊歷西西里，並到杜林（Turin）訪問米歇爾斯（Robert Michels） 發表〈農村社群和其他社會科學的關係〉（The Relation of the Rural Community to Other Branches of Social Science；由Ch. W. Seidenadel英譯） 發表〈羅雪和柯尼斯以及歷史經濟學的邏輯問題〉第三部分 發表〈文化科學的邏輯的範圍的批判研究〉（Kritische Studien auf dem Gebiet der kulturwissenschaftlichen Logik） 發表〈「教會」與「教派」〉（»Kirchen« und »Sekten«）以及〈北美的「教會」和「教派」〉（»Kirchen« und »Sekten« in Nordamerika） 出版有關俄國的文章

年　代	生　平　與　著　作
1907年（43歲） 瑪莉安娜出版《法律發展上的妻子與母親》（*Ehe-frau und Mutter in der Rechtsentwicklung*）	春季：家人遊歷科莫湖 夏季：家人遊歷荷蘭 參加「社會政策聯合會」會議，批評皇帝和社會民主黨人 海德堡家中經常高朋滿座，拉斯克（Emil Lask）、波伊默（Gertrud Bäumer）、文德爾班（Wilhelm Windelband）、耶林內克（Georg Jellinek）、特洛爾奇、瑙曼、宋巴特、齊美爾、米歇爾斯、滕尼斯，並指導年輕學子洪尼斯海姆（Paul Honigsheim）、雅斯培、盧卡奇（Georg Lukács）、羅文斯坦（Karl Löwenstein），詩人喬治（Stefan George）也常在座 發表〈許塔姆勒對唯物史觀的『戰勝』〉（R. Stammlers »Überwindung« der materialistischen Geschichtsauffassung）
1908年（44歲） 弟弟阿爾弗雷德受聘於海德堡大學	夏季：遊歷普羅旺斯與佛羅倫斯 秋季：到厄靈豪森和親戚長住，並因為他的〈工業勞動的心理物理學〉（Zur Psychophysik der industriellen Arbeit）而研究當地工廠 瑪莉安娜從娘家繼承一份遺產，讓韋伯家躋身為擁有財產的布爾喬亞階級之列 參加國家自由黨大會 對工業心理學產生興趣，發表三篇相關論文 發表〈邊際效用理論和『心理物理學的基本原理』〉（Die Grenznutzlehre und das »psychophysische Grundgesetz«） 發表〈工業勞動的心理物理學〉（Zur Psychophysik der industriellen Arbeit）（ -1909）

年　代	生　平　與　著　作
1909年（45歲） 弟弟阿爾弗雷德出版 《論工業的立場：純 立場論》（*Über den* *Standort der Industrie:* *Reine Theorie des* *Standorts*）	6月13日：經拉斯克介紹認識鋼琴家托伯勒 （Mina Tobler, 1880-1967） 接任《社會經濟學大綱》（*Grundriss der Sozialöko-* *nomie*）主編 加入新成立的海德堡科學院 在黑森林避暑 參加在維也納召開的「社會政策聯合會」大會 發表〈古代農業情況〉（Agrarverhältnisse im Alter- tum） 開始撰寫《經濟與社會》
1910年（46歲） 10月：德國社會學社 在法蘭克福召開第一 次大會	春季：遊覽義大利 4月：和特洛爾奇一家搬入外祖父在海德堡的舊居 夏季：遊歷英格蘭 10月：積極參與籌備德國社會學社會議，並在大 會上反對種族主義 12月：嚴厲反駁〈基督新教倫理〉的批評者。和 盧格（Arnold Ruge）展開論戰 認識喬治、盧卡奇、布洛赫（Ernst Bloch）
1911年（47歲） 宋巴特演講《猶太人 的未來》（*Die Zukunft* *der Juden*），出版 《猶太人與經濟生活》 （*Die Juden und das* *Wirtschaftsleben*）	春季：遊歷義大利，到杜林拜訪米歇爾斯 9月：遊覽巴黎 10月12至13日：在第4屆德國大學教師會議上批 評當時的「阿爾托夫體制」以及引進商學院。此 事在報上引起軒然大波 創立「威廉皇帝科學促進社」〔Kaise Wihelm Society for the Advancement of Society，後來更名為「普朗 克社」（Max Planck Society）〕 和雅飛夫人（Else Jaffé）發生長達四年的婚外情。 曾留下許多書信，其中比較親密的都已經燒毀， 剩餘的書信由姪子愛德華（Eduard Baumgarten） 收藏

年　代	生　平　與　著　作
1912年（48歲） 特洛爾奇出版《天主教教會和團體的社會教義》 10月：德國社會學社召開第二次大會	春季：遊歷普羅旺斯 夏季：和托伯勒一同參加拜羅伊特（Bayreuth）音樂節 10月：科赫（Adolf Koch）控告韋伯
1913年（49歲） 宋巴特出版《資產階級》（Der Bourgeois） 雅斯培出版《普通心理病理學》（Allgemeine Psychopathologie）	春季：遊歷瑞士阿斯科納（Ascona）的真理山（Monte Verità）社區，該處社區強調回歸自然 秋季：和瑪莉安娜遊歷義大利中部
1914年（50歲） 第一次世界大戰開始 妹夫雪佛（Hermann Schäfer）在東線戰場陣亡	春季：拜訪阿斯科納以及蘇黎世 在「社會政策聯合會」中的一個委員會中辯論「免於價值判斷」問題〔Lassman（1994: xxx）作1913〕 戰爭發生後，在海德堡附近的醫院服務
1915年（51歲） 友人拉斯克，及弟弟卡爾陣亡 瑙曼出版《中歐》（Mitteleuropa）	9月30日：因專業化的要求，韋伯退出醫院的服務 透過雅飛夫人的推薦，擔任駐比利時德軍的經濟政策顧問，但未被任用。到柏林希望擔任波蘭問題的顧問，也沒被接受 專心研究東方宗教 出版《世界宗教的經濟倫理》（Die Wirtschaftsethik der Weltreligion）的前三部分：〈宗教社會學大綱〉（Religionssoziologische Skizzen）、〈導言〉（Einleitung）、〈儒教〉（Konfuzianismus）

年　代	生　平　與　著　作
1916年（52歲） 2月：瑙曼成立「中歐工作委員會」（Arbeitsausschuss für Mitteleuropa） 布連塔諾（Lujo Brentano）出版《近代資本主義的起源》	3月：撰文批評德國日益強化的潛艇戰，但並未出版 5月：因為加入瑙曼的「中歐工作委員會」（Arbeitsauschuss[1] für Mitteleuropa），企圖整合中歐各國的風俗和經濟成為一個共同體，因而前往維也納和布達佩斯
1916-1917年（52-53歲） 宋巴特出版《近代資本主義》第二版	出席布魯塞耳、維也納和布達佩斯舉行的非正式會議，數次企圖說服德國領袖，避免戰爭的延續，並預測蘇聯未來的威脅 發表《世界宗教的經濟倫理》的第四部分〈印度教和佛教〉（Hinduismus und Buddhismus）
1917年（53歲） 俄國大革命 4月6日：美國向德國宣戰	在《法蘭克福報》（Frankfurter Zeitung）上撰文批評政府政策以及普魯士和德國關係，與軍事檢察機構發生衝突 5月：參加社會主義與和平主義學生主辦的「勞恩斯坦會議」（Lauenstein Conferences） 9月20日：在《慕尼黑新新聞》（Münchner Neueste Nachrichten）上撰文批評「德國祖國黨」（German Fatherland Party） 10月：遊歷維也納，研議維也納大學經濟學講座聘任的邀約 11月7日：演講〈學術當作一種志業〉（Wissenschaft als Beruf）〔此處根據施路赫特（1979：113-116）考證〕

1　Radkau (2009: 569) 誤將此字寫成 Arbeitschuss。

年　代	生　平　與　著　作
	發表〈社會學和經濟學中「價值中立」的意義〉（Der Sinn der »Wertfreiheit« der soziologischen und Wissenschaften） 發表《世界宗教的經濟倫理》第五部分〈古代猶太教〉（Das antiken Judentum）中的第一個小部分（其餘的部分一直連載到韋伯身後才完成）
1918年（54歲） 11月：艾斯納（Kurt Eisner）推翻巴伐利亞維特爾斯巴赫（Wittelsbach）王朝 雅飛成為艾斯納巴伐利亞革命政府的財政部長	4月：到維也納大學教授暑期班 6月13日：向奧地利軍官演講社會主義 受到瑪曼和弟弟阿爾弗雷德的人情壓力，成為德國民主黨發起人 以非正式的身分參與討論未來威瑪共和國的憲法 冬：在慕尼黑大學演講
1919年（55歲） 2月21日：艾斯納被刺身亡 第一次世界大戰結束 召開巴黎和會 訂定凡爾賽合約 第三國際在莫斯科成立	1月28日：演講〈政治當作一種志業〉（Politik als Beruf） 2月：在德國前總理巴登（Max von Baden）王儲的建議下，於韋伯家成立「海德堡法律政策聯合會」（Heidelberger Vereinigung für eine Politik des Rechts），以對抗德國戰爭罪責的問題 3月11日：在一場海德堡學生抗議盟軍和平條件的場合中，韋伯提出需要一場國族革命 4月：和托伯勒結束關係 5月13日：參加德國代表團凡爾賽合約的簽訂。並往柏林勸德軍主將魯登道夫（Ludendorff）接受盟軍法庭審判 6月：轉任慕尼黑大學任教，繼受布倫塔諾（Lujo Brentano）的講座，教授社會科學、經濟史和政治經濟學

年　代	生　平　與　著　作
	8月：被選為德國民主黨執行委員會委員 10月14日：母親過世 教授「經濟史」（Wirtschaftsgeschichte） 起草威瑪共和國憲法 繼續寫作《經濟與社會》
1920年（56歲） 國際聯盟成立	1月中旬：和右派學生因為刺殺艾斯納的兇手阿爾寇（Count Arco）執行死刑一事而起衝突 4月：妹妹莉莉自殺身亡，收養妹妹的四個孩子 校訂出版《宗教社會學論文集》第一卷並撰寫〈前言〉（Vorbemerkung）（第二、三卷都在韋伯死後出版） 發表〈基督新教教派和資本主義的精神〉（Die protestantischen Sekten und der Geist des Kapitalismus） 6月14日：因肺炎在慕尼黑逝世
1921年	出版《宗教社會學論文集》第二、三卷 瑪莉安娜編輯出版《政治論文集》 發表《經濟與社會》第一、二部分 發表〈城市：一個社會學的研究〉（Die Stadt: Eine soziologische Untersuchung） 出版《音樂的理性的和社會學的基礎》
1922年	瑪莉安娜編輯出版《科學學（方法論）論文集》 發表《經濟與社會》第三、四部分 發表〈合法宰制的三種純粹型式〉（Die drei reinen Typen der legitimen Herrschaft: Eine soziologische Studie） 發表〈增補許塔姆勒對唯物史觀的「戰勝」〉（Nachtrag zu dem Aufsatz über R. Stammlers »Überwindung« der materialistischen Geschichtsauffassung）

年　代	生　平　與　著　作
1923年	海曼和巴爾里合編出版《經濟史：社會經濟通史綱要》
1924年	瑪莉安娜編輯出版《社會學和社會政策論文集》 瑪莉安娜編輯出版《社會經濟史論文集》
1926年	瑪莉安娜出版《韋伯傳》（*Max Weber: Ein Leben-sbild*）
1936年	瑪莉安娜編輯出版《韋伯：青年書簡》
1981年 -	《韋伯全集》（*Max Weber Gesamtausgabe*）33冊陸續出版

說明：這個年表是我教社會學理論20多年來根據不同的參考資料所編纂而
　　　成，上過我社會學理論課的同學都拿過不同版本的講義。這次再根據
　　　拉德考（Joachim Radkau, 2009: 561-571）的資料做一次補正。如果資
　　　料有衝突之處，除非我能查證，否則一律以拉德考的資料為主。

《韋伯論外遇》

德文原文：

Es konnte unter diesem Spannungsverhältnis zum rationalen Alltag das außeralltäglich gewordene, spezielle also das ehefreie, Geschlechtsleben als das einzige Band erscheinen, welches den nunmehr völlig aus dem Kreislauf des alten einfachen organischen Bauerndaseins herausgetretenen Menschen noch mit der Naturquelle alles Lebens verband.

Max Weber（1920：560）

英文翻譯：

Under this tension between erotic sphere and rational everyday life, specifically extramarital sexual life, which had been removed from everyday affairs, could appear as the only tie which still linked man with the natural fountain of all life.

Gerth & Mills（1946：346）

參考資料

Raymond Aron. (1967) 1970. *Main Currents in Sociological Thought*. Vol. II. Trs. by Richard Howard and Helen Weaver. New York: Anchor Books.

Dirk Käsler. 1975. "Max-Weber-Bibliographie," *Kölner Zeitschrift für Soziologie und Sozialpsychologie*, 27 (December): 703-730.

Peter Lassman and Ronald Speirs. Eds. 1994. *Max Weber: Political Writings*. Cambridge: Cambridge University Press. Pp. xxix-xxx.

Harry Liebersohn. 1988. *Fate and Utopia in German Sociology*. Cambridge, Mass.: MIT Press.

Arthur Mitzman. 1969. *The Iron Cage: An Historical Interpretation of Max Weber*. New York: Alfred A. Knopf.

Joachim Radkau. (2005) 2009. *Max Weber: A Biography*. Oxford: Polity. Pp. 561-571.

Wolfgang Schluchter. 1979. "Value-Neutrality and the Ethic of Responsibility," in Guenther Roth and Wolfgang Schluchter. *Max Weber's Vision of History*. California: University of California Press. Pp. 65-116.

Marianne Weber. (1926) 1975. *Max Weber: A Biography*. Tr. and Ed. by Harry Zohn. New York: John Wiley & Sons.

Max Weber. 1920. "Zwischenbetrachtung," in *Gesammelte Aufsätze Zur Religionssoziologie*. Band 1. Tübingen: J. C. B. Mohr (Paul Siebeck), Pp. 536-573.

附錄二　韋伯的著作目錄及其中英文譯本

　　韋伯的德文詳細書目參見Dirk Käsler (1975, 1988: 235-275)。
有關韋伯的英譯原典和英文二手文獻，參見Peter Kivisto and
William H. Swatos, Jr. (1988)。

《宗教社會學論文集》(*Gesammelte Aufsätze zur Religionsso-
ziologie*) 三卷
第一卷
寫作時間：1905年至1920年
出版時間：1920年由韋伯本人修訂編輯出版並加寫「前言」

目錄：

前言（Vorbemerkung）〔1920年撰寫〕
英譯：

　1　"Author's Introduction," Tr. by Talcott Parsons. In *The
　　　Protestant Ethic and the Spirit of Capitalism.* New York:
　　　Charles Scribner's. 1958. Pp. 13-31.

　2　"Prefactory Remarks to the *Collected Essays in the
　　　Sociology of Religion* (1920)," in *The Protestant Ethic and*

*the Spirit of Capitalism and Other Writings.*Trs. by Peter Baher and Gordon C. Wells. New York: Penguin. 2002. Pp. 356-372.

3   "Max Weber's 'Prefatory Remarks' to Collected Essays in the Sociology of Religion (1920)," Tr. by Stephen Kalberg. In *The Protestant Ethic and the Spirit of Capitalism.* Third Roxbury Edition. Los Angeles: Roxbury Publishing Co. 2002. Pp. 149-164.

4   "Prefatory Remarks to the Collected Essays in the Sociology of Religion," Tr. by Sam Whimster. In Sam Whimster. Ed. *The Essential Weber: A Reader.* London: Routledge. 2004. Pp. 101-112.

5   "Max Weber's 'Prefatory Remarks' to Collected Essays in the Sociology of Religion (1920)," Tr. by Stephen Kalberg. In *The Protestant Ethic and the Spirit of Capitalism: The Revised 1920 Edition.* New York: Oxford University Press. 2011. Pp. 233-250.

中譯：

1   〈著者補論〉，張漢裕譯，收入其所譯《基督新教的倫理與資本主義的精神》，臺北：協志工業叢書出版股份有限公司，1960，頁89-98。（有刪節）

2   〈作者導論〉，黃曉京、彭強合譯，收入其所譯《基督新教的倫理與資本主義的精神》，成都：四川人民出版

社，1986，頁11-30。

3 〈導論〉，于曉譯，收入于曉等人合譯《新教倫理與資本主義精神》，北京：生活‧讀書‧新知三聯書店，1987，頁4-19。

4 〈作者導論〉，黃曉京、彭強合譯，收入其所譯《基督新教的倫理與資本主義的精神》，臺北：唐山出版社，1987，頁7-21。

5 〈導論〉，于曉譯，收入于曉等人合譯《新教倫理與資本主義精神》，臺北：谷風出版社，1988，頁1-17。

6 〈資本主義精神與理性化〉，康樂譯，收入康樂、簡惠美合譯《宗教與世界‧韋伯選集（II）》，臺北：遠流出版事業股份有限公司，1989，頁37-52。（有刪節）

7 〈西方文明的獨特性〉，譯者不詳，收入《文明的歷史腳步：韋伯論文精選》，孫大川審譯，臺北：結構群文化公司，1989，頁1-12。（節譯）

8 〈前言〉，于曉譯，收入于曉等人合譯《新教倫理與資本主義精神》，新北：左岸文化，2001，頁1-13。

9 〈前言〉，收入康樂、簡惠美合譯《基督新教倫理與資本主義精神》，臺北：遠流出版事業股份有限公司，2007，頁1-19。

10 〈作者導言〉，收入李修建、和張雲江合譯《新教倫理與資本主義精神》（英漢對照），北京：九州出版社，2007，頁3-31。

11 〈導論〉，收入陳平譯《新教倫理與資本主義精神》（全

彩插圖本），西安：陝西師範大學出版社，2007，頁
12-38頁。

基督新教的倫理與資本主義的精神（Die protestantische Ethik und
der Geist des Kapitalismus）〔1905年發表，1920年修訂出版〕

  I. 問題（Das Problem）

    1. 教派與社會階層（Konfession und soziale Schichtung）

    2. 資本主義的「精神」（Der »Geist« des Kapitalismus）

    3. 路德的天職觀・研究的任務（Luthers Berufskonzeption.
      Aufgabe der Untersuchung）

  II. 禁欲新教的天職倫理（Die Berufsethik des asketischen Prote-
    stantismus）

    1. 內心禁欲的宗教基礎（Die religiösen Grundlagen der inner-
      weltlichen Askese）

    2. 禁欲與資本主義的精神（Askese und kapitalistischer Geist）

英譯：

1 *The Protestant Ethic and the Spirit of Capitalism.* Tr. by
    Talcott Parsons, with a preface by R. H. Tawney. London:
    Allen & Unwin, 1930. First Paperback Edition. 1958.

2 *The Protestant Ethic and the Spirit of Capitalism.* Tr.
    by Talcott Parsons, with a new introduction by Anthony
    Giddens. New York: Charles Scribner's. 1976.

3 *The Protestant Ethic and the Spirit of Capitalism.* Tr.

by Talcott Parsons, with a new introduction by Anthony Giddens. London: Routledge. 1992.

4　*The Protestant Ethic and the Spirit of Capitalism.* 2nd Roxbury Edition. Tr. by Talcott Parsons, with a new introduction by Randall Collins. Los Angeles: Roxbury Publishing Company. 1998.

5　*The Protestant Ethic and the Spirit of Capitalism.* 3nd Roxbury Edition. Tr. by Stephen Kalberg. Los Angeles: Roxbury Publishing Company. 2002.

6　*The Protestant Ethic and the Spirit of Capitalism and Other Writings.* Trs. by . Peter Baher and Gordon C. Wells. New York: Penguin. 2002.

7　*The Protestant Ethic and the Spirit of Capitalism: The Revised 1920 Edition.* Tr. by Stephen Kalberg. New York: Oxford University Press. 2011.〕

中譯：

1　《基督新教的倫理與資本主義的精神》，張漢裕節譯，臺北：協志工業叢書出版股份有限公司，1960。（附注未譯出）

2　《基督新教的倫理與資本主義的精神》（繁體字本），黃曉京、彭強合譯，臺北：唐山出版社，1987。（附注未譯出）

3　《新教倫理與資本主義精神》（繁體字本），于曉、陳維

綱等合譯，臺北：谷風出版社，1988。（全譯本）

4 《新教倫理與資本主義精神》（繁體字本），于曉、陳維綱等合譯，馬國明導讀，臺北：唐山出版社，1991。（全譯本）

5 《新教倫理與資本主義精神》，于曉等人合譯，顧忠華審定，張旺山導讀，新北：左岸文化，2001。

6 《基督新教倫理與資本主義精神》，康樂、簡惠美合譯，臺北：遠流出版事業股份有限公司，2007。

7 《新教倫理與資本主義精神》（英漢對照），李修建、張雲江合譯，北京：九州出版社，2007。

8 《新教倫理與資本主義精神》（全彩插圖本），陳平譯，西安：陝西師範大學出版社，2007。

9 《新教倫理與資本主義精神》，康樂、簡惠美合譯，桂林：廣西師範大學出版社，2007。

基督新教教派與資本主義精神（Die protestantischen Sekten und der Geist der Kapitalismus）
英譯：

1 "The Protestant Sects and the Spirit of Capitalism," Trs. by Hans H. Gerth and C. Wright Mills. In Hans H. Gerth and C. Wright Mills. Eds. *From Max Weber: Essays in Sociology*. Oxford: Oxford University Press. 1946. Pp. 302-322.

2 "'Church' and 'Sects' in North America: An Ecclesiastical Socio-Political Sketch," Tr. by Colin Loader. *Sociological*

Theory, 3: 1-13.

3　"'Church' and 'Sects' in North America," in *The Protestant Ethic and the Spirit of Capitalism and Other Writings.* Trs. by Peter Baher and Gordon C. Wells. New York: Penguin. 2002. Pp. 203-220.

4　"The Protestant Sects and the Spirit of Capitalism," Tr. by Stephen Kalberg. In *The Protestant Ethic and the Spirit of Capitalism: The Revised 1920 Edition.* Tr. by Stephen Kalberg. New York: Oxford University Press. 2011. Pp. 209-226.

中譯：

1　〈新教教派與資本主義精神〉，閻克文譯，收入于曉等人合譯《新教倫理與資本主義精神》，新北：左岸文化，2001，頁252-286。

2　〈新教教派與資本主義精神〉，收入康樂、簡惠美合譯《基督新教倫理與資本主義精神》，臺北：遠流出版事業股份有限公司，2007，頁229-261。

3　〈新教教派與資本主義精神〉，收入康樂、簡惠美合譯《新教倫理與資本主義精神》，桂林：廣西師範大學出版社，2007，頁191-221。

4　〈新教教派與資本主義精神〉，閻克文譯，收入《馬克斯‧韋伯社會學論文集》，北京：人民出版社，2010，頁282-307。

世界宗教的經濟倫理（Die Wirtschaftsethik der Weltreligionen）
導論（Einleitung）
英譯：

1　"The Social Psychology of the World Religion," Trs. by Hans H. Gerth and C. Wright Mills. In Hans H. Gerth and C. Wright Mills. Eds. *From Max Weber: Essays in Sociology.* Oxford: Oxford University Press. 1946. Pp. 267-301.

2　"Introduction to the Economic Ethics and the World Religions," Tr. by Sam Whimster. In Sam Whimster. Ed. *The Essential Weber: A Reader.* London: Routledge. 2004. Pp. 55-80.

中譯：

1　〈比較宗教學導論：世界諸宗教之經濟倫理〉，簡惠美譯，收入簡惠美、康樂合譯《宗教與世界・韋伯選集（II）》，臺北：允晨文化實業股份有限公司，1989，頁53-99。

2　〈導論（《世界宗教的經濟倫理》）〉，王容芬譯，收入其譯《儒教與道教》，北京：商務印書館，1995，頁3-40。

3　〈比較宗教學導論：世界諸宗教之經濟倫理〉，簡惠美譯，收入《韋伯作品集（V）：中國的宗教／宗教與世界》，桂林：廣西師範大學出版社，2004，頁461-503。

4　〈世界性諸宗教的經濟倫理：宗教社會學比較研究導論〉，閻克文譯，收入《馬克斯・韋伯社會學論文集》，北京：人民出版社，2010，頁251-281。

儒教與道教（Konfuzianismus und Taoismus）

　　I.　社會學的基礎（Soziologische Grundlagen）：

　　　　A. 城市、諸侯和神祇（Stadt, Fürst und Gott）

　　II.　社會學的基礎（Soziologische Grundlagen）：

　　　　B. 封建和俸祿國家（Feudaler und präbendabler Staat）

　　III.　社會學的基礎（Soziologische Grundlagen）：

　　　　C. 行政與農業情況（Verwaltung und Agrarverfassung）

　　IV.　社會學的基礎（Soziologische Grundlagen）：

　　　　D. 自治、法律和資本主義（Selbstverwaltung, Recht und Kapitalismus）

　　V.　文人階層（Der Literatenstand）

　　VI.　儒家的生命態度（Die konfuzianische Lebensorientierung）

　　VII.　正統與異統（道家）（Orthodoxie und Heterodoxie (Taoismus)）

　　VIII. 結論：儒教和清教（Resultat: Konfuzianismus und Puritanismus）

英譯：

Religion of China: Confucianism and Taoism. Tr. by Hans H. Gerth. Glencoe, Ill.: The Free Press. 1951. 308p. With an introduction by C. K. Yang. New York: The Free Press. 1964.

中譯：

　　1　《中國的宗教：儒教與道教》，簡惠美、康樂合譯，臺

北：遠流出版事業股份有限公司，1989。（1996年修訂版）

2　《儒教與道教》，洪天富譯，江蘇：江蘇人民出版社，1993、2005。

3　《儒教與道教》，王容芬譯，北京：商務印書館，1995、2008、2012。

4　《中國的宗教：儒教與道教》，簡惠美、康樂合譯，收入《韋伯作品集（Ｖ）：中國的宗教／宗教與世界》，桂林：廣西師範大學出版社，2004，頁3-334。

5　《儒教與道教》（全譯彩圖本），張登泰、張恩富合譯，北京：人民日報出版社，2007。

6　《儒教與道教》，悅文譯，西安：陝西師範大學出版社，2010。

7　《儒教與道教》，富強譯，合肥：安徽人民出版社，2012。

間論：宗教拒世的階段和方向的理論（Zwischenbetrachtung: Theorie der Stufen und Richtung religiöser Weltablenung）

理性建構拒世動機的意義（Sinn einer rationalen Konstruktion der Weltablehnungsmotiv）

禁欲和神祕的類型（Typologie der Askese und Mystik）

拒世的方向：經濟的、政治的、美學的、性愛的、知性的範圍（Richtungen der Weltablehnung: ökonomische, politische, ästhetische, erotische, intellektuelle Sphäre）

拒世的階段（Stufen der Weltablehnung）

神義論的三種理性形式（Die drei rationalen Formen der The-
　　odicee）

英譯：

1　"Religious Rejections of the World and Their Directions," Trs.
　　by Hans H. Gerth and C. Wright Mills. In Hans H. Gerth and
　　C. Wright Mills. Eds. *From Max Weber: Essays in Sociology*.
　　Oxford: Oxford University Press. 1946. Pp. 323-359.

2　"Intermediate Reflection on the Economic Ethics of the
　　World Religions," Tr. by Sam Whimster. In Sam Whimster.
　　Ed. *The Essential Weber: A Reader*. London: Routledge.
　　2004. Pp. 215-244.

中譯：

1　〈中間考察：宗教拒世的階段與方向〉，收入康樂、簡惠
　　美合譯，《宗教與世界・韋伯選集（II）》，臺北：遠流
　　出版事業股份有限公司，1989，頁101-150。

2　〈過渡研究〉，王容芬譯，收入其譯《儒教與道教》，北
　　京：商務印書館，1995，頁302-337。

3　〈中間考察：宗教拒世的階段與方向〉，簡惠美譯，收入
　　《韋伯作品集（V）：中國的宗教／宗教與世界》，桂林：
　　廣西師範大學出版社，2004，頁505-550。

4　〈中間考察：宗教拒世及其方向〉，閻克文譯，收入
　　《馬克斯・韋伯社會學論文集》，北京：人民出版社，

2010，頁308-340。

第二卷

寫作時間：1916年至1917年

出版時間：1921年由瑪莉安娜編輯出版

目錄：

世界宗教的經濟：第二部分（Die Wirtschaftsethik der Weltreligionen. II）

印度教與佛教（Hinduismus und Buddhismus）

I. 印度的社會制度（Das hinduistische soziale System）

II. 印度知識分子的正統與異統救世說（Die orthodoxen und heterodoxen Heilslehren der indischen Intellektuellen）

III. 亞洲教派與救世主的宗教性（Die asiatische Sekten- und Heilandsreligiosität）

英譯：

The Religion of India: Hinduism and Buddhism. Trs. by Hans H. Gerth and Don Martindale. Glencoe, Ill.: The Free Press. 1958.

中譯：

　　1 〈作為經濟停滯因素的印度宗教、種姓和官僚專制政治：種姓和部落〉，譯者不詳，收入《文明的歷史腳步：韋

伯論文精選》，孫大川審譯，臺北：結構群文化公司，
1989年，頁80-108。（節譯）

2　《印度教與佛教》，康樂、簡惠美合譯，臺北：遠流出版
事業股份有限公司，1996。

3　《印度教與佛教》，康樂、簡惠美合譯，桂林：廣西師範
大學出版社，2007。

第三卷

寫作時間：1917年

出版時間：1921年由瑪莉安娜編輯出版

目錄：

第三卷前言（Vorwort zum dritten Band）

世界宗教的經濟倫理（Die Wirtschaftsethik der Weltreligionen）

古代猶太教（Das antiken Judentum）

I. 以色列聯邦與耶合華（Die israelitische Eidgenossenschaft und
Jahwe）

II. 猶太賤民的出現（Die Entstehung des judischen Pariavolkes）

附錄（Nachtrag）

法利賽人（Die Pharisäer）

英譯：

Ancient Judaism. Trs. by Hans H. Gerth and Don Martindale. Glencoe,

Ill.: The Free Press. 1952.

中譯：

1　《古猶太教》，康樂、簡惠美合譯，臺北：遠流出版事業
　　股份有限公司，2005。

2　《古猶太教》，康樂、簡惠美合譯，桂林：廣西師範大學
　　出版社，2007。

《政治論文集》（*Gesammelte politische Schriften*）

寫作時間：1895年至1919年

出版時間：1921年由瑪莉安娜編輯出版
　　　　　1958年由溫克爾曼編輯出版第二版
　　　　　1970年由溫克爾曼編輯出版第三版

目錄（根據第一版）：

前言（Vorwort）

民族國家和國民經濟政策（1895）（Der Nationalstaat und die Volks-
wirtschaftspolitik）

英譯：

1.　"Economic Policy and the National Interest in Imperial
　　Germany," Partially Translated by E. Matthew. In W. G.

Runciman. Ed. *Max Weber: Selections in Translation*. Cambridge: Cambridge University Press. 1978. Pp. 263-268.

2. "The National State and Economic Policy (Freiburg Address)," Tr. by Ben Fowkes. *Economy and Society*, 9, 4 (November 1980): 428-449.

3. "The Nation State and Economic Policy (Inaugural Lecture)," in Peter Lassman and Ronald Speirs. Eds. *Weber: Political Writings*. Cambridge: Cambridge University Press. 1994. Pp. 1-28.

中譯：

〈民族國家與經濟政策〉，甘陽、文一郡合譯，收入甘陽編選《民族國家與經濟政策：韋伯文選第一卷》，北京：三聯／牛津，頁75-108。

俾斯麥的外交政策和當今（1915）（Bismarcks Außenpolitik und die Gegenwart）

論和平結束（1915年末）（Zur Frage des Friedenschließens）

在兩種法律之間（1916年）（Zwischen zwei Gesetzen）

英譯：

"Between Two Laws," in Peter Lassman and Ronald Speirs. Eds. *Weber: Political Writings*. Cambridge: Cambridge University Press. 1994. Pp. 75-79.

惡化的潛艇戰（1916年）（Der verschäfte U-Boot-Krieg）

歐洲列強之下的德國（1916年）（Deutschland unter den europäi-
schen Weltmächten）

德國的外交與普魯士的內政（1917年3月）（Deutschlands äußere
und Preußens innere Politik. I/II）

蘇聯過渡到假象民主（1917年）（Rußlands Übergang zur Scheinde-
mokratie）

英譯：

"Russia's Transition to Pseudo-constitutionalism," Trs. By Gordon C.
Wells and Peter Baehr in Max Weber. *The Russian Revolutions.*
Oxford: Polity Press. Pp. 240.

重建德國的國會與政府（1917年夏）（Parlament und Regierung im
neugeordneten Deutschland）

英譯：

"Parliament and Government in Germany under a New Political
Order," in Peter Lassman and Ronald Speirs. Eds. *Weber:
Political Writings*. Cambridge: Cambridge University Press.
1994. Pp. 130-271.

德國首相危機的教訓（1917年）（Die Lehren der deutschen Kanzlerkrisis）

祖國與祖國的政黨（1917年）（Vaterland und die Vaterlandspartei）

巴伐利亞與帝國的國會化（1917年）（Bayern und die Parlamentisierung im Reich）

德國的選舉法與民主（1917年）（Wahlrecht und Demokratie in Deutschland）

英譯：

1. "National Character and the Junkers," Trs. by Hans H. Gerth and C. Wright Mills. In Hans H. Gerth and C. Wright Mills. Eds. *From Max Weber: Essays in Sociology*. New York: Oxford University Press. 1946. Pp. 386-392.

2. "Suffrage and Democracy in Germany," in Peter Lassman and Ronald Speirs. Eds. *Weber: Political Writings*. Cambridge: Cambridge University Press. 1994. Pp. 80-129.

內政情況與外交政策（1918年）（Innere Lage und Außenpolitik. I/II）

下一項內政的任務（1918年）（Die nächste innerpolitische Aufgabe）

停戰與和平（1918年）（Waffenstillstand und Frieden）

德國未來的政體（1918年）（Deutschlands künftige Staatsform）

新德國（1918年）（Das neue Deutschland）

論「發動戰爭罪責」的主題（1919年）（Zum Thema der "Kriegsschuld"）

帝國總統（1919年）（Der Reichspräsident）

英譯：

1. "The Reich President," Tr. by G. C. Wells. *Social Research*, 53 (1986): 125-132.

2. "The President of the Reich," in Peter Lassman and Ronald Speirs. Eds. *Weber: Political Writings*. Cambridge: Cambridge University Press. 1994. Pp. 304-308.

中譯：

〈帝國總統〉，錢永祥譯，《當代》，1990年5月號，收入其所編譯《學術與政治：韋伯選集（Ⅰ）》，臺北：遠流出版事業股份有限公司，1985，頁273-280。

責任問題的研究（1919年）（Die Untersuchung der Schuldfrage）

政治當作一種志業（1919年）（Politik als Beruf）

英譯：

1. "Politics as a Vocation," Trs. by Hans H. Gerth and C. Wright Mills. In Hans H. Gerth and C. Wright Mills Eds. *From Max Weber: Essays in Sociology*. New York: Oxford University Press. 1946. Pp. 77-128.

2. "Politics as a Vocation," Partially Translated by E. Matthew. In W. G. Runciman. Ed. *Max Weber: Selections in Translation*.

Cambridge: Cambridge University Press. 1978. Pp. 212-225.

3. *The Profession of Politics.* Ed. and Tr. by Simona Draghici Washington, D. C.: Plutarch Press. 1989.

4. "The Profession and Vocation of Politics," in Peter Lassman and Ronald Speirs Eds. *Weber: Political Writings.* Cambridge: Cambridge University Press. 1994. Pp. 309-369.

5. "The Vocation of Politics," Tr. by Sam Whimster In Sam Whimster. Ed. *The Essential Weber: A Reader*. London: Routledge. 2004. Pp. 257-269.

中譯：

1 〈政治當作一種志業〉，錢永祥譯，收入《學術與政治·韋伯選集（Ⅰ）》，臺北：允晨文化實業股份有限公司，1985。

2 〈以政治為業〉，收入王容芬譯《學術生涯與政治生涯：對大學生的兩篇演講》，北京：國際文化出版公司，1988，頁49-108。

3 〈以政治為業〉，馮克利譯，收入《學術與政治》，北京：生活·讀書·新知三聯書店，1998，頁54-130。

4 〈政治當作一種志業〉，錢永祥譯，收入《韋伯作品集（I）：學術與政治》，桂林：廣西師範大學出版社，2004，頁193-274。

5 〈以政治為業〉，王容芬譯，收入《入世修行：馬克斯·韋伯脫魔世界理性集》，西安：陝西師範大學出版社，

2003，頁57-152。

6　〈以政治為業〉，閻克文譯，收入《馬克斯·韋伯社會學論文集》，北京：人民出版社，2010，頁79-126。

論政書信（1906年）（Politische Briefe）

《經濟與社會》（*Wirtschaft und Gesellschaft*）

寫作時間：1909年以後斷斷續續

出版時間：1922年第一版由瑪莉安娜編輯出版

1925年第二版

1947年第三版（照第二版影印發行）

1956年第四版由溫克爾曼編輯出版

1968年由羅特（Guenther Roth）和威特奇（Claus Wittich）根據第四版編輯英譯出版三卷精裝本

1972年第五版由溫克爾曼修訂出版

1978年英譯平裝二卷本出版

1985年第一部分第三章由康樂中譯為《支配的類型》出版

1993年第一部分第一章由顧忠華中譯為《社會學的基本概念》出版

第二部分第九章由康樂、簡惠美合譯為《支配社會學 II》出版

第二部分第九章第七節由康樂、簡惠美合譯為

《非正當性的支配：城市的類型學》出版

1997年林榮遠根據1972年德文第五版中譯為《經濟與社會》兩冊

1998年由李強中譯為《經濟、諸社會領域的權力》出版（據編者甘陽聲稱這是根據「原書」第一章至第五章，但是這不是現在通行的章節）

2010年由閻克文根據英譯本中譯為《經濟與社會》兩卷本

目錄（第一版）：

第一部分　經濟和社會秩序和權力（Die Wirtschaft und die gesellschaftlichen Ordnungen und Mächte）

英譯：

The Theory of Social and Economic Organization. Trs. by A. M. Henderson and Talcott Parsons. Glencoe, Ill.: The Free Press. 1947.

第一章　社會學的基本觀念（Soziologische Grundbegriffe）

英譯：

Basic Concepts in Sociology. Tr. by H. P. Secher. New York: Citadel.

1962.

中譯：

1　《社會學的基本概念》，顧忠華譯，臺北：遠流出版事業
股份有限公司，1993。

2　〈社會學基本術語〉，收入楊富斌譯《社會科學方法
論》，北京：華夏出版社，1999，頁34-99。

3　《社會學的基本概念》，胡景北譯，上海：上海人民出版
社，2000。

4　《社會學的基本概念》，顧忠華譯，桂林：廣西師範大學
出版社，2005。

第二章　經濟行動的社會學範疇（Soziologische Grundkategorien
des Wirtschaftens）

第三章　宰制的類型（Die Typen der Herrschaft）

中譯：

1　《支配的類型‧韋伯選集（Ⅲ）》，康樂、簡惠美合譯，
臺北：遠流出版事業股份有限公司，1985。

2　《支配的類型‧韋伯選集（Ⅲ）》，康樂、簡惠美合譯，
桂林：廣西師範大學出版社，2004。

第四章　地位團體與階級（Stände und Klassen）

第二部分　社區化與社會化的類型（Typen der Vergemeinschaftung und Vergesellschaftung）

第一章　經濟與社會通論（Wirtschaft und Gesellschaft im allgemeinen）

第二章　社區化與社會化的類型（Typen der Vergemeinschaftung und Vergesellschaftung）

第三章　種族團體（Ethnische Gemeinschaften）

第四章　宗教社會學（宗教社區化的類型）（Religionssoziologie (Typen religiöser Vergemeinschaftung)）

英譯：

The Sociology of Religion. Tr. by E. Fischoff, with an introduction by Talcott Parsons. Boston: Beacon Press. 1963.

中譯：《宗教社會學》

1　劉援、王予文合譯，張家銘校閱，臺北：桂冠圖書股份有限公司，1993。

2　康樂、簡惠美合譯，臺北：遠流出版事業股份有限公司，1993。

3　康樂、簡惠美合譯，桂林：廣西師範大學出版社，2005。

第五章　市場（Markt）

第六章　經濟與秩序（Die Wirtschaft und die Ordnungen）

第七章　法律社會學（經濟與法律）（Rechtssoziologie (Wirtschaft

und Recht)〉

英譯：

Max Weber on Law in Economy and Society. Trs. by Edward A. Shils and M. Rheinstein. Cambridge, Mass.: Harvard University Press. 1954.

中譯：

《論經濟與社會中的法律》，張乃根譯，北京：中國大百科全書出版社，1998。

第八章　城市（Die Stadt）

英譯：

The City. Trs. by Don Martindale and G. Neuwirth Glencoe, Ill.: The Free Press. 1958.

中譯：

　　1　《非正當性的支配：城市的類型學》，康樂、簡惠美合譯，臺北：遠流出版事業股份有限公司，1993。
　　2　《非正當性的支配：城市的類型學》，康樂、簡惠美合譯，桂林：廣西師範大學出版社，2005。

第三部分　宰制的類型（Typen der Herrschaft）

第一章　宰制（Herrschaft）
第二章　政治社區（Politische Gemeinschaften）
第三章　權力的構成・「國家」（Machtgebilde. "Nation"）
第四章　階級，地位團體，政黨（Klassen, Stand, Parteien）
第五章　合法性（Legitimität）
第六章　科層制（Bureaukratie）
第七章　世襲制（Patrimonialismus）
第八章　父權制的和封建制的影響（Wirkung des Patriarchalismus und des Feudalismus）

中譯：

《支配的類型》，康樂譯，臺北：遠流出版事業股份有限公司，1985。

第九章　卡里思瑪（Charismatismus）
第十章　卡里思瑪的轉變（Umbilde des Charisma）

中譯：

《支配社會學 II》，康樂、簡惠美合譯，臺北：遠流出版事業股份有限公司，1993。

第十一章　國家和神職人員統治（Staat und Hierokratie）

（第二版新增附錄：音樂的理性的和社會學的基礎〔Die rationalen
und soziologischen Grundlagen der Musik 〕）

英譯：

The Rational and Social Foundations of Music. Trs. by Don
Martindale et al. Carbondale, Ill.: Southern Illinois University
Press. 1958.

《科學學（方法學）論文集》（*Gesammelte Aufsätze zur Wiss-enschaftslehre*）

寫作時間：1903年至1919年
出版時間：1922年由瑪莉安娜編輯出版
2012年由布魯恩（Hans Henrik Bruun）英譯為 *Max Weber:
Collected Methodological Writings* 出版
2013年由張旺山根據德文第五版中譯為《韋伯方法
論文集》出版（未譯出〈關於理解的社會學之若干範
疇〉和〈科學作為職業〉）

目錄：

羅雪與柯尼斯以及歷史經濟學的邏輯問題（1903-1906）（Roscher
und Knies und die logischen Probleme der historischen
Nationalökonomie）

I. 羅雪的歷史方法（Roschers historische Methode）

II. 柯尼斯與不理性問題（Knies und das Irrationalitätsproblem）

III. 柯尼斯與不理性問題 Knies und das Irrationalitätsproblem）

英譯：

Roscher and Knies: The Logical Problems of HistoricalEconomics. Tr. by Guy Oakes. New York: The Free Press. 1975.

中譯：

《羅雪爾與克尼斯：歷史經濟學的邏輯問題》，李榮山譯，上海：上海世紀出版集團，2009。

社會科學與社會政策知識的客觀性（1904）（Die Objektivität sozialwissenschaftlicher und sozialpolitischer Erkenntnis）

英譯：

1　"'Objectivity' in Social Science and Social Policy," Trs. by Edward A. Shils and Henry A. Finch. In *The Methodology of the Social Sciences.* Glencoe, Ill.: The Free Press. 1949. Pp. 50-102.

2　"The 'Objectivity' of Knowledge in Social Science and Social Policy," Tr. by Sam Whimster Ed. *The Essential Weber: A Reader.* London: Routledge. Pp. 359-404.

中譯：

1 〈社會科學知識的「客觀性」〉，陳跡譯，中央警官學校警政研究所，1978。

2 〈社會科學與社會政策的「客觀性」〉，黃振華、張與建合譯，收入其譯《社會科學方法論》，臺北：時報文化出版企業股份有限公司，1991，頁61-125。

3 〈社會科學和社會政策中的客觀性〉，楊富斌譯，收入《社會科學方法論》，北京：華夏出版社，1999，頁146-207。

4 〈社會科學認識與社會政策認識中的「客觀性」〉，韓水法、莫茜合譯，收入《社會科學方法論》，北京：中央編譯出版社，1999，頁1-61。

5 〈社會科學認識與社會政策認識的「客觀性」〉，李秋零、田薇合譯，收入《社會科學方法論》，北京：中國人民大學出版社，1999，頁1-42。

文化科學的邏輯的範圍的批判研究（1905）（Kritische Studien auf dem Gebiet der kulturwissenschaftlichen Logik）

I. 與麥爾辯論（Zur Auseinandersetzung mit Eduard Meyer）

II. 歷史因果考察的客觀可能性與適切的促成（Objektive Möglichkeit und adäquate Verursachung in der historischen Kausalbetrachtung）

英譯：

"Critical Studies in the Logic of the Cultural Sciences," Trs. by

Edward A. Shils and Henry A. Finch. In *The Methodology of the Social Sciences.* Trs. by Edward A. Shils and Henry A. Finch. Glencoe, Ill.: The Free Press. 1949. Pp. 113-188.

中譯：

1　〈歷史解釋的邏輯〉，黃進興節譯，收入其《歷史主義與歷史理論》，臺北：允晨文化實業股份有限公司，1992，頁291-312。

2　〈對文化科學邏輯性的批判研究〉，黃振華、張與建合譯，收入其譯《社會科學方法論》，臺北：時報文化出版企業股份有限公司，1991，頁127-210。

3　〈文化科學邏輯的批判研究〉，楊富斌譯，收入《社會科學方法論》，北京：華夏出版社，1999，頁208-288。

4　〈文化科學邏輯領域內的批判性研究〉，韓水法、莫茜合譯，收入《社會科學方法論》，北京：中央編譯出版社，1999，頁62-135。

5　〈文化科學邏輯領域的批判性研究〉，李秋零、田薇合譯，收入《社會科學方法論》，北京：中國人民大學出版社，1999，頁43-91。

許塔姆勒對唯物史觀的「戰勝」（1907）（R. Stammlers »Überwindung« der materialistischen Geschichtsauffassung）

英譯：

1. "R. Stammler's 'Surmounting' of the Materialist Conception of History," Tr. by M. Albrow In *British Journal of Law and Society*, 2 (1975): 129-152.

2. *Critique of Stammler.* Tr. by Guy Oakes New York: The Free Press. 1977.

中譯：

《批判施塔姆勒》，李榮山譯，上海：上海人民出版社，2011。

邊際效用理論與心理物理的基本原理（1908）（Die Grenznutzlehre und das »psychophysische« Grundgesetz）

英譯：

"Marginal Utility Theory and 'The Fundamental Law of Psychophysics,'" Tr. by Louis Schneider. *Social Science Quarterly*, 56, 1 (1975): 21-36.

「能量的」文化理論（1909）（»Energetische« Kulturtheorien）

英譯：

"'Energetic' Theory of Culture," Trs. by Jon Mark Mikkelsen and Charles Schwartz, *Mid-American Review of Sociology*, 9, 2 (Winter 1984): 33-58.

論理解社會學的一些範疇（1913）（Über einige Kategorien der verstehenden Soziologie）

英譯：

"Some Categories of Interpretive Sociology," Tr. by Edith E. Graber. *Sociological Quarterly*, 22, 2 (Spring 1981): 151-180.

中譯：

〈社會學基本術語〉，楊富斌譯，收入《社會科學方法論》，北京：華夏出版社，1999，頁34-99。

社會學與經濟學中「價值中立」的意義（1917-1918）（Der Sinn der »Wertfreiheit« der soziologischen und ökonomischen Wissenschaften）

英譯：

"The Meaning of 'Ethical Neutrality' in Sociology and Economics," Trs. by Edward A. Shils and Henry A. Finch. In *The Methodology of the Social Sciences*. Trs. by Edward A. Shils and Henry A. Finch. Glencoe, Ill.: The Free Press. 1949. Pp. 1-49.

中譯：

1　〈社會科學中價值判斷的問題〉，黃進興節譯，收入其《歷史主義與歷史理論》，臺北：允晨文化實業股份有限

公司，1992，頁315-347。

2 〈「倫理中立」在社會學與經濟學中的含義〉，黃振華、張與建合譯，收入其譯《社會科學方法論》，臺北：時報文化出版企業股份有限公司，1991，頁11-59。

3 〈「道德中立」在社會學與經濟學中的意義〉，楊富斌譯，收入《社會科學方法論》，北京：華夏出版社，1999，頁100-145。

4 〈社會科學與經濟科學「價值無涉」的意義〉，韓水法、莫茜合譯，收入《社會科學方法論》，北京：中央編譯出版社，1999，頁136-182。

5 〈社會學與經濟學的「價值闕如」的意義〉，李秋零、田薇合譯，收入《社會科學方法論》，北京：中國人民大學出版社，1999，頁92-124。

社會學的方法基礎（1920）（Methodische Grundlagen der Soziologie）
學術當作一種志業（1919）（Wissenschaft als Beruf）

英譯：

1. H. Gerth and C. Wright Mills. Eds. *From Max Weber: Essays in Sociology.* Oxford: Oxford University Press. 1946. Pp. 129-156.

2. "Science as a Vocation (1917)," Tr. by Michael John in Peter Lassman, Irving Velody, & Herminio Martins. Eds. *Max Weber's Science as a Vocation.* London: Unwin Hyman.

1989. Pp. 3-46.

3. "The Vocation of Science," Tr. by Sam Whimster. In Sam Whimster. Ed. *The Essential Weber: A Reader*. London: Routledge. Pp. 270-287.

中譯：

1　〈學術當作一種志業〉，錢永祥譯，收入《學術與政治：韋伯選集（Ⅰ）》，臺北：允晨文化實業股份有限公司，1985。

2　〈以學術為業〉，收入王容芬譯《學術生涯與政治生涯：對大學生的兩篇演講》，北京：國際文化出版公司，1988，頁15-47。

3　〈以學術為業〉，馮克利譯，收入其譯《學術與政治》，北京：生活・讀書・新知三聯書店，頁17-53。

4　〈以科學為業〉，楊富斌譯，收入《社會科學方法論》，北京：華夏出版社，1999，頁1-33。

5　〈以學術為業〉，王容芬譯，收入《入世修行：馬克斯・韋伯脫魔世界理性集》，西安：陝西師範大學出版社，2003，頁3-55。

6　〈學術當作一種志業〉，錢永祥譯，收入《韋伯作品集（I）：學術與政治》，桂林：廣西師範大學出版社，2004，頁193-274。

7　〈以學術為業〉，閻克文譯，收入《馬克斯・韋伯社會學論文集》，北京：人民出版社，2010，頁127-152。

補論許塔姆勒對唯物史觀的「戰勝」（Nachtrag zu dem Aufsatze über R. Stammlers　»Überwindung« der materialistischen Geschichtsauffassung）

英譯：

"Postscript to the Essay on Stammler's 'Refutation' of the Materialist Conception of History," Tr. by Guy Oakes. In *Critique of Stammler*. Tr. with an introduction essay by Guy Oakes. New York: The Free Press. 1977. Pp. 145-182.

中譯：

《批判施塔姆勒》，李榮山譯，上海：上海人民出版社，2011。

《經濟史：一般社會經濟史大綱》（*Wirtschaftsgeschichte: Abriss der universalen Sozial- und Wirtschaftsgeschichte*）
寫作時間：1919年上課
出版時間：1923年由瑪莉安娜委託學生海曼和巴爾里合編而成

英譯：

General Economic History. Tr. by Frank H. Knight. London: Allen & Unwin. 1927. 3rd Printing with an introduction by Ira J. Cohen New Brunswick, N.J.: Transaction Books. 1984.

中譯：

1　《世界的社會及經濟史大綱》，周咸堂譯，北京：京華印書局，1934。

2　《社會經濟史》，鄭太朴譯，上海：上海商務印書館，1937（1977年臺灣商務印書館再版，2003年重排版）。

3　《世界經濟通史》，姚曾廙譯，上海：上海譯文出版社，1981。

4　〈近代資本主義的本質〉，譯者不詳，收入《文明的歷史腳步：韋伯論文精選》，孫大川審譯，臺北：結構群文化公司，1989，頁109-110。（節譯）

5　〈宗教和近代資本主義發展中的其他因素〉，譯者不詳，收入《文明的歷史腳步：韋伯論文精選》，孫大川審譯，臺北：結構群文化公司，1989，頁129-142。（節譯）

6　〈歐洲城市的特徵和西方世界的興起〉，譯者不詳，收入《文明的歷史腳步：韋伯論文精選》，孫大川審譯，臺北：結構群文化公司，1989，頁143-156。（節譯）

7　〈國家和企業經營〉，譯者不詳，收入《文明的歷史腳步：韋伯論文精選》，孫大川審譯，臺北：結構群文化公司，1989，頁157-165。（節譯）

8　《經濟通史》，姚增廙譯，韋森校訂，上海：上海三聯書店，2007。

9　《世界經濟史綱》（全譯彩圖本），胡長明譯，北京：人民日報出版社，2007。

10　《社會經濟史》，鄭太樸譯，北京：中國法制出版社，2011。

《社會學和社會政策論文集》（*Gesammelte Aufsätze zur Soziologie und Sozialpolitik*）

寫作時間：1908年至1918年

出版時間：1924年由瑪莉安娜編輯出版

目錄：

社會政策研究會私人大工業工人選擇和適應（職業選擇和職業命運）調查報告的方法學導論（1908）（Methodologische Einleitung für die Erhebungen des Verein für Sozialpolitik über Auslese und Anpassung (Berufswahl und Berufsschiksal) der Arbeiterschaft der geschlossenen Großindustrie）

工業活動的心理物理學（1908-1909）（Zur Psychophysik der industriellen Arbeiten）

英文節譯：

"Industrial Psychology," Tr. by E. Matthews, in W. G. Runciman. Ed. *Max Weber: Selections in Translation.*, Pp. 370-373.

交易所（1894）（Die Börse）

英文節譯：

"The Stock Exchange," Tr. by E. Matthews, in W. G. Runciman Ed. *Max Weber: Selections in Translation*. Pp. 374-377.

普魯士限定世襲財產繼承的農業統計的和社會政治的考察（1904）
（Agrarstatistische und sozialpolitische Betrachtungen zur
Fideikommißfrage in Preußen）

在社會政策研究會會議上的討論（1905, 1907, 1909, 1911）（Dis-
kussionsreden auf den Tagungen des Vereins für Sozialpolitik）

在德國社會學社大會上的業務報告和討論（1910, 1912）（Ges-
chäftsbericht und Diskussionsreden auf den deutschen sozi-
ologischen Tagungen）

社會主義（1918）（Der Sozialismus）

英譯：

1. *Socialism*. Tr. by H. F. Dickie-Clark. Durban, South Africa:
   Institute for Social Research, University of Natal, Occasional
   Paper. No. 11, 1967, vii+ 50p.

2. "Socialism: Speech for the General Information of Austrian
   Officers in Vienna, 1918," Tr. by D. Hyetch. In J. E. T.
   Eldridge Ed. *Max Weber: The Interpretation of Social Realty*.
   New York: Charles Scribner's. 1971. Pp. 191-219.

3. "Socialism," Partially Translated by E. Matthews. In W.
   G. Runciman Ed. *Max Weber: Selections in Translation*.
   Cambridge: Cambridge University Press. 1978. Pp. 251-262.

4. "Socialism," in Peter Lassman and Ronald Speirs Eds.
   Weber: Political Writings. Cambridge: Cambridge University
   Press. 1994. Pp. 272-303.

《社會經濟史論文集》(*Gesammelte Aufsätze zur Sozial- und Wirtschaftsgeschichte*)

寫作時間：1894年至1909年

出版時間：1924年由瑪莉安娜編輯出版

目錄：

古代農業情況（1909）（Agrarverhältnisse im Altertum）

英譯：

The Agrarian Sociology of Ancient Civilizations. Tr. by R. I. Frank. London: New Left Book. 1976.

中譯：

1. 〈資本主義在古代世界的失敗〉，譯者不詳，收入《文明的歷史腳步：韋伯論文精選》，孫大川審譯，臺北：結構群文化公司，1989，頁13-49。（節譯）

2. 〈資本主義終結了嗎？〉，譯者不詳，收入《文明的歷史腳步：韋伯論文精選》，孫大川審譯，臺北：結構群文化公司，1989，頁166-167。（節譯）

古代文化沒落的社會原因（1890）（Die sozialen Gründe des Untergang der antiken Kultur）

英譯：

"The Social Causes of the Decay of Ancient Civilization," Tr. by
C. Mackauer. *Journal of General Education*, 5 (1950): 75-88.
Reprinted in J. E. T. Eldridge. Ed. *Max Weber: The Interpretation
of Social Reality*. New York: Charles Scribner's. 1971. Pp. 254-
275.

中譯：

〈古典西方文明衰落的社會原因〉，甘陽譯，收入甘陽編選《民族
國家與經濟政策：韋伯文選第一卷》，北京：三聯／牛津，
頁1-33。

中古商社史（1889）（Zur Geschichte der Handelsgesellschaften im
Mittelalter）

英譯：

The History of Commercial Partnerships in the Middle Ages. Tr. by
Lutz Kaelber. Lanham: Rowman & Littlefield. 2003.

中譯：

《中世紀商業合夥史》，陶永新譯，上海：東方出版中心，2010。

農村的勞動情況（1893）（Die ländliche Arbeitsverfassung）
易北河東部農民情況的發展趨勢（1894）（Entwicklungstendenz in

der Lage der ostelbischen Landarbeiter）

英譯：

"Developmental Tendencies in the Situation of East Elbian Rural Labourers," Tr. by Keith Tribe. *Economy and Society,* 8 (1979): 177-205.

中譯：

〈德國走向資本主義的特殊發展趨勢〉，李強譯，收入甘陽編選《民族國家與經濟政策：韋伯文選第一卷》，北京：三聯／牛津，頁34-74。

過去一世紀德國文獻中對古代日爾曼社會情況性質的論戰（1905）（Der Streit um den Charakter der altgermanischen Sozial-verfassung in der deutschen Literatur des letzten Jahrzehnts）

附錄三　韋伯〈儒教〉(1915) 與〈儒教與道教〉(1920) 目錄對照表

	1915年版	1920年版
	〈世界宗教的經濟倫理。宗教社會學大綱〉 (Die Wirtschaftsethik der Weltreligionen. Religionssoziologische **Skizzen**)	〈世界宗教的經濟倫理。**比較**宗教社會學**的嘗試**〉 (Die Wirtschaftsethik der Weltreligionen. **Vergleichende** religionssoziologische **Versuch**)
	〈導論〉(Einleitung)	
	儒教 (Konfuzianismus)	儒教與道教 (Konfuzianismus und Taoismus)
	I 社會的基礎 (Die soziologischen Grundlagen)	
	城市和國家 (Stadt und Staat)	I. 社會的基礎。A. 城市、諸侯與神明 (Soziologische Grundlagen: A. Stadt, Fürst und Gott)
		II. 社會的基礎。B. 封建和俸祿國家 (Soziologische Grundlagen: B. Feudaler und präbendaler Staat)
		III. 社會的基礎。C. 行政管理和農業制度 (Soziologische Grundlagen. C. Verwaltung und Agrarverfassung)
	宗教的政治和經濟發展條件 (Politische und ökonomische Entwicklungsbedingungen der Religion)	

科層體制及其階層倫理 （Die Bürokratie und Ihre Standesthik）	
資本主義和公社教養 （Kapitalismus und Genossenschaftsbildung）	IV. 社會的基礎。D. 自治，法律 與資本主義 （Soziologische Grundlagen. D. Selbstverwaltung, Recht und Kapitalismus）
宗族當成結社的基礎 （Die Sippe als Grundlage der Vergesellschaftung）	
II　儒教教養的「精神」與經濟 （Der »Geirst« der konfuzianischen Bildung und die Wirtschaft）	
教養的社會學分類 （Soziologischer Typus der Bildung）	
教養階層的政經心志 （Wirtschaftpolitische Gesinnung der Bildungsschicht）	
教養階層的宗教心志 （Religionspolitische Gesinnung der Bildungsschicht）	
社會倫理的要素。自然法的闕如 （Elemente der Sozialethik. Fehlen des Naturrechtes）	
中國理性主義的普遍特徵 （Allgemeiner Character des chinesischen Rationalismus）	

在世界的位置和人格理想 （Die Stellung zur Welt und das Persönlichkeitsideal）		
經濟和志業的位置。教養階層的 傳統主義（Stellung zur Wirtschaft und zum Beruf. Traditionalismus der Bildungsschicht）		
	V. 士等級 （V. Literatenstand）	
	VI. 儒教的生活導向 （Die konfuzianische Lebensorientierung）	
〈世界宗教的經濟倫理（第二篇 文章）〉（Die Wirtschaftsethik der Weltreligionen.）		
III 正統和異端在其社會倫理的 影響 （Orthodozie und Heterodoxie in ihren sozialethischen Wrikungen）	VII. 正統與異端（道教） （Orthodoxie und Heterodoxie (Taoismus)）	
古代西方和中國的教義、宗派和 救贖宗教 （Lehre, Kult und Erlösungsreligion im antiken Occident und in China）		
神祕人物老子 （Die Mystik Laotses）		
道教及其在經濟倫理中的位置 （Der Taoismus und seine Stellung zur Wirtschaftsethik）		

儒教的倫理和經濟影響 （Die ethischen und ökonomischen Wirkungen des Konfuzianismus）	
儒教和復活理論。異端的標準 （Konfuzianismus und Urstandslehre. Die Kriterien der Heterodoxie）	
容忍及其在儒教中的限制 （Die Tolerance und ihre Schranken im Konfuzianismus）	
IV 摘要。儒教與清教 （Zusammenfassung. Konfuzianismus und Puritanismus）	VIII. 結論：儒教與清教 （Resultat: Konfuzianismus und Puritanismus）
〈間論。宗教拒世的階段和方向〉 （Zwischenbetrachtung. Stufen und Richtungen der religiösen Weltablehnung）	〈間論：宗教拒世的階段和方向 **的理論**〉 （Zwischenbetrachtung: **Theorie der** Stufen und Richtungen religiöser Weltablehnung）
拒世動機的理性重建的意義 （Sinn einer rationalen Konstruktion der Weltablehnungsmotiv）	
制欲主義和神祕主義的類型學 （Typologie der Askese und Mystik）	
拒世的方向：經濟的、政治的、 美學的、情色的、智識的 （Richtungen der Weltablehnung: ökonomische, politische, ästhetische, erotische, intellektuelle Sphäre）	

	拒世的階段 （Stufen der Weltablehnung）	
	神義論的三種理性形式 （Die drei rationalen Formen der Theodicee）	
腳注	第一篇8個，第二篇12個，共計 20個	《導論》3個，《儒教與道教》 503個，《間論》4個 共計510個

說明：兩版不同處用粗黑體表示

附錄四　韋伯《儒教與道教》(1920)英、中譯本目錄比較

Weber (1920)	葛斯英譯本 (1951)	簡版 (1989)	洪版 (1993)		雙張版 (2007)	悅版 (2010) 和富強版
Die Wirtschaftsethik der Weltreligionen. Vergleichende religionssoziologische Versuch	The Religion of China: Confucianism and Taoism	中國的宗教:儒教與道教	儒教與道教			
	Prefatory Note	康樂‧〈導言:韋伯與《中國的宗教》〉	譯者序	作者說明	編譯者語	
	Introduction by C. K. Yang	楊慶堃〈導論〉			馬克斯‧韋伯傳略	
Einleitung				導論(《世界宗教的經濟倫理》)		導論:各種宗教的經濟觀
Konfuzianismus und Taoismus				儒教與道教		
				關於文獻		
	PART ONE	第一篇				
Die soziologischen Grundlagen	SOCIOLOGICAL FOUNDATIONS	社會學的基礎				
I. Soziologische Grundlagen: A. Stadt, Fürst und Gott	City, Prince and God	城市、君侯與神祇	城市、諸侯與神明	社會學基礎:A. 城市、君侯與神	城市、君侯與神	城市、君王、神靈
II. Soziologische Grundlagen: B. Feudaler und präbendaler Staat	The Feudal and Prebendal State	封建國家與俸祿國家	封建的與俸祿的國家	社會學基礎:B. 封建俸祿國家	封建俸祿國家	

III. Soziologische Grundlagen. C. Verwaltung und Agrarverfassung	Administration and Rural Structure	行政與農業制度	管理與農業制度	社會學基礎：C.行政管理與農業制度	行政管理與農業制度
IV. Soziologische Grundlagen. D. Selbstverwaltung, Recht und Kapitalismus	Self-Government, Law, and Capitalism	自治、法律與資本主義		社會學基礎：D.自治、法律、資律與資本主義	自治、法律與資本主義
	PART TWO ORTHODOXY	第二篇　正統			
V. Literatenstand	The Literati	士	士人階層	士等級	士（知識分子）階層
VI. Die konfuzianische Lebensorientierung	The Confucian Life Orientation	儒教的生活取向		儒教的處世之道	儒教的處世之法
	PART THREE TAOISM	第三篇　道教	第三篇　道教		
VII. Orthodoxie und Heterodoxie (Taoismus)	Orthodoxy and Heterodoxy	正統與異端	正統與異端（道教）		
VIII. Resultat: Konfuzianismus und Puritanismus	Conclusions: Confucianism and Puritanism	結論：儒教與清教	儒教與清教	儒教與清教	
Zwischenbetrachtung: Theorie der Stufen und Richtungen religiöser Weltablehnung	Zwischenbetrachtung: Theorie der Stufen und Richtungen religiöser Weltablehnung			過渡研究	
	Notes	注釋			
	Glossary and Index	索引		譯名表	
		西中名詞對照表			
原注	原注	原注 譯者注	原注	原注 譯者注	述評：韋伯與《儒教與道教》
					原注未譯 譯者注

資料來源：孫中興製表

附錄五 《經濟與社會》中〈宗教社會學〉原版和譯本章節區分的比較及其與《中間考察》相關章節的對照

說明：英譯本章節區分沒有嚴格遵照德文文本的用字，目前我只是根據目錄來對比，有待來日更細緻地從正文來對照。

Wirtschaft und Gesellschaft 《經濟與社會》 1922 年第一版第二部分第四章 1972 年第五版第二部分第五章	Economy and Society 《經濟與社會》英譯本 1968 年第二卷第六章
I. Die Entstehung der Religionen	I. The Origins of Religion
	1. The Original This-Worldly Orientation of Religious and Magical Action
	2. The Belief in Spirits, Demons, and the Soul
	3. Naturalism and Symbolism
	4. Pantheon and Functional Gods
	5. Ancestor Cult and the Priesthood of the Family Head
	6. Political and Local Gods
	7. Universalism and Monotheism in Relation to Everyday Religious Needs
2. Zauberer-Priester	II. Magic and Religion
	1. Magical Coercion versus Supplication, Prayer and Sacrifice
	2. The Differentiation of Priests from Magicians
	3. Reactions to Success and Failure of Gods and Demons

《宗教社會學》 1993 年康樂和簡惠美合譯本（根據德文原本的章節）	Zwischenbetrachtung 《中間考察》 1915 年第一版 1920 年第二版
第一章　宗教的起源	
1. 基於宗教會巫術動機的共同體行動之原初的此世性	
2. 精靈信仰	
3.「超感官的」力量的起源	
4. 自然主義與象徵主義	
5. 神祇的世界與功能神	
6. 祖先崇拜與家父長祭司制	
7. 政治團體的神與地方神	
8. 一神信仰與日常性宗教	
9. 普遍主義與一神信仰	
10. 強制神、巫術與崇拜神	
第二章　巫師─祭師	

	4. Ethical Deities and Increasing Demands upon Them
3. Gottesbegriff. Religiöse Ethik. Tabu	
	5. Magical Origins of Religious Ethics and the Rationalization of Taboo
	6. Taboo Norms: Totemism and Commensalism
	7. Caste Taboo, Vocational Caste Ethics, and Capitalism
	8. From Magical Ethics to Conscience, Sin and Salvation
4. "Prophet"	III. The Prophet
	1. Prophet versus Priest and Magician
	2. Prophet and Lawgiver
	3. Prophet and Teacher of Ethics
	4. Mystagogue and Teacher
	5. Ethical and Exemplary Prophecy
	6. The Nature of Prophetic Revelation: The World as a Meaningful Totality
5. Gemeinde	IV. The Congregation between Prophet and Priest
	1. The Congregation: The Permanent Association of Laymen
	2. Canonical Writings, Dogmas and Scriptural Religion
6. Heiliges Wissen. Predigt. Seelsorge.	3. Preaching and Pastoral Care as Results of Prophetic Religion

第三章　神概念、宗教倫理、禁忌	
第四章　「先知」	
1. 與巫師、祭司對立的「先知」	
2. 先知與立法者	
3. 先知與傳道者	
4. 祕法傳授者與先知	
5. 倫理型預言與模範型預言	
6. 先知啟示的性格	
第五章　教團	
1. 先知、信徒與教團	
2. 教團的宗教性	
3. 預言與祭司經營	
第六章　神聖的知識、布道、司牧	

7. Stände, Klassen und Religion	
	V. The Religious Propensities of Peasantry, Nobility and Bourgeoisie
	1. Peasant Religion and Its Ideological Glorification
	2. Aristocratic Irreligion versus Warring for the Faith
	3. Bureaucratic Irreligion
	4. Bourgeois Religiosity and Economic Rationalism
	VI. The Religion of Non-Privileged Strata
	1. The Craftsmen's Inclination toward Congregational and Salvation Religion
	2. The Religious Disinclinations of Slaves, Day Laborers and the Modern Proletariat
	3. The Devolution of Salvation Religion from Privileged to Non-Privileged Strata
	4. The Religious Equality of Women among Disprivileged Strata
	5. The Differential Function of Salvation Religion from Higher and Lower Strata: Legitimation versus Compensation
	6. Pariah People and Ressentiment: Judaism versus Hinduism
	VII. Intellectualism, Intellectuals, and Salvation Religion

第七章　身分、階級與宗教	
1. 農民階級的宗教性	
2. 早期基督教的城居性格	
3. 貴族與宗教，信仰戰士	
4. 官僚制與宗教	
5.「市民的」宗教之多樣性	
6. 經濟的理性主義與宗教─倫理的理性主義	
7. 小市民階層之非典型化的宗教態度，職工的宗教	
8. 最為劣勢的特權階層之倫理的救贖宗教	
9. 救贖宗教的階級與身分的制約性	
10. 猶太教與印度教的賤民宗教性	
11. 知識階層對世界諸宗教的影響	
	拒世的方向：知性的

	1. Priests and Monks as Intellectualist Elaborations of Religion
	2. High-Status Intellectuals as Religious Innovators
	3. Political Decline of Privileged Strata and Escapism of Intellectuals
	5. The Intellectualism of Higher- and Lower-Ranking Strata in Ancient Judaism
	4. The Religious Impact of Proletariat, Petty-Bourgeois and Pariah Intellectualism
	6. The Predominance of Anti-Intellectualist Currents in Early Christianity
	7. Elite and Mass Intellectualism in Medieval Christianity
	8. Modern Intellectual Status Groups and Secular Salvation Ideologies
8. Das Problem der Theodizee	VIII. Theodicy, Salvation, and Rebirth
	1. Theodicy and Eschatology
	2. Predestination and Providence
	3. Other Solutions of Theodicy
	4. Salvation: This Worldly and Other-Worldly
9. Erlösung und Wiedergeburt	IX. Salvation through the Believer's Efforts
	1. Salvation through Ritual
	2. Salvation through Good Works
	3. Salvation through Self-Perfection
10. Die Erlösungswege und ihr Einfluß auf die Lebensführung	

12. 猶太教與早期基督教的小市民知識主義	
13. 上流階層的知識主義、平民的知識主義、賤民的知識主義與教派的宗教性	
14. 西歐之宗教「被啟蒙者」教團的形成	
第八章　神義論的問題	神義論的三種理性形式
1. 一神教的神觀與世界的不完美	
2. 神義論的純粹類型	
3. 彼世信仰、天意信仰、報應信仰、預定論信仰	
4. 有關世界之不完美的問題與各種嘗試解決之道	
第九章　救贖與再生	
第十章　救贖之道及其對生活態度的影響	

	4. The Certainty of Grace and the Religious Virtuosi
	X. Asceticism, Mysticism and Salvation
	1. Asceticism: World-Rejecting or Inner-Worldly
	2. Mysticism versus Asceticism
	3. The Decisive Differences between Oriental and Occidental Salvation
	XI. Soteriology or Salvation from Outside
	1. Salvation through the Savior's Incarnation and Through Institutional Grace
	2. Salvation through Faith Along and Its Anti-Intellectual Consequences
	3. Salvation through Belief in Predestination
11. Religiöse Ethik und "Welt"	XII. Religious Ethics and the World: Economics
	1. Worldly Virtues and the Ethics of Ultimate Ends
	2. Familial Piety, Neighborly Help, and Compensation
	3. Alms-Giving, Charity, and the Protection of the Weak
	4. Religious Ethics, Economic Rationality and the Issue of Usury
	XIII. Religious Ethics and the World: Politics

1. 巫術宗教與儀式主義：儀式主義宗教皈依的各種歸結	
2. 日常倫理之宗教性的體系化	
3. 忘我、狂迷、病態的快感與合理的宗教救贖方法論	
4. 救贖方法論之體系化與理性化及生活態度	
5. 宗教達人	
	制欲與密契的類型
6. 拒斥現世的禁欲與現世內的禁欲	
7. 逃離現世的、神祕主義的冥思	
8. 亞洲的救贖宗教與西方的救贖宗教之差異	
9. 救世主神話與救贖論	
10. 由祕蹟恩寵與制度恩寵而來的救贖	
11. 因信得救	
12. 由預定恩寵而來的救贖	
第十一章　宗教倫理與「現世」	拒世的方向：經濟的
1. 宗教信念倫理與現世的緊張關係	
2. 作為宗教倫理之基礎的鄰人倫理	
3. 宗教對貸款取息的排斥	
4. 宗教倫理的生活理性化與經濟的生活理性化之間的緊張關係	
	拒世的方向：政治的

	1. From Political Subordination to the Anti-Political Rejection of the World
	2. Tensions and Compromises between Ethics and Politics
	3. Natural Law and Vocational Ethics
	XIV. Religious Ethics and the World: Sexuality and Art
	1. Orgy and Chastity
	2. The Religious Status of Marriage and of Women
	3. The Tensions between Ethical Religion and Art
12. Die Kulturreligionen und die "Welt"	XV. The Great Religions and the World
	1. Judaism and Capitalism
	2. Jewish Rationalism versus Puritan Asceticism
	3. The This-Worldliness of Islam and Its Economic Ethics
	4. The Other-Worldliness of Buddhism and Its Economic Consequences
	5. Jesus' Indifference Toward the World

5. 宗教愛之無等差主義與政治之暴力性	
6. 基督教對國家態度的轉變	
7. 「有機的」職業倫理	
8. 宗教與性	拒世的方向：美學的與性愛的
9. 同胞愛倫理與藝術	
第十二章　文化宗教與「現世」	
1. 猶太教的現世取向	
2. 天主教徒、猶太教徒與清教徒對營利生活的態度	
3. 猶太教的律法宗教性與傳統主義	
4. 猶太教徒與清教徒	
5. 回教的順應現世	
6. 原始佛教的逃離現世	
7. 諸文化宗教與資本主義	
8. 早期基督教的拒斥現世	

附錄六　韋伯《儒教與道教》徵引書目現有的中譯本
（2017 年 8 月）

明恩溥（Arthur H. Smith）

　　1998a，《中國鄉村生活：西方視野裡的中國形象》，午晴、
　　　　唐軍合譯，北京：時事出版社。

　　1998b，《中國人的特性》，匡雁鵬譯，北京：光明日報出版
　　　　社。

　　2000，《中國人的性格》，樂愛國、張華玉合譯，香港：三
　　　　聯書店（香港）有限公司。

　　2002，《中國人的素質》，林欣譯，北京：京華印書局。

　　2006a，《中國人的氣質》，佚名譯，北京：中華書局。

　　2006b，《中國人德行》，張孟陽、王麗娟合譯，臺北：馥華
　　　　文化。

　　2006c，《中國鄉村生活》，陳午晴、唐軍合譯，北京：中華
　　　　書局。

　　2007，《中國人的素質》，梁根順譯，西安：太白文藝出版
　　　　社。

　　2009，《中國人的性情》，王續然譯，北京：長征出版社。

　　2010a，《中國人氣質》，張孟陽、王麗娟合譯，河北：河北
　　　　大學出版社。

2010b，《中國人的性格》，徐曉敏譯，北京：人民日報出版
　　社。

2011a，《中國人的特性》，譯者不詳，哈爾濱：哈爾濱出版
　　社。

2011a，《中國人的性格》，姚錦鎔譯，北京：中國華僑出版
　　社。

2012a，《中國人的德行》，林穎達譯，哈爾濱：哈爾濱出版
　　社。

2012b，《中國人的臉譜》，尤婧譯，合肥：安徽人民出版
　　社。

2014a，《中國人的氣質》，劉文飛、劉曉暘合譯，北京：東
　　方出版社。

2014b，《中國人的性情》，曉敏譯，北京：中國法制出版
　　社。

2014c，《中國人的國民性》，張孟陽、王麗娟合譯，北京：
　　中國長安出版社。

2015，《中國人的氣質》，王怡翾譯，北京：電子工業出版
　　社。

（2001, 2012, 2014）2016a，《中國人的氣質》，劉文飛、劉
　　曉暘合譯，南京：譯林出版社。

2016b，《中國的鄉村生活：社會學的研究》，陳午晴、唐軍
　　合譯，北京：電子工業出版社。

盧公明（Justus Doolittle）

2009，《中國人的社會生活：一個美國傳教士的晚清福州見聞錄》，陳澤平譯，福州：福建人民出版社。

陳煥章（Huan-Chang Chen）

2009a，《孔門理財學》，翟玉中譯，北京：中央編譯出版社。

2009b，《孔門理財學》，宋明禮譯，北京：中國發展出版社。

2010，《孔門理財學》，韓華譯，北京：中華書局。

翟理斯（Herbert A. Giles）

2011，《中國和中國人》，羅丹、顧海東、栗亞娟合譯，北京：金城出版社。

參考書目

【中文文獻】

王水煥，2016，〈韋伯《儒教與道教》引用有關中國文獻略考〉，
　　《浙江社會科學》，第2期（2月）：126-132。

石錦，1987，〈中國資本主義萌芽：研究理論的評介〉，收入楊君
　　實、杜念中合編《儒家倫理與經濟發展》，臺北：允晨文化實業
　　股份有限公司，頁143-180。

余英時，2010，《中國近世宗教倫理與商人精神》第二版，臺北：聯
　　經出版事業股份有限公司。

李永晶，2015，《馬克斯·韋伯與中國社會科學》，上海：華東師範
　　大學出版社。

杜恂誠，1993，《中國傳統倫理與近代資本主義：監評韋伯《中國的
　　宗教》》，上海：上海社會科學院出版社。

金耀基，1992，〈儒家倫理與經濟發展〉，收入其《中國社會與文
　　化》，香港：牛津大學出版社。

洪天富，1993，〈譯後記〉，收入韋伯，1993，《儒教與道教》，洪
　　天富譯，南京：江蘇人民出版社，頁279。

郁賢皓、周福昌、姚曼波注譯，2002，《新譯左傳讀本》三冊，臺
　　北：三民書局股份有限公司。

孫中興，2008，《令我討厭的涂爾幹的《社會分工論》》，臺北：群
　　學出版有限公司。

孫中興，2009，《理論旅人之涂爾幹《自殺論》之霧裡學》，臺北：
　　群學出版有限公司。

孫中興，2010，《馬克思「異化勞動」的異話》，臺北：群學出版有
　　限公司。

孫中興，2013，《馬／恩歷史唯物論的歷史與誤論》，臺北：群學出
　　版有限公司。

高健龍，2014，《天道與政道：17 世紀中國儒家思想與清教主義對
　　比研究》，北京：中國社會科學出版社。

康樂，1989，〈導言：韋伯與《中國的宗教》〉，收入韋伯，《中國
　　的宗教：儒教與道教》，簡惠美譯，臺北：遠流出版事業股份有
　　限公司，頁1-23。

康樂，1996，〈導言：韋伯與《中國的宗教》〉，收入韋伯，《中國
　　的宗教：儒教與道教》（修訂版），簡惠美譯，臺北：遠流出版
　　事業股份有限公司，頁1-25。

張德勝，1989，《儒家倫理與秩序情結》，臺北：巨流圖書有限公
　　司。

勞悅強，2007，〈從《論語》〈唯女子與小人難養章〉論朱熹的詮釋
　　學〉，《漢學研究》，第25卷第2期（12月）：131-163。

黃仁宇，1987，〈西方資本主義的興起：一個重點上的綜合〉，收入
　　楊君實、杜念中合編，《儒家倫理與經濟發展》，臺北：允晨文
　　化實業股份有限公司，頁85-142。

黃進興，2014，《皇帝、儒生與孔廟》，上海：上海三聯書店。

楊伯峻譯注，1992，《孟子譯注》，香港：中華書局（香港）有限公司。

楊君實、杜念中合編，1987，《儒家倫理與經濟發展》，臺北：允晨文化實業股份有限公司。

楊慶堃，1989，〈導論〉，收入韋伯，《中國的宗教：儒教與道教》，簡惠美譯，臺北：遠流出版事業股份有限公司，頁25-63。

楊慶堃，1996，〈導論〉，收入韋伯，《中國的宗教：儒教與道教》（修訂版），簡惠美譯，臺北：遠流出版事業股份有限公司，頁367-408。

楊慶堃，2016，《中國社會中的宗教》（修訂版），范麗珠譯，成都：四川人民出版社。

葉仁昌，2015，《儒家與韋伯的五個對話》，臺北：聯經出版事業股份有限公司。

葉坦，2010，〈《孔門理財學》：中國經濟學走向世界的百年始步〉，《中國社會科學報》（京），2010.8.26(8)。（網路版）

厲以寧，（2003）2014，《資本主義的起源：比較經濟史研究》，北京：商務印書館。

蔡錦昌，2011，〈從常性思考解釋何以「唯女子與小人為難養也」〉，《東吳中文線上學術論文》，第13期：1-16。

錢穆，2011，《孔子傳》（新校本），北京：九州出版社。

瞿同祖，1947，《中國法律與中國社會》，上海：上海商務印書館。

簡惠美，1988，《韋伯論中國：《中國的宗教》初探》，臺北：國立臺灣大學文史叢刊。

簡惠美，1996，〈譯序〉，收入韋伯，《中國的宗教：儒教與道教》

（修訂版），簡惠美譯，康樂校訂，臺北：遠流出版事業股份有限公司。

【中譯文獻】

Gregory Blue，（1999）2004，〈「中國」與近代西方社會思想〉，宋家復譯，收入卜正民（Timothy Broo）、Gregory Blue合編，（1999）2004，《中國與歷史資本主義：漢學知識的系譜學》，古偉瀛等譯，臺北：巨流圖書有限公司，頁79-146。

卜正民，（1999）2004，〈資本主義與中國近（現）代歷史書寫〉，李榮泰譯，收入卜正民、Gregory Blue合編，（1999）2004，《中國與歷史資本主義：漢學知識的系譜學》，古偉瀛等譯，臺北：巨流圖書有限公司，頁147-217。

卜正民、Gregory Blue合編，（1999）2004，《中國與歷史資本主義：漢學知識的系譜學》，古偉瀛等譯，臺北：巨流圖書有限公司。

于爾根・科卡（Jürgen Kocka），（2014）2017，《資本主義簡史》，徐慶譯，北京：文匯出版社。

孔漢思（Hans Kühn），2012，《世界倫理手冊：遠景與踐履》，鄧建華、廖恒合譯，北京：生活・讀書・新知三聯書店。

尼采（Friedrich Nietzsche），2013，《道德系譜學》，陳芳鬱譯，臺北：水牛文化事業有限公司。

阿伯拉（Abelard），2013，《阿伯拉與哀綠綺思的情書》（增訂新版），梁實秋譯，臺北：九歌出版社有限公司。

阿伯拉爾（Abelard），2001，《聖殿下的私語：阿伯拉爾與愛洛伊斯書信集》，岳麗娟譯，桂林：廣西師範大學出版社。

阿伯拉爾（Abelard），2013，《劫餘錄》，孫亮譯，北京：商務印書館。

阿伯拉爾（Abelard）等，2017，《絕‧情書：阿伯拉爾與愛洛伊斯書信集》，葛海濱譯，北京：華夏出版社。

阿爾弗雷德‧韋伯（Alfred Weber），（1935）2006，《文化社會學視域中的文化史》，姚燕譯，上海：上海人民出版社。

施路赫特，1986，《理性化與官僚化：對韋伯之研究與詮釋》，顧忠華譯，臺北：聯經出版事業股份有限公司。

施路赫特，（1998）2014，《現代理性主義的興起：韋伯西方發展史之分析》，林端譯，臺北：國立臺灣大學出版中心。

施路赫特，2013，《超釋韋伯‧百年智慧：理性化、官僚化與責任倫理》，顧忠華、錢永祥合譯，臺北：開學文化事業股份有限公司。

施魯赫特，1988，〈《以學術為業》和《以政治為業》的特色〉，徐鴻賓譯，收入《學術生涯與政治生涯：對大學生的兩篇演講》，王容芬譯，北京：國際文化出版公司，頁109-117。

韋伯，（1917）1985/1991，〈學術當作一種志業〉，收入《學術與政治：韋伯選集（Ⅰ）》，錢永祥譯，臺北：允晨文化實業股份有限公司。（重印本，臺北：遠流出版事業股份有限公司）

韋伯，1989a，《中國的宗教：儒教與道教》，簡惠美譯，臺北：遠流出版事業股份有限公司。

韋伯，1989b，〈中間考察：宗教拒世的階段與方向〉，康樂、簡惠

美合譯，收入《宗教與世界：韋伯選集（II）》，臺北：遠流出版事業股份有限公司，頁101-150。

韋伯，1989c，〈比較宗教學導論：世界諸宗教之經濟倫理〉，康樂、簡惠美合譯，收入《宗教與世界：韋伯選集（II）》，臺北：遠流出版事業股份有限公司，頁53-99。

韋伯，1993，《儒教與道教》，洪天富譯，南京：江蘇人民出版社。

韋伯，1995，《儒教與道教》，王容芬譯，北京：商務印書館。

韋伯，1996，《中國的宗教：儒教與道教》（修訂版），簡惠美譯，康樂校訂，臺北：遠流出版事業股份有限公司。

韋伯，1997，《經濟與社會》，上卷，林榮遠譯，北京：商務印書館。

韋伯，2005，《儒教與道教》，洪天富譯，南京：江蘇人民出版社。

韋伯，2006，《經濟通史》，姚曾廙譯，上海：生活‧讀書‧新知三聯書店。

韋伯，2007，《基督新教倫理與資本主義精神》，康樂、簡惠美合譯，臺北：遠流出版事業股份有限公司。

韋伯，2007，《儒教與道教》，張登泰、張恩富合譯，北京：人民日報出版社。

韋伯，2008，《新教倫理與資本主義精神》（修訂版），于曉等譯，新北：左岸文化。

韋伯，2008，《儒教與道教：世界宗教的經濟倫理》，王容芬譯，桂林：廣西師範大學出版社。

韋伯，2010a，《中國的宗教：儒教與道教》，康樂、簡惠美合譯，桂林：廣西師範大學出版社。

韋伯，2010b，《儒教與道教》，洪天富譯，南京：江蘇人民出版社。

韋伯，2010c，《儒教與道教》，悅文譯，西安：陝西師範大學出版社。

韋伯，2010d，《馬克斯‧韋伯社會學文集》，閻克文譯，北京：人民出版社。

韋伯，2010e，《經濟與社會》第一卷，閻克文譯，上海：上海人民出版社。

韋伯，2011，《社會經濟史》，鄭太樸譯，北京：中國法制出版社。

韋伯，2012a，《儒教與道教：世界宗教的經濟倫理》（最新修訂版），王容芬譯，北京：中央編譯出版社。

韋伯，2012b，《儒教與道教》，富強譯，安徽：安徽人民出版社。

韋伯，2013，《韋伯方法論文集》，張旺山譯，臺北：聯經出版事業股份有限公司。

韋伯，2014，《音樂社會學：音樂的理性基礎和社會學基礎》，李彥頻譯，重慶：西南師範大學出版社。

埃倫‧米克辛斯‧伍德（Ellen Meiksins Wood），（2002）2016，《資本主義的起源：一個長遠的視角》，夏璐譯，北京：中國人民大學出版社。

馬克思‧舍勒（Max Scheler），2014，《道德意識中的怨恨與羞感》，林克等譯，北京：北京師範大學出版社。

傑瑞‧穆勒（Jerry Z. Muller），（2002）2016，《市場與大師：西方思想如何看待資本主義》，畣曉成、蘆畫澤合譯，北京：社會科學文獻出版社。

華勒斯坦（Immanuel Wallerstein），（1999）2004，〈西方、資本主

義和現代世界體系〉，郭慧英譯，收入卜正民、Gregory Blue合編，（1999）2004，《中國與歷史資本主義：漢學知識的系譜學》，古偉瀛等譯，臺北：巨流圖書有限公司，頁13-78。

雅斯貝斯（Karl Jaspers），2003，〈歷史的起源與目標〉，收入《卡爾・雅斯貝斯文集》，朱更生譯，西寧：青海人民出版社，頁123-379。

雅斯貝爾斯（Karl Jaspers），1989，〈歷史的起源與目標〉，魏楚雄、吳新天合譯，北京：華夏出版社。

瑪麗安妮・韋伯，（1926）1986，《韋伯傳》上冊，李永熾譯，臺北：大人物。

瑪麗安妮・韋伯（Marianne Weber），（1926）2002，《馬克斯・韋伯傳》，克文、王利平、姚中秋合譯，南京：江蘇人民出版社。

盧茨・克爾貝爾（Lutz Kaelber），2010，〈解讀馬克斯・韋伯的博士論文學位論文：以其早期事業和生活為背景〉，收入馬克斯・韋伯，《中世紀商業合夥史》，陶永新譯，北京：東方出版中心，頁1-70。

【外文文獻】

Alfred Weber. 1935. *Kulturgeschichte als Kultursoziologie*. Leiden: Sijhoff.

Arthur Mitzman. 1969. *The Iron Cage: An Historical Interpretation of Max Weber*. New York: Alfred A. Knopf.

Benjamin Nelson. 1974. "Max Weber's Author's Introduction (1920):

A Master Clue to his Main Aims," *Sociological Inquiry*, 44, 4 (October): 269-278.

C. K. Yang. 1964. "Introduction," in Max Weber. *The Religion of China: Confucianism and Taoism*. Tr. by Hans H. Gerth. New York: The Free Press. Pp. xiii-xliii.

Dirk Käsler. 1975. "Max-Weber-Bibliographie," *Kölner Zeitschrift für Soziologie und Sozialpsychologie,* 27 (Dezember): 703-730.

Dirk Käsler. 1988. *Max Weber: An Introduction to His Life and Work*. London: Polity. Pp. 235-275.

F. E. Peters. 2004. *The Children of Abraham: Judaism, Christianity, Islam*. A New Edition. 3 Vols. With a New Introduction by John L. Esposito. Princeton, N. J.: Princeton University Press.

Friedrich H. Tenbruck. 1980. "The Problem of Thematic Unity in the Works of Max Weber," Tr. by Sam Whimster, *British Journal of Sociology*, 31, 3 (September): 316-351.

Friedrich Nietzsche. 1967. *On the Genealogy of Morals*. Trs. by Walter Kaufmann and R. J. Hollingdale. New York: Vintage Books.

Friedrich Nietzsche. 1996. *On the Genealogy of Morals*. Tr. by Douglas Smith. New York: Oxford University Press.

Guenther Roth. 1992. "Interpreting and Translating Max Weber," *International Sociology*, 7, 4 (December): 449-459.

Guenther Roth. 2001. *Max Webers deutsch-englische Familiengeschichte 1800-1950. Mit Briefen und Dokumenten*. Tübingen: Mohr.

H. H. Gerth and C. Wright Mills. Eds. 1946. *From Max Weber: Essays in*

Sociology. New York: Oxford University Press.

Hans Gerth. 1951. "Prefatory Note," in Max Weber. *The Religion of China: Confucianism and Taoism*. Tr. and Ed. by Hans H. Gerth Glencoe, Ill.: The Free Press. Pp. ix-xi.

Harry Liebersohn. 1988. *Fate and Utopia in German Sociology*. Cambridge, Mass.: MIT Press.

Henri Codier. (1905-1906)1966. *Bibliotheca Sinica: Dictionnaire Bibliographique des Ouvrages Relatifs a l'Empire Chinois*. 5 Vols. 12th Edition. Reprinted Edition. Taipei: Ch'eng Wen.

Joachim Radkau. (2005)2009. *Max Weber: A Biography*. Oxford: Polity.

Johannes Winckelmann. Hrsg. 1982. *Die Protestantische Ethik. II: Kritiken und Antikritiken*. 4 Auflage. Gütersloh: Gütersloher Verlagshaus Gerd Mohn.

Karl Jaspers. 1949. *Vom Ursprung und Ziel der Geschichte*. München: Piper.

Karl Jaspers. 1953. *The Origin and Goal of History*. Tr. by Michael Bullock. New Haven, CT.: Yale University Press.

Lutz Kaelber. 2003a. "How Well Do We Know Max Weber After All? A New Look at Max Weber and His Anglo-German Family Connections," *International Journal of Politics, Culture, and Society,* 17: 307-27.

Lutz Kaelber. 2003b. "Max Weber's Dissertation," *History of the Human Sciences*, 16, 2 (May): 27-56.

Marianne Weber. (1926)1975. *Max Weber: A Biography*. Tr. and Ed. By

Harry Zohn. New York: John Wiley & Sons.

Mark Elvin. 1984. "Why China Failed to Create an Endogenous Industrial Capitalism: A Critique of Max Weber's Explanation," *Theory and Society*, 13, 3 (May): 379-391.

Max Weber. (1910)1978. "Anticritical Last Word on The Spirit of Capitalism," Translated with an introduction by Wallace M. Davis. *American Journal of Sociology*, 83, 5 (March 1978): 1105-1131. (只譯出原文的第二部分)

Max Weber. 1915a. "Die Wirtschaftsethik der Weltreligionen. Religionssoziologische Skizzen," *Archiv für Sozialwissenschaft und Sozialpolitik*, 41, 1: 1-87.

Max Weber. 1915b. "Die Wirtschaftsethik der Weltreligionen. (Zweiter Artikel)," *Archiv für Sozialwissenschaft und Sozialpolitik*, 41, 2: 335-421.

Max Weber. (1917)1922b. "Wissenschaft als Beruf," in his Gesammelte Aufsätze zur Wissenschftslehre. Tübingen: J. C. B. Mohr (Paul Siebeck). Pp. 582-613.

Max Weber. (1917)1946c. "Science as a Vocation," Trs. by Hans H. Gerth and C. Wright Mills. In Hans H. Gerth and C. Wright Mills. Eds. *From Max Weber: Essays in Sociology*. Oxford: Oxford University Press. Pp. 129-156.

Max Weber. 1920. *Gesammelte Aufsätze aur Religionssoziologie*. Band 1. Tübingen: J. C. B. Mohr (Paul Siebeck).

Max Weber. 1922a. *Wirtschaft und Gesellschaft: Grundriss der versteh-*

enden Soziologie. Tübingen: J. C. B. Mohr (Paul Siebeck).

Max Weber. 1946a. "The Social Psychology of the World Religions," Trs. by Hans H. Gerth and C. Wright Mills. In Hans H. Gerth and C. Wright Mills Eds. *From Max Weber: Essays in Sociology.* Oxford: Oxford University Press. 1946. Pp. 267-301.

Max Weber. 1946b. "Religious Rejections of the World and Their Directions," in H. H. Gerth and C. Wright Mills. Eds. *From Max Weber: Essays in Sociology.* New York: Oxford University Press. Pp. 323-359.

Max Weber. 1949. *The Methodology of the Social Sciences.* Trs. by Edward A. Shils and Henry A. Finch. Glencoe, Ill.: The Free Press.

Max Weber. 1951. *The Religion of China: Confucianism and Taoism.* Tr. and Ed. by Hans H. Gerth. Glencoe, Ill.: The Free Press.

Max Weber. 1958a. *The Protestant Ethic and the Spirit of Capitalism.* Tr. by Talcott Parsons. New York: Charles Scribner & Sons.

Max Weber. 1958b. *Rational and Sociological Foundations of Music.* Trs. by Don Martindale et al. Glencoe, Ill.: The Free Press.

Max Weber. 1964. *The Religion of China: Confucianism and Taoism.* Tr. and Ed. by Hans H. Gerth and with an Introduction by C. K. Yang. Glencoe, Ill.: The Free Press.

Max Weber. 1968. *Economy and Society: An Outline of Interpretive Sociology.* 3 Vols. Trs. Guenther Roth and Claus Wittich. New York: Bedminster.

Max Weber. 1972. *Wirtschaft und Gesellschaft: Grundriss der verstehenden Soziologie.* Fünfte, revidierte Auflage. Tübingen: J. C. B. Mohr (Paul Siebeck).

Max Weber. 1984. *General Economic History.* Tr. by Frank H. Knight. A New Introduction by Ira J. Cohen. New Brunswick, N.J.: Transaction Books.

Max Weber. 1989. *Die Wirtschaftsethik der Weltreligionen: Konfuzianismus und Taoismus. Schriften 1915-1920.* Her au sgegeben von Helwig Schmidt-Glintzer in Zusammenarbeit mit Petra Kolonko. Tübingen: J. C. B. Mohr (Paul Siebeck).

Max Weber. 1991. *Die Wirtschaftsethik der Weltreligionen: Konfuzianismus und Taoismus. Schriften 1915-1920.* Stud ienausgabe. Herausgegeben von Helwig Schmidt-Glintzer in Zusammenarbeit mit Petra Kolonko. Tübingen: J. C. B. Mohr (Paul Siebeck).

Max Weber. 2002. *The Protestant Ethic and thë Spirit" of Capitalism and Other Writings.* Trs. by Peter Baehr and Gordon C. Wells. New York: Penguin.

Max Weber. 2011. *The Protestant Ethic and the Spirit of Capitalism. The Revised 1920 Edition.* Tr. by Stephen Kalberg. New York: Oxford.

Max Weber. 2012. *Collected and Methodological Writings.* Eds. And Trs. by Hans Henrik Bruun and Sam Whimster. Tr. By Hans Henrik Bruun. London: Routledge.

Max Weber. 2016. *Die protestantische Ethik und der Geist des Kapitalismus/Die protestantischen Sekten und der Geist des Kapitalismus. Schriften 1904-1920.* Wolfgang Schluchter & Ursula

Bube. Hrsg. Tübingen: J. C. B. Mohr (Paul Siebeck).

Nyok-Chin Tsur（周毅卿）. (1909)1983. "Forms of Business in the City of Ningpo in China," *Chinese Sociology and Anthropology*, 15, 4: 1-128.

Otto B. van der Sprenkel. 1964. "Max Weber on China," *History and Theory*, 3, 3: 348-370.

Peter Kivisto and William H. Swatos, Jr. 1988. *Max Weber: A Bio-Bibliography*. New York: Greenwood Press.

Peter Lassman and Ronald Speirs. Eds. 1994. *Max Weber: Political Writings*. Cambridge: Cambridge University Press. Pp. xxix-xxx.

Randall Collins. 1980. "Weber's Last Theory of Capitalism: A System-atization," *American Journal of Sociology*, 45, 6 (December): 925-942.

Raymond Aron. (1967)1970. *Main Currents in Sociological Thought*. Vol. II. Trs. by Richard Howard and Helen Weaver. New York: Anchor Books.

Richard Swedberg. 2003. "The Changing Picture of Max Weber's Sociology," *Annual Review of Sociology*, 29: 283-306.

Robert Bellah. 1999. "Max Weber and World-Denying Love: A Look at the Historical Sociology of Religion," *Journal of the American Academy of Religion*, 67, 2 (June): 277-304.

Robert K. Merton. 1936. "The Unanticipated Consequences of Purposive Social Action," *American Sociological Review*, 1, 6 (December): 894-904.

Robert K. Merton. 1968. "Manifest and Latent Functions," in his *Social Theory and Social Structure*. Enlarged Edition. New York: The Free Press. Pp. 73-138.

Robert K. Merton. 1984. "The Fallacy of the Latest Word: The Case of 'Pietism and Science,'" *American Journal of Sociology*, 89, 5 (March): 1091-1121.

Rogers Brubaker. 1984. *The Limits of Rationality: An Essay on the Social and Moral Thought of Max Weber*. London: Allen & Unwin.

S. N. Eisenstadt. Ed. 1986. *The Origin and Diversity of Axial Age Civilizations*. Albany, N.Y.: State University of New York.

Sam Whimster. 2002. "Translator's Note on Weber's 'Introduction to the Economic Ethics of the World Religions," *Max Weber Studies*, 3, 1: 74-98.

Sam Whimster. Ed. 2004. *The Essential Weber: A Reader*. London: Routledge.

Stephen Kalberg. 2011. *The Protestant Ethic and the Spirit of Capitalism*. The Revised 1920 Edition. New York: Oxford University Press.

Stephen Molloy. 1980. "Max Weber and the Religion of China: Any Way out of the Maze?" *British Journal of Sociology*, 31, 3 (September): 377-400.

Su-Jen Huang. 1994. "Max Weber's *THE RELIGION OF CHINA*: An Interpretation," *Journal of the History of Behavioral Sciences*, 30 (January): 3-18.

T'ung-Tsu Ch'ü. 1961. *Law and Society in Traditional China*. Paris:

Mouton.

Thomas Abel and William C. Cockerham. 1993. "Lifestyle or Lebensführung? Critical Remarks on the Mistranslation of Weber's 'Class, Status, Party,'" *Sociological Quarterly*, 34, 3(August): 551-556.

Tung-Li Yuan. 1958. *China in Western Literature: A Continuation of Cordier's Bibliotheca Sinica*. New Haven, CT.: Far Eastern Publications of Yale University.

Tung-li Yuan. 1961. *A Guide to Doctoral Dissertations by Chinese Students in America, 1905-1960*. Washington, D. C.: Sino-American Cultural Society, Inc.

Tung-li Yuan. 1964. "A Guide to Doctoral Dissertations by Chinese Students in Continental Europe, 1907-1962," *Chinese Culture Quarterly*, 5, 3/4; 6, 1.

Who's Who in China. 1925. Shanghai: The China Weekly Review.

Wolfgang Schluchter. 1979. "Value-Neutrality and the Ethic of Responsibility," in Guenther Roth and Wolfgang Schluchter. *Max Weber's Vision of History*. California: University of California Press. Pp. 65-116.

Wolfgang Schluchter. 1983. "Einleitung: Max Webers Kon fuziani-smusstudie – Versuch einer Einordnung," in Wolfgang Schluchter. Hrsg. 1983. *Max Webers Studie über Konfuzianismus und Taoismus*. Frankfurt a.M.: Suhrkamp. Pp. 11-54.

Wolfgang Schluchter. Hrsg. 1983. *Max Webers Studie über Konfuzi-*

anismus und Taoismus. Frankfurt a.M.: Suhrkamp.

Wolfgang Schluchter. 1984. "Weltflüchtiges Erlösungsstreben und organische Sozialethik: Überlegungen zu Max Webers Analysen der indischen Kulturreligionen," in Wolfgang Schluchter. Hrsg. *Max Webers Studie über Hinduismus und Buddhismus: Interpretation und Kritik*. Frankfurt a.M.: Suhrkamp. Ss. 11-71.

Wolfgang Schluchter. 1989. *Rationalism, Religion, and Domination*. Tr. by Neil Solomon. Berkeley, CA.: University of California Press.

Wolfgang Schluchter. 1989. *Rationalism, Religion, and Domination: A Weberian Perspective*. Tr. By Neil Solomon. Berkeley, CA.: University of California Press.

Wolfgang Schluchter. 1996. *Paradoxes of Modernity: Culture and Conduct in the Theory of Max Weber*. Tr. by Neil Solomon. Stanford: Stanford University Press.

マクス・ウエーバ，1940，《儒教と道教》，細谷德三郎（ほそた に・とくさぶらう）譯，東京：弘文堂。

マクス・ウエーバ，1970，《儒教と道教》，森岡弘通（モリオカ・ ヒロミチ）譯，東京：筑摩書房。

マクス・ウエーバ，1971，《儒教と道教》，木全德雄（きまた・と くを）譯，東京：創文社。

【網路資料】

https://en.wikipedia.org/wiki/James_Legge（2015年7月16日查閱）

https://zh.wikipedia.org/wiki/%E7%90%86%E9%9B%85%E5%90%84
（2015年7月16日查閱）

https://en.wikipedia.org/wiki/Max_M%C3%BCller（2015年7月16日查閱）

http://www.sacred-texts.com/sbe/（2015年7月16日查閱）

https://en.wikipedia.org/wiki/Sacred_Books_of_the_East（2015年7月16日查閱）

https://en.wikipedia.org/wiki/Ferdinand_von_Richthofen（2015年7月20日查閱）

http://catalog.hathitrust.org/Record/002103313（2015年7月22日查閱）

http://www.tandfonline.com/doi/abs/10.2753/CSA0009-46251504128?journalCode=mcsa19#.Va7_4_mqqko（2015年7月22日查閱）

http://economy.guoxue.com/?p=2300（2015年7月22日查閱）

https://search.books2ebooks.eu/Record/bsb_9269721（2015年7月28日查閱）

跋

　　花了幾天校訂完了書稿，心中真的有頗多感觸：久夢乍醒，不過如此。孫郎才盡，夫復何言！

　　該說都已經說了，剩下一些是書稿完成以後的事情，要補充說明一下。

　　這本書的書名《韋伯〈儒教與（道教）〉的前世、今生與轉世》是在整篇書稿完成之前就想妥的，我也這麼稱呼著這本書稿。偶和朋友提起，朋友也因為過往我的書名都走搞怪路線而懶得再跟我說些什麼，因為說了我也不為所動。出版前，編輯轉達出版公司的心聲，希望我考慮一個比較容易被讀者接受的書名，雖然當下有著百般的不願意，最後感念當初總編輯金倫連書稿都沒看就一口答應出版的豪氣，我也很豪氣地回應當下想出的、有點文藝腔的主標題：「久等了，韋伯先生！」，然後把原書名中的「韋伯」兩字去掉，當成副標題，賓主盡歡。「久等了」是因為我覺得韋伯這本名著出版將近一百年了，好像在等待一個認真的回應，而將近百年後的我就這麼花了幾十年的工夫以我的方式

回應了他老人家。知我罪我，其唯韋伯？

這本學術書不是為一般讀者而寫的。這裡有著我不避繁瑣的對於版本、譯名和資料等等各方面的執著，還有我對於「附錄」和「表格」的迷戀。但初衷一直是要「說清楚、講明白」。這和許多人對於我們這種「搞理論」的人的刻版印象是不同的。這樣的書，辛苦了當初的淑真和後來的彤華，還有不知名的校訂者，沒有她們，這本書散亂在各處的錯誤可能就更多了。當然，所有各位看到的錯誤和疏忽，我都是唯一的負責人。

一如往昔，我這本學術著作並沒有麻煩同行先行匿名審查。我覺得我是自己最嚴格的審查者。如果同行中有人有不同的意見，歡迎開誠布公討論。到了我這個年紀，深感生命苦短，自己還有很多事情要繼續努力，真沒有時間浪費在我不感興趣而且又無大意義的事情上。謝謝各位體諒我的任性。

當代名家‧孫中興作品集2

久等了，韋伯先生！〈儒教（與道教）〉的前世、今生與轉世

2019年3月初版　　　　　　　　　　　　　　　定價：新臺幣450元
有著作權‧翻印必究
Printed in Taiwan.

著　　者	孫　中　興
叢書編輯	張　彤　華
校　　對	徐　文　若
封面設計	兒　　　日
內文排版	極翔排版公司
編輯主任	陳　逸　華

出　版　者	聯經出版事業股份有限公司	總編輯	胡　金　倫
地　　　址	新北市汐止區大同路一段369號1樓	總經理	陳　芝　宇
編輯部地址	新北市汐止區大同路一段369號1樓	社　長	羅　國　俊
叢書編輯電話	(02)86925588轉5306	發行人	林　載　爵
台北聯經書房	台北市新生南路三段94號		
電　　　話	(02)23620308		
台中分公司	台中市北區崇德路一段198號		
暨門市電話	(04)22312023		
台中電子信箱	e-mail：linking2@ms42.hinet.net		
郵政劃撥帳戶	第0100559-3號		
郵撥電話	(02)23620308		
印　刷　者	世和印製企業有限公司		
總　經　銷	聯合發行股份有限公司		
發　行　所	新北市新店區寶橋路235巷6弄6號2樓		
電　　　話	(02)29178022		

行政院新聞局出版事業登記證局版臺業字第0130號

本書如有缺頁，破損，倒裝請寄回台北聯經書房更換。　　ISBN　978-957-08-5279-0 (平裝)
聯經網址：www.linkingbooks.com.tw
電子信箱：linking@udngroup.com

國家圖書館出版品預行編目資料

久等了，韋伯先生！〈儒教（與道教）〉的前世、
今生與轉世/孫中興著．初版．新北市．聯經．2019年3月（民
108年）．368面．14.8×21公分（當代名家・孫中興作品集2）
ISBN　978-957-08-5279-0（平裝）

1.韋伯（Weber, Max, 1864-1920）　2.學術思想　3.儒家　4.道家

121. 2　　　　　　　　　　　　　　　　　108002156